노후준비의
함정

노후준비의 함정

지은이 | 조영석
펴낸곳 | 북포스
펴낸이 | 방현철

편집자 | 공순례
디자인 | 엔드디자인

1판 1쇄 찍은날 | 2016년 09월 23일
1판 1쇄 펴낸날 | 2016년 09월 30일

출판등록 | 2004년 02월 03일 제313-00026호
주소 | 서울시 영등포구 양평동5가 18 우림라이온스밸리 B동 512호
전화 | (02)337-9888
팩스 | (02)337-6665
전자우편 | bhcbang@hanmail.net

이 도서의 국립중앙도서관 출판시도서목록(CIP)은 e-CIP 홈페이지(http://www.nl.go.kr/ecip)와
국가자료공동목록시스템(http://www.nl.go.kr/kolisnet)에서 이용하실 수 있습니다.
(CIP제어번호: 2016021160)

ISBN 979-11-5815-001-3 03300
값 15,000원

지금까지 우리가 실패를 반복해온 이유, 그리고 명쾌한 해법

노후준비의 함정

| 조영석 지음 |

북포스

돈과 건강만 있으면 노후가 행복할까?

 노후준비에 대해 이야기할 때 '은퇴'나 '노인'이라는 말을 일상적으로 사용하지만, 이는 개념이 불분명한 용어다. 그래서 이 책에서는 주로 활동하는 영역의 가치에 따라 인생 1기, 2기, 3기로 구분하여 이야기하고자 한다. 예를 들어 경제활동을 종료했거나 지속하더라도 종전에 비해 부수적인 활동에 불과한 시기는 인생 2기라 부른다. 달력상 나이로는 65~75세가 될 것이다. 이 시기는 연세대 김형석 명예교수의 표현대로 인생의 황금기이기도 하다. 그리고 사회의 모든 영역에서 활동을 접는 시기를 인생 3기로 부른다. 보통 '은퇴'라고 표현하는 시기가 이때인데, 그간 이 단어는 주로 경제적 측면에서 논의되어왔기에 경제 외에 다양한 영역의 중요성이 부상한 지금에 와서는 적합하지 않은 용어가 되었다. 이 시기에 들어서면 경제적 활동은 이차적인 것이 되지만, 그 외 영역에서의 활동은 오히려 더 활발해진다. 경제적으로는 은퇴했을지라도 사회봉사나 자기계발을 통해 새로운 가치를 찾아가는 시기다.

노인이나 노년이라는 개념도 불분명하긴 마찬가지다. 노인(老人)을 사전식으로 풀이하면 말 그대로 '늙은 사람'이다. 여기서 '늙은'이란 도대체 몇 살을 가리킬까? 사람은 늙기 마련인데 어느 시기부터 노인이라 칭할 수 있는지 명백하지 않다. 정책적으로는 65세 이상을 노인으로 분류하지만, 이런 분류로는 지금처럼 왕성하게 활동하는 노인을 제대로 설명할 수 없고 그 특질도 잡아낼 수 없다. 특히 노안과 동안이 뒤섞인 요즘에는 더욱 그렇고, 70세가 넘어서도 암벽 등반을 즐기는 노인을 보면 더더욱 그렇다. 그러므로 단순히 생물학적 나이만으로 노인이라고 정의해서는 안 된다. 심리적, 사회적, 신체적 나이를 같이 고려해야 한다.

노후라는 말을 떠올리면 모든 의무를 다하고 편안한 여생을 보내는 시기라는 희망적인 생각보다, 어떻게 보낼 것인가 하는 걱정이 앞선다. 지금 인생 2기 진입을 목전에 두고 있는 세대가 젊었을 때, 그러니까 몇십 년 전만 하더라도 노후준비라는 개념 자체가 없었다. 내가 부모를 봉양했으니 당연히 자식이 나를 봉양하리라는 생각에 머물러 있었다. 그러나 이제 세월이 흘러 세상도 변했고, 세간의 정서도 변했다. 이런 세태는 은퇴를 눈앞에 둔 이들에게 노후를 불안 속에 바라보게 하고 있다. 그러나 다른 한편으로 젊은 사람들에게는 조기에 인생 후반을 준비하게 하는 계기가 되었다. 젊었을 때부터 노후준비를 해야 한다는 당위성을 대부분이 인정하게 된 것이다. 하지만 문제는 노후에 진정 필요한 것이 무엇인지를 모른다는 점이다. 현재 노인들이 무엇 때문에 힘들어하는지, 내가 그 나이에 이르렀을 때 분야별로 어떤 문제에 부딪히게 될지 아는 게 없다. 무엇을 어떻게 해야 할지가 막연하기 때문에 준비 역시 구체화되지 않는다. 막연하게 생각하면 막연한 결과만 나오는 법이다.

노후준비가 왜 필요한지 극명하게 보여주는 곳이 있다. 바로 노인당이다. 노인당은 특별한 소일거리가 없는 노인들의 집합체, 곧 노년의 개념을 개별화하지 못하고 한 덩어리로 바라보게 하는 획일화된 개념이 돼버렸다. 거기에서는 어떤 가치를 창조하는 행위도, 새로운 희망도 꿈꾸기 어렵다. 신체적으로 이상이 없는 노인들이 하루를 보내기 위해 모이는 장소일 뿐이다. 그런 점에서 노인당으로 몰려드는 이들은 노인들의 행동과 의식을 표준화 혹은 획일화하는 몰가치적 집단이 되고 말았다. 행복한 노년을 보내려면 노인당에서 벗어나야 한다. 늙어도 절대로 노인당을 기웃거리지 않겠다는 각오가 필요하다.

그렇다면 노후에는 어떤 분야에서, 어떤 문제가 발생할까. 그리고 나는 지금 무엇을 준비해야 할까. 우리가 노후 문제를 되짚어보려는 것은 막연히 노후를 준비해야 한다는 당위론을 넘어 좀더 구체적으로 대비하려는 마음 자세를 가다듬기 위해서다.

노후를 원만하게 보내려면 경제와 건강이 바탕이 되어야 한다는 데에는 이론이 없다. 실제로 노인들의 가장 큰 관심사도 이 두 문제와 연결돼 있다.

먼저, 경제 문제는 종전과 다른 각도로 접근해야 한다. 종전에는 얼마를 모아야 노후를 보낼 수 있다는 식이었다. 물론 이는 당연한 것이다. 하지만 이 단순한 시각을 넘어, 이제는 자녀와의 관계를 어떻게 설정할 것인가로 옮겨가야 한다. 경제적 능력이 없는 자녀들이 갈수록 증가해 어쩔 수 없이 캥거루 역할을 하는 부모들이 늘고 있다. 부모가 자녀에게 사업자금이나 결혼식 비용을 대주는 일도 여전히 많다. 자녀가 부모를 무한정 모시는 경우는 없지만, 부모는 자녀에게 한없이 지원하려 든다. 그러는 동안 부모의 노후는 한쪽부터 서서히 붕괴해간다. 부모가 경제적 능력이 없으면 자녀를 불효자로 만들고, 자녀가 경제적 능력이 없으면 부모의 노년을 좀먹는다.

이제 부모와 자녀는 경제적으로 서로 독립해야 한다. 부모의 것은 부모의 것이고, 자녀의 것은 자녀의 것이다. 자녀에 대한 경제적 지원은 한계가 있어야 한다. 자녀가 어렸을 때부터 경제교육이 필요하다는 의미다. 실제적인 경제교육도 필요하지만, '대학 입학 혹은 졸업까지만 지원한다, 이후 더는 경제적 지원은 없다' 이렇게 선언해야 한다. 그래야 부모는 자녀를 불효자로 만들지 않고, 자녀는 부모의 노후를 좀먹지 않는다.

건강은 사실 타고나야 하는 부분도 있다. 운동은 섭생을 이기지 못하고, 섭생은 타고난 체질을 이기지 못한다. 주위를 보면 아무리 철마다 보약을 먹고 운동을 열심히 해도 체질적으로 허약한 사람이 많다. 자신이 허약하게 태어났다고 생각하면 건강에 더욱 신경을 써야 하는 이유다. 구순을 바라보는 어머니는 평생 병을 달고 사셨다. 그런데 건강검진 결과를 보면 항상 양호하다고 나온다. 허약한 체질에도 건강하고 장수하시는데, 그 비결은 이거다. 평생 청량음료나 조미료가 들어간 식재료, 햄 같은 가공식품 등은 손도 대본 적이 없으시다. 게다가 몸에 조금이라도 이상 신호가 오면 혼자서라도 꼭 병원에 가서 진찰을 받으신다. 이게 장수 비결이다.

이런 경제 문제와 건강 문제는 생존에 필요한 것이므로 누가 제시하지 않더라도 본능적으로 인식하고 있다. 문제는 경제적으로 여유가 있고 신체적으로 건강하다고 해서 노년이 반드시 행복해지는 건 아니라는 거다. 주위를 둘러봐도 그런 노인들이 많다. 경제나 건강에 특별한 문제가 없음에도 무미건조하게 하루하루를 허비하듯 보내는 분들 말이다. 왜 그럴까. 진정한 행복은 노년에 찾아온다는 것을 인식하지 못하고, 노년은 그냥 덤으로 주어진 삶이라고 생각한 까닭이다.

노년 30년은 덤으로 주어진 시간이 아니라 내 삶에서 또 하나의 소중한 시기다. 경제적·육체적으로만 문제가 없으면 노후를 잘 보낼 수 있으리라 생각하는 이들이 많다. 이것이 바로 지금까지 많은 이들이 피하지 못했던 노후준비의 함정이다. 하지만 그것만으로는 가치 있는 삶으로서의 노년을 기대하기 어렵다. 돈과 건강만으로 모든 문제를 해결할 수 있다면 노년을 보내는 게 그렇게까지 힘겹진 않을 것이다. 이제는 종전의 좁은 시야에서 벗어나야 한다.

행복한 노년이 되기 위해 돈과 건강이라는 이 두 가지는 필요조건 이지만 충분조건은 아니다. 적절한 일거리, 대인관계, 봉사활동, 취미생활, 주거, 자녀와의 심리적 독립 등이 더 필수적이다. 그리고 견딤이 필요하다. 이제 막 은퇴했거나 은퇴를 앞둔 세대는 이미 은퇴한 세대와 달리 삶을 더욱 가치 있게 만들어가는 새로운 노후의 모습을 보여주어야 한다. 부모 세대에 비해 훨씬 다양한 경험을 했고, 새로운 세계관으로 무장했음은 물론, 문화적 혜택을 풍성하게 받은 첫 번째 세대이기 때문이다.

이 책을 쓰는 내내 염원했던 한 가지, 행복하고 아름다운 노년. 그 것은 우연히 마주친 한 장면에서 시작됐다. 외국의 어느 카페에서 본 노부부, 커피를 마시며 책을 읽던 그 모습은 방금 본 것 같이 생생하다. 한없이 부럽고, 내가 꿈꾸는 노후의 모습이기도 했다. 돈이나 건강만으로는 해결할 수 없는, 우리에게 부족한 노인 문화에 대한 동경 같은 것이었다. 퇴직하거나 은퇴하면 문화생활을 덮어버리는 우리 풍토를 보면 아쉬움이 많다. 오히려 은퇴 이후 더 여유로워진 시간 속에 문화생활로 내면을 승화시키고 나를 성찰하는 기회로 꼭 채웠으면 좋겠다.

이는 부모 자신을 위한 길이자, 자녀를 위한 길이기도 하다. 부모가 특정한 무언가에 집중해 있어야 자녀에 집중하지 않을 수 있고, 이로써 자녀로부터 심리적 독립을 할 수 있다. 자녀도 부모가 독립된 생활을 하시는 걸 보면 자신들만의 생활에 집중할 수 있다. 노년에 부모가 자녀에게 집중하는 이유는 자신만이 할 수 있는 무언가가 없기 때문이다. 내 마음을 이미 훌쩍 커버린 자녀로 채우지 말고, 나만의 무언가로 채우자. 그래야 행복한 노후를 보낼 수 있다.

그렇다면 은퇴를 1~2년 앞둔 시점에 노후를 준비할 수 있을까? 시간상으로 너무 촉박하다. 은퇴 후 부딪히는 문제 중 닥쳐서 시작할 수 있는 것은 아무것도 없다. 노후에 이르기 전에, 은퇴 전에 미리 준비해야 한다는 뜻이다. 건강과 금전 문제는 은퇴 후에 시작할 수 없는 대표적인 영역이다. 그렇다고 봉사활동이나 취미생활이 은퇴 후에 시작할 수 있는 영역인 것도 아니다. 시간적 여유만 있으면 자연스럽게 할 수 있으리라 생각하는 사람이 많지만, 실상은 그렇지 않다. 은퇴 후에 시간을 죽이듯 허비하는 사람이 많은 게 다 그 때문이다.

인생 1기는 경제·사회활동을 왕성하게 하는 시기로, 그 나름의 의미가 있고 소중한 시기다. 그런데 가장 중요한 성격은 인생 2기를 준비하는 기간이라는 점이다. 사람은 몸에 익지 않거나 습관화되어 있지 않으면 뭔가를 지속적으로 해내기가 쉽지 않다. 특히 나이가 들면 에너지가 생존을 위한 쪽에 더 많이 사용되고 호르몬의 분비량도 적어지기 때문에 뭔가에 중독되기가 쉽지 않다. 봉사도 취미도 중독이 돼야 한다. 그래서 인생 1기에 시간을 쪼개가며 봉사활동 다니고 취미생활 해오던 사람이 은퇴 후에도 잘하는 것이다.

우리는 참으로 열심히 살아왔고, 그래서 지금과 같은 경제적 성과를 일궈냈다. 그런데 그 열심히 산다는 것을 꼭 부를 일군다는 경제적 개념에 국한하지 말고, 삶의 진정한 의미를 탐색하는 활동으로까지 확장하면 어떨까. 돈 버는 데 몰두하다 더 소중한 나의 가치를 망각하는 일은 없어야 한다고 생각한다. 이제 우리는 '누구에게 누구로서의 나'가 아니라 '나로서의 나'가 가장 소중하다는 사실을 알아야 한다. 현재 내 인생은 지금까지 살아온 나의 작품이다. 우연이든 필연이든 조물주에게 부여받은 권능으로 인생이라는 작품을 만들어왔다. 그리고 이 작품의 앞길은 지금 내가 빚어내는 손짓 하나로 달라질 수 있다.

이 책은 인간은 외로움을 탄다는 것을 인정하고, 어떻게 하면 이를 극복할 수 있는지부터 출발했다. 내 노후를 훼손하지 않기 위해 자녀와 관계를 어떻게 유지해야 하는지, 나이가 들었을 때 가장 바람직한 주거 형태는 어떤 것인지, 행복하고 아름다운 노년을 위해 최소한 필요한 것은 무엇인지에 대한 고민을 담았다. 그리고 인간이라면 피할 수 없는 죽음이 나에게 어떤 의미를 가져다주는지에 대해서도 함께 생각해보고 싶었다.

이 책에서 주로 이야기하는 것은 노년의 삶에 대한 것이지만, 나이가 많든 적든 모든 세대가 읽기를 희망한다. 노후에 접어들었거나 눈앞에 둔 세대는 물론, 그 시기에 이르면 어떤 문제가 발생하는지 알아두어야 하는 젊은 세대에게도 필요한 주제라고 생각하기 때문이다. 그래서 아버지 세대나 선배 세대보다 조금이라도 더 행복하고 아름다운 노후를 맞이할 수 있도록 이 책이 하나의 계기가 됐으면 한다.

신이 우리에게 마음껏 행복을 누리라고 선물한 30년, 그 여행을 같이 떠나보자.

조영석

8장 | 죽음도 삶의 일부다

1장

누구나 늙는다

죽지 않는 인간,
그 슬픈 운명

인간의 영생은 인류의 탄생과 함께 영원한 관심사가 되었다. 죽음을 피할 수 없는 숙명을 타고난 인간은, 그렇기에 더욱 영생을 욕망해왔다. 불멸의 여신 에오스와 사랑을 나눈 인간 티토노스의 애달픈 사랑 이야기는 영생을 얻고자 하는 인간의 욕망이 얼마나 헛된 것인지를 잘 보여준다.

에오스는 매일 태양이 떠오르면 '장밋빛 손가락'으로 하늘을 열어 아침을 여는 '새벽의 여신'이고, 티토노스는 트로이 왕 라오메돈의 아들로서 미남 중의 미남, 그러니까 인간이다. 여신 에오스가 인간 티토노스에게 반함으로써 돌이킬 수 없는 사랑 이야기가 시작된다. 에오스는 제우스에게, 티토노스는 죽음을 피할 수 없는 인간의 몸에 불과하니 이 남자가 영원한 생명을 누릴 수 있도록 해달라고 간청한다. 티토노스에게 영생을 내린 제우스는 에오스에게 나중에 감당할 수 없는 형벌이 기다릴 것이라고 예언한다.

젊고 잘생겼던 티토노스는 늙고 지쳐 몸이 메말라 매미 허물처럼 껍데기만 남게 되었다. 영생을 간청했을 뿐 영원한 젊음을 달라는 게 아니었으니 제우스의 예언은 이로써 실현되었다. 사랑도 한때, 에오스의 사랑도 식어 죽기만을 소원하는 티토노스를 아예 매미로 만들어버렸다. 거동조차 못 할 정도로 늙었건만 제우스는 죽음의 안식을 허락하지 않는다. 영원한 노쇠의 저주야말로 죽음보다 더한 형벌이다.

몸에 수많은 생명 연장 장치를 달고 의식도 없이 티토노스처럼 살아간다면, 그 삶에 무슨 의미가 있을까. 본인의 의사와 무관하게 다른 사람의 이기심으로 연명되는 삶이라면 또 무슨 의미가 있을까. 신화는, 사람은 죽는 것이 차라리 아름답고 완벽하다고 말한다.

만약 인간이 죽지 않는다면 태어나고 죽는 자연의 순환은 정지되고, 자손을 퍼트리려는 일체의 행위가 무의미해진다. 먼 옛날 진시황제가 영생을 염원하여 불로초를 찾았듯이, 오늘날 인간은 과학의 힘에 기대 불사의 신이 되고자 한다.

미국 버크노화연구소 판카즈 카파히(Pankaj Kapahi) 박사 연구팀은 세포 분화 과정 실험에서 자주 쓰이는 예쁜 꼬마선충(Caenorhabditis elegans)의 유전적 경로를 변경해 꼬마선충의 수명을 5배로 늘리는 데 성공했다. 이를 인간에게 적용하면 인간의 평균 수명이 400~500세까지 늘어날 수 있다는 것이 연구팀의 주장이다. 그래서 2013년 이 연구소는 '평균수명 500세 가능설'을 제기했다.

그런데 이듬해, 이와 반대되는 보고서가 발표되었다. 인간은 아무리 오래 살아도 평균수명 120세를 넘기지 못하며, 그것도 2050년이 되어야 실현 가능하다는 것이다. 영국 옥스퍼드대학교 신경 생물학과의 콜린 블랙모어(Colin Blackmore) 교수는 2014년 국제 노인학 학술대회에서 "의료 기술의 발전으로 세계 인구의 평균수명은 120세에 도달할 것이며 이것이 인간이 살 수 있는 최대 한계 수치가 될 것"이라고 연구 결과를 발표했다. 벨기에 브뤼셀 국제뇌과학연구소 진화인류학연구원의 카델 래스트(Cadell Last) 박사는 120세가 되는 시기는 2050년이 될 것이라고 전망했다.

120세든 500세든 이 정도면 거의 영생을 얻은 거나 진배없다. 조물주가 인간의 수명을 무한정 허용하지도 않겠지만, 영생은 신만으로 족하다. 만약 우리가 영생을 얻는다면 어떤 일이 일어날까.

2140년, 영국에서는 과학과 의학의 발전으로 장수약이 개발되었고, 세상은 늙지 않는 사람들로 가득 차 있다. 사람이 더 이상 죽지 않게 되자 한정된 땅과 자원으로 인구를 감당할 수 없게 되었다. 당국은 출산하지 않을 조건으로 장수약을 복용하도록 하고, 이 조건을 어기고 태어난 아이는 잉여인간으로 간주하여 수용소로 보내진다. 수용된 아이들은 합법적으로 존재하는 인간들에게 봉사하기 위해 각종 훈련을 받으며, 자신들은 욕망의 산물이므로 부모를 저주하도록 세뇌당한다. 장수약을 포기하고 죽음을 선택한 일부 사람에게만 제한적으로 자식을 낳을 수 있도록 허용된다. 곧 '한 생명당 한 생명의 원칙'으로 결원이 생겼을 때만 새 생명이 용인되는 것이다.

영국 작가 젬마 말리(Gemma Malley)는 《잉여인간 안나(The Declaration)》에서 영생을 얻은 인류의 미래를 이렇게 암울하게 그리고 있다. 영생을 얻는다는 것은 오히려 삶의 연결성을 해치는 일이다. 그래서 노화를 늦추거나 영생을 얻으려는 의학적 시도는 종국에 사람들에게 돌이킬 수 없는 재앙을 안겨줄 것이다. 이런 미래가 디스토피아라면 오늘은 오히려 유토피아에 가깝다. 나이 200살에 탱탱한 피부를 가진 여자는 전혀 매력적이지 않다. 오늘의 관점에서는.

노인은
잉여인간인가

노인은 잉여인간일까. '잉여인간'이라는 말은 러시아 작가 이반 투르게네프(Ivan Sergeevich Turgenev)의 단편소설 《잉여인간의 일기(The Diary of a Superfluous Man)》가 출간되면서 널리 알려졌다. 그런데 정작 잉여인간의 전형은 러시아 작가 이반 곤차로프(Ivan Goncharov)의 소설 《오블로모프(Oblomov)》에서 볼 수 있다. 주인공 오블로모프는 침대에 누워 오늘 하루는 무엇을 할까 궁리하며 온종일 시간을 보내는, 제정 러시아 당시 게으른 귀족의 전형이다. 그렇다면 오블로모프는 잉여인간일까.

오블로모프를 잉여인간으로 보려는 시각은, 사람은 뭔가 생산적으로 의미 있는 활동을 해야 한다는 것을 전제로 한다. 이런 관점에 서면 시간이나 물자를 허비만 하고 생산적 활동을 전혀 하지 못하는 (혹은 하지 않는) 사람은 잉여인간이 되기 마련이다. 자본주의하에서는 인간도 자본화한다. 사람에 대한 이런 시각은 사람의 가치를 존재 그 자체로 보지 않고 세상에 어떤 기여를 했는지, 어떤 효용가치가 있는지 등 다분히 경제적 관점에서만 바라본 것이다.

이런 시각을 극단화하면 생산 활동을 하지 못하는 장애인이나 노인들은 전부 잉여인간이 되며, 그들에 대한 부당한 시각이 정당화된다. 독일의 나치는 유대인만 학살한 것이 아니라 그들이 말하는 순수 혈통인 아리안 족이라도 장애를 가진 사람 역시 죽였다. 잉여인간의 개념을 인정하면, 이런 일련의 행위도 정당화된다. 이런 점에서 '노인은 과연 잉여인간인가'라는 질문은 그 자체로 대단히 가학적이고 잔인하다.

결혼도 하지 않고 90세가 훨씬 넘은 노모를 모시고 사는 중늙은이가 있다. 한약방을 운영하는 이 사람은 노모를 지극 정성으로 모시는데, 노모가 조금이라도 이상한 증세를 보이면 만사 제쳐놓고 간호에 매진한다. 노모는 치매 증상이 있고, 거동도 거의 하지 못한다. 아들은 자신의 약방에서 지어온 한약으로 노모를 보하고, 음식을 삼킬 수 없을 정도로 쇠약해진 그 몸에 삽관을 통해 영양분을 공급한다.

이 아들에게 노모는 어떤 의미가 있을까. 이제 어머니를 편하게 보내드려야 하지 않겠냐고, 어머니가 그렇게 사는 게 무슨 의미가 있겠냐고, 남들은 지극히 무심한 제삼자적 관점으로 묻는다. 아들에게 그 어머니는 자신을 지탱해주는 버팀목일 수 있다. 그런데 혹시 노모는 자신의 의지와 상관없이 아들의 이기심 탓에 생을 괴롭게 연장하고 있는 것은 아닐까? 그런 염려가 든다면 안심하시라. 이 노모가 치매 초기에 있었던 일이다. 시집간 딸이 남편이 속을 썩여 못 살겠다고 푸념하자 노모는 이렇게 말했다. 그놈하고 헤어지고 나랑 살자. 말하자면, 그놈하고 헤어지고 이제 자신과 같이 살면서 수발이나 들라는 얘기다. 노모에게 자식에 대한 애정은 더 이상 남아 있지 않다.

오로지 생존에 대한 본능만이 남아 있을 뿐이다.

또, 거동을 못 하는 노모를 업고 공사판에 다니는 아들이 있다. 노모를 등에 업고 출근해서 현장 한쪽에 뉘어놓았다가 일을 끝낸 후 다시 노모를 업고 집으로 돌아온다. 누구에게는 천덕꾸러기 같은 존재가 누구에겐 이처럼 소중한 존재일 수 있다. 세상에 버려도 괜찮은 사람은 아무도 없다. 그래서 잉여인간은 없다.

그렇더라도 관점을 돌려 생각해보자. 이 두 객관적 비극을 어떻게 바라봐야 할까. 이런 경우에도 어머니는 아들에게 또 다른 존재 이유가 되는 걸까? 생명은 존귀한 것이어서, 그래서 더 살아야 한다고 말해야 할까? '잉여인간은 없다'는 말과 '인간답게 살아야 한다'는 말이 서로 부딪혀 고민스럽다. 이 문제는 결국 '생명의 존엄성'과 '인간의 존엄성' 간 충돌 혹은 조화 문제로 연결된다. 생명의 존엄성도 중요하지만 인간의 존엄성도 중요하기 때문이다.

은퇴 후 아무것도 하지 않고 온종일 TV를 보거나 매일같이 등산으로 소일하는 노인이라면, 또는 노년 중 비교적 젊은 축에 속하면서도 다른 사람에게 일상적으로 신세 지는 사람이라면 가치 있는 삶을 살고 있다고 할 수 없을 것이다. 그러니 내가 '잉여인간'은 아닐지라도 과연 가치 있는 삶을 살고 있는지 뒤돌아볼 일이다.

스스로 생각해도 왜 사는지 모르겠는 일상들, 늙었다는 이유만으로 모든 것을 포기하는 안일한 사고방식, 새로운 배움은 도외시하고 익숙하고 편한 것만 추구하는 게으름은 나를 잉여인간과 유사한 존재로 만든다.

　지금 나는 어떤 삶을 살고 있는 걸까.

노후의 모습, 생각하는 대로 될 것이다

고대 그리스의 대표적 비극 작가 아이스킬로스(Aeschylos)는 예언자에게 '하늘로부터 내려오는 일격이 당신의 생명을 빼앗는다'는 계시를 받았다. 그래서 그는 하늘에서 무언가 내려올 일이 없는 드넓은 평야에서 살았다. 하지만 결국 날아가던 독수리가 깨뜨려 먹으려고 던진 바다거북에 맞아 죽었다. 결론을 알고 있었음에도 달라진 것은 없다.

　"내일 지구가 멸망해도 오늘 한 그루의 사과나무를 심겠다"는 말로 삶에 대한 결연한 의지를 보인 스피노자(이 말을 진짜 스피노자가 했는지, 그 심오한 철학적 의미는 무엇인지 하는 문제는 차치하고)는 아이스킬로스에게 묻는다.

　"무엇이 그대를 그토록 두렵게 하는가."

　철학의 자유를 지키기 위해 영주가 제안한 교수 자리도 마다하고 평생 렌즈 깎는 일을 했던 스피노자와 언제 죽을지 모른다는 걱정으로 평생을 보낸 아이스킬로스(그럼에도 아이스킬로스는 70세에 사망했으니 당시로써는 꽤나 오래 산 편이다)는 우리에게 많은 이야기를 들려준다. 한 사람은 언제 죽을지 모른다는 걱정으로 평생을 지냈고, 한 사람은 언제 죽든지 최선을 다하면 그뿐이라고 생각했다. 노후는 우리가 맞는 게 아니라 자연스레 다가온다. 이렇게 다가온 노후를 어떤 시각으로 바라봐야 할까. 현상은 동일하지만 시각은 제각각이다.

이 문제에 대한 직접적인 해답은 아니지만, MBC에서 2009년 한글날 특집방송으로 진행한 하나의 실험은 우리에게 많은 것을 시사한다.

실험에서는 실험 참가자들이 방송국으로 들어오는 모습을 촬영했다. 방송국 실험실에 도착한 피실험자들을 두 그룹으로 분류한 다음 각 그룹에 낱말 카드를 보여주고 짧은 문장을 완성하도록 했다. 이때 한 그룹에는 '속도감 있는, 도전적인, 스포츠, 승진, 부지런한, 신입사원, 승리, 청바지, 열정적인' 등 젊음을 나타내는 단어가 적힌 낱말 카드를, 다른 한 그룹에는 '늙은, 황혼의, 은퇴한, 힘없는, 저물녘, 뜨개질, 예의 바른, 노후자금, 쓸쓸한, 회색의, 보수적인' 등 노인을 연상할 수 있는 단어가 적힌 낱말 카드를 보여주었다. 진짜 실험은 지금부터다. 피실험자들이 실험실에서 40미터 떨어진 대기실까지 걸어가는 속도를 몰래 측정해 그들이 방송국에 처음 들어올 때의 걸음걸이 속도와 비교했다.

실험 결과는 놀라웠다. 젊음을 나타내는 단어가 적힌 낱말 카드를 본 그룹은 방송국에 들어올 때보다 대기실로 갈 때 걸음걸이가 2분 46초 더 빠른 것으로 나타났다. 40미터 거리에서 2분 46초는 상당한 차이다. 반면, 노년을 연상하는 단어가 적힌 낱말 카드를 본 그룹은 2분 32초 더 느려졌다. 두 그룹에 보여준 낱말만 달랐을 뿐인데 말이다. 이 실험은 원래 예일대학교 심리학과 존 바그(John Bargh) 교수가 대학생들에게 했던 실험인데 이 방송국에서 재현한 것이다. 존 바그 교수에 따르면 특정 단어는 뇌의 특정 부분을 자극해 자신도 모르게 그 행동을 하게끔 한다고 한다. 예를 들어 '움직이다'라는 동사를 접하면 뇌는 의식적으로 몸을 움직이게 한다.

이 실험이 우리에게 말하고자 하는 것은 명확하다. 우리가 어떤 시각으로 대상을 바라보느냐에 따라 그에 대한 우리의 태도 또한 달라진다는 사실이다. 노년을 쇠약, 질병, 죽음, 슬픔이라고 하는 기존의 관념으로 필터링한다면 우리의 노후는 그리될 것이다. 반면 따스함, 배려, 원숙, 지혜라는 새로운 관점으로 본다면 우리의 노후 역시 그렇게 될 것이다.

나의 노후, 우리의 노후를 어떻게 보낼 것인지는 오로지 나 그리고 우리의 시각에 달려 있다. 우리가 그리는 노후는 어떤 모습일까.

통계청 자료에 의하면, 한국인의 평균수명은 1970년 62세에서 2010년 80.8세로 늘었는데, 이는 10년마다 평균수명이 4.7세씩 연장

됐다는 것을 의미한다. 이런 속도라면 100세 시대를 넘는 것은 시간 문제다. 그렇다면 '100세 시대'의 진정한 의미는 뭘까. 우리는 그 말을 입에 달고 살지만, 그것이 진정 의미하는 바가 뭔지에 대해서는 다소 무심하다. 오로지 몇 살까지 살 것인가에 대해서만 관심을 가진다면 삶을 너무 양적으로 바라보는 것이다. 우리가 고민해야 할 것은 어떻게 하면 노년에 삶의 질을 높이고, 이를 잘 유지할 수 있는가에 대한 해법을 찾는 일이다.

100세 시대에 나이 50세인 사람은 이제 겨우 생의 절반을 산 것이지만, 앞의 50년과 뒤의 50년은 삶의 의미가 많이 다르다. 그러니만큼 사는 방식도 달라져야 한다. 앞의 50년이 가정과 사회에서 요구하는 역할을 충실히 수행하면서 삶에 대한 의욕과 그에 따른 도전에 가치를 둔 시기라고 한다면, 뒤의 50년은 모든 영역에서 절정을 지나고 새로운 가치를 찾아가는 시기다. 특히 75~100세는 신체적으로나 경제적으로 힘든 시기이고, 심리적으로도 불안정한 세월을 겪게 된다. 그러니 앞의 50년은 뒤의 50년을 준비하는 기간이 되고, 뒤의 50년 중 초반 25년은 후반 25년을 준비하는 기간이 된다. 여기에 틈이 생기면 인생의 마지막 25년은 황무지가 될 수 있다. 전작이 보잘것없으면 되면 후작도 그렇게 된다.

그렇다면 어떻게 해야 노후 삶의 질을 높일 수 있을까. 이 질문에 대한 해답으로 두 가지를 제시하고 싶다. 하나는 인간으로서 존엄성을 유지하기 위한 것이고, 또 하나는 삶을 풍요롭게 하기 위한 것이다. 인간이 존엄성을 유지하면서 살 수 있으려면 경제적 독립과 신체 및 정신적 건강이 전제돼야 한다. 그리고 삶을 풍요롭게 하려면 취미나 사회봉사 같은 활동이 필요하다.

이 중에서 존엄성과 관련된 사항은 50세 이전에 미리 준비해두어야 한다. 이후에 준비하는 것은 어렵거나 거의 불가능하다. 남아 있는 시간이 허락하지 않기 때문이다. 삶을 풍요롭게 하는 것은, 물론 일찍 시작하면 좋겠지만, 50대 이후에 시작해도 충분히 가능한 것들이다. 지금부터 이런 이야기를 하나씩 풀어가고자 한다.

스무 살 늙은이, 여든 살 청춘

프로크루스테스(Procrustes)는 지나가는 여행자들을 붙잡아 자신의 침대에 맞춰보고, 침대보다 길면 자르고 짧으면 늘려 여행자들을 고통스럽게 죽였다. 사람들은 정해진 기준에 따라 생각하고 판단한다. 노년을 쇠약, 질병, 죽음, 슬픔이라 정의해놓고 그런 시각으로 보려 한다. 노년을 우울한 눈으로 바라보면 노년은 한없이 우울해진다.

그러니 노화는 몸이 아니라 마음에서 시작된다. 몸보다 마음이 먼저 늙어버린 사람이 얼마나 많은가.

우리의 마음이 몸을 어떻게 조절하고 바꾸는지를 알아보고자 한 실험이 있다. 70~80대의 노인 5명을 일정한 실험 환경에서 생활하게 하고, 실험 전후 참가자들에게 어떤 변화가 나타났는지 관찰했다. 특히 참가자의 신체 및 정신 기능이 어떻게 향상됐는지 주목했다. 참가자에 따라 정도의 차이는 있었지만 혈압이 거의 정상으로 돌아왔고, 시력도 눈에 띄게 좋아졌다. 지팡이 없이는 5미터 거리도 걷지 못했던 한 참가자는 지팡이 없이 계단까지 오르내리는 놀라운 변화를 보여주었다. 언어유창성 등 인지 기능이 향상된 것은 물론 목이나 눈 밑에 주름이 적어지고, 피부도 좋아지는 등 외모상의 변화까지 일어났다.

실험 환경은 단순했다. 고령의 실험 참가자들이 중년 시절이었던 30여 년 전을 상기할 수 있도록 환경을 만들어주고, 일정한 생활 수칙하에 7일간 생활하게 한 것뿐이다.

EBS에서 제작한 다큐 프라임 〈황혼의 반란〉은 우리가 어느 정도 젊음과 늙음을 선택할 수 있음을 보여준다. 1979년 이 실험을 최초로 설계한 하버드대학교 엘렌 랭어(Ellen Langer) 교수는 그 이유를 명쾌하게 정리했다. "몸과 마음은 하나다. 어디에 마음을 놓든지 신체 또한 그곳에 놓이게 된다. 시간이 흘러간다는 건 어쩔 수 없는 삶의 이치지만, 의식을 집중해서 산다는 것은 늙어가는 것조차 선택이란 것을 의미한다." 아무것도 할 수 없다고 생각하면 아무것도 할 수 없다.

한 걸음 더 나아가, 내가 젊다고 생각하면 신체적으로 더 건강하게 사는 것도 가능할까? 프랑스 몽펠리에대학교 야닉 스테판(Yannick Stephan) 교수 연구팀은 24~102세의 미국인 1만여 명을 대상으로 1995년부터 2013년 사이의 데이터를 분석했는데, 그 결과가 흥미롭다. 연구진은 조사 대상자의 실제 나이와 상관없이 자신이 체감하는 나이를 물어본 다음 그 체감 나이가 그들이 현재 가지고 있는 질병(고혈압, 당뇨병, 간·폐질환, 심장질환, 뇌졸중, 골다공증, 관절염 등)과 심리 상태(우울증 등)에 미치는 영향을 조사하는 방식으로 연구를 진행했다. 그 결과, 실제 나이보다 자신이 늙었다고 생각하는 사람은 젊다고 생각하는 사람에 비해 2~10년 후 병원에 입원한 비율이 10~25% 더 높다는 점을 밝혀냈다. 이 실험 결과는 나이, 성별, 인종, 교육 수준과 관계없이 동일하게 나타났다.

이 연구는 나이가 들더라도 그 사람의 사고방식에 따라 전혀 다른 노후를 보낼 수 있다는 사실을 실증적으로 보여줬다고 할 수 있다. 이 연구와 관련하여 플로리다 주립대학교 안젤리나 R. 수틴(Angelina R. Sutin) 교수는 나이가 들었다고 생각하면 신체적·정신적 건강에 좋지 않은 영향을 미치고, 특히 심리적 문제는 나중에 여러 가지 질환을 일으킬 수 있으니 젊게 사는 것이 중요하다고 충고한다. 우리 주위를 보면 나이에 비해 젊게 사는 노인이 있는가 하면, 나이보다 훨씬 늦게 사는 사람도 있다. 노년에는 운동도 중요하지만 젊게 살겠다는 마음가짐이 더 중요하다는 것이 과학적으로 증명된 셈이다.

자신이 젊다고 생각하면 젊어지고, 늙었다고 생각하면 훨씬 더 늙어질 것이다. 살면서 '올해는 몇 살이다'고 굳이 계산할 필요는 없다. 나이를 잊고 사는 많은 (노인들이라 불리는) 사람들이 있는가 하면, 매사 무기력한 모습에 아무것도 시도하지 않는 (젊은이라 불리는) 사람들이 있다. 나이를 먼저 의식하면 나이에 갇히게 되고, 노인이라고 생각하면 진짜 노인이 된다. 세상을 더 오래 살았다는 이유만으로 더 늙은 게 아니라는 거다. 그 사람의 가치를 단순히 달력상 나이테로만 본다면 얼마나 많은 것을 놓치게 되는가.

나에게 주저하는 마음이 생겼을 때, 실제로 못하는 것인지 아니면 나이가 들어 못 할 것이라고 생각하는 것인지 가늠해볼 일이다. 누가 청춘이고 누가 노인인지, 사무엘 울만(Samuel Ullman)의 말을 들어보자.

> (…)
> 때로는 스무 살의 청년보다
> 육십 노인이 더 청춘일 수 있다.
> 나이를 먹는다고 누구나 늙는 것은 아니고,
> 이상(理想)을 잃어버릴 때 비로소 늙는 것이다.

세월은 살결에 주름을 늘리지만

열정(熱情)을 가진 마음을 시들게 하진 못하고

근심, 두려움, 자신감 상실이

기백(氣魄)을 죽이고 마음을 시들게 한다.

(…)

영감이 끊기고

정신이 냉소의 눈(雪)에 덮이고

비탄의 얼음(氷)에 갇힐 때

그대는 스무 살이라도 늙은이가 된다.

그러나 그대가 머리를 높이 치켜들고 희망의 물결을 붙잡고 있는 한

그대는 여든 살이어도 청춘으로 남을 수 있다.

– 사무엘 울만, '청춘(Youth)'

달력 나이보다 더 중요한
심리적·생체적 나이

100세 시대가 되면서 달력상 나이보다 심리적 나이와 생체적 나이

(건강 나이)가 훨씬 더 중요한 의미를 갖게 됐다. 심리적 나이는 실제 나이와 상관없이 내가 스스로 생각하는 나이를 말하고, 생체적 나이는 신체의 건강 정도에 따른 나이를 말한다. 나이가 들었음에도 젊은이들처럼 센스 있는 복장을 하거나 경쾌한 발걸음으로 걷는다면, 젊은이들과 대화해도 '꼰대' 소리를 듣지 않는다면 심리적 나이가 젊은 것이다. 통상적인 연령대에 비해 모든 장기가 건강하게 움직이고 있다면 생체적 나이가 젊은 것이다. 달력상 나이는 많아도 젊게 사는 사람들이 많아졌고, 이들은 생체적 나이도 젊다.

   삶을 주어진 것으로만 생각하고, (어쩔 수 없이) 세상을 달관한 사람처럼 모든 것에 무관심한 사람은 젊게 살 수 없다. 매사에 데면데면하게 구는 사람 역시 젊게 사는 것과는 거리가 멀다. 그렇다면 노인이면서도 젊게 사는 사람들에게는 어떤 특징이 있을까.

첫째, 은퇴 이후의 인생도 소중하다고 생각하는 사람 :

인터넷에서 한때 회자되었던 '95세 노인의 후회'라는 글은, 은퇴 이후의 삶이 내 삶의 한 부분이 아닌 듯 살았던 것에 대해 얼마나 후회하고 있는지 보여주었다. 63세에 은퇴한 그 사람은 이후 시간을 그동안 열심히 산 데 대한 휴가로 생각했다. 그런데 은퇴 당시 생각했던 것보다 훨씬 오래 살아 95세에 이르렀다. 생각해보면 은퇴 후 그 32년은 자신의 인생에서 3분의 1이나 되는 긴 기간이었고, 그 기간을 휴가로 사용한 대가는 후회뿐이었다. 이제 그는 다시 뭔가를 시작하려 한다. 다른 이유는 없다. 10년 뒤 같은 후회를 반복할 수 없다는 생각에서다.

누구에게는 30년만 인정되는 삶이 있을진대, 그렇게 보면 한 인생을 허비한 셈이다. 그러니 30년짜리 인생을 다시 시작한다는 생각으로 삶에 대한 계획을 세우고 꿈을 꿔야 하지 않을까. 70세가 넘어서도 쇠를 다루고, 만학을 위해 학교에 진학하기도 한다. 책을 쓰거나 연주를 하는 노인들은 또 얼마나 많은가. 뭔가 하고자 하는 열정과 의지가 있다면, 그들은 항상 청춘이다.

시작하기에 너무 늦었다고 체념해버리는 것은 자신에게 얼마나 큰 죄를 짓는 일인가. 작가 오선화는 《야매상담》에서 말한다. "젊음은 가도 청춘은 남는다."

둘째, 일을 함으로써 긴장감 있게 사는 사람 :
일을 하는 노인은 그렇지 않은 노인보다 더 젊고 활기찬 노년을 보낼 수 있다. 왜 그럴까.

사람이 살아가면서 소중하게 여기는 것 중의 하나가 소속감이다. 다람쥐 쳇바퀴 굴리듯 하는 직장생활이 싫다고 입버릇처럼 말하지만, 기실 그것이 가져다주는 구속감은 어떤 의미에서는 안정감이기도 하다. 또한 적당한 스트레스로 긴장 상태를 유지함으로써 정신과 신체를 건강하게 할 수 있다. 은퇴 후 칩거하는 사람이 밖에서 활동하는 동년배에 비해 훨씬 빨리 늙는다는 것은 여러 연구에서 밝혀진 바다.

　최근 집의 현관 자물쇠가 작동이 안 돼 사무실 인근 자물쇠 수리
점에 들렀다. 주인은 70세 정도 되어 보이는 할아버지였다. 자물쇠
상태에 대해 설명하고, 퇴근하는 길에 그분을 모시고 귀가했다.

　그분은 전직 교사 출신이었고, 정년퇴직 후 제자가 운영하는 공장
에 다녔다고 한다. 거기서 한 직원에게 자물쇠 기술을 배워 이곳에
개업했단다. 이후 같은 자리에서 25년 동안 자물쇠 가게를 운영했다.
그분이 이 일을 25년 동안이나 해온 것은 생계 때문이 아니었다. 교
직 근무 연수가 오래돼 받는 연금만 해도 월 300만 원이 넘었다.

> 두 분이 쓰시고 남겠네요?
> 그렇지요.
> 죄송하지만 올해 연세가…?
> 그런 건 묻지 말아요.

　그러면서도 교직에서 은퇴하고 25년 동안 열쇠를 수리했다고 둘
러 말씀하시니, 대략 86세 전후이신 듯하다. 외견상으로는 70세를
갓 넘긴 것처럼 보였는데 말이다. 자신에게 할 일이 있다는 것, 지금
도 자기를 찾는 사람들이 있다는 것, 날마다 출근할 곳이 있다는 것
이 할아버지를 젊게 만들었다. 만약 교직에서 은퇴한 후 아무 일도
하지 않고 지냈다면 어땠을까. 그 연세에 전동드릴로 쇠에 나사를 박

고, 방화문에 붙어 있는 자물쇠를 완력으로 분리하는 일은 엄두도 내지 못했을 것이다. 이렇듯 노년에게 일은 건강과 직결되어 있다. 이 시기에 일은 어떤 보약보다 더 값진 보약이다.

셋째, 항상 새로운 것을 배우려는 사람 ：

우리는 뇌세포가 노화로 죽으면 더 이상 생겨나지 않는다고 알고 있지만, 뇌 과학자들은 꼭 그렇지만은 않다고 말한다. 최근 뇌 과학자들은 뇌의 기억 중추인 해마 부위에 줄기세포가 존재하고, 뇌에 '적절한 자극'을 주면 이 줄기세포가 신경세포와 글리아세포로 분화한다는 사실을 밝혀냈다. 글리아세포는 신경세포를 지지해주는 세포로 뇌 기능을 유지하는 데 필요하다고 알려져 있다. 기존 신경세포가 노화돼 죽어도 여기서 분화된 새 신경세포가 그 기능을 그대로 유지시켜준다는 것이다.

그렇다면 우리가 해야 할 일은 명확해진다. 뇌를 끊임없이 그러나 과도하지 않게 자극하는 것이다. 그럼으로써 뇌를 향해 죽은 세포를 대신할 수 있는 신경세포를 만들라고 요구해야 한다. 일상에서 마주치는 여러 일에 호기심을 갖고, 관심 분야를 공부하면 뇌를 젊게 유지하는 데 도움이 될 수 있다. 만약 뇌에 적절한 자극을 주지 않고 편한 대로만 살면 뇌 활력이 떨어져 이 줄기세포도 적어지고, 따라서 죽은 신경세포를 대체할 수 없게 된다. 그러니 휴대전화가 냉장고 속에 있더라는 자조적인 말은 이제 그만 하고, 눈앞에 있는 일상에 호기심을 가져보자.

넷째, 꼰대 정신을 버린 사람 :

우리 주위에는 자신이 경험한 방식으로만 세상을 바라보는 사람들이 많다. 그 경험이 누구나 할 수 있는 일반적 경험인지, 세상에 흔치 않은 지극히 개인화된 경험인지는 중요하지 않다. 특히 개인화된 경험으로 세상을 바라보면, 그들에게는 일반적인 사안들이 오히려 특별하게 보인다. 이렇게 되면 사안의 본질은 보지 못하고 현상으로만 판단하게 되는데, 이것이 속칭 '꼰대' 정신이다. 이런 꼰대 정신은 과거 경험에서 나온 정신세계다. 꼰대 정신은 폴 데이비드(Paul David) 교수가 말한 '경로 의존성(path dependency)'과 레온 페스팅거(Leon Festinger) 교수가 말한 '인지 부조화(cognitive dissonance)' 상태에 빠지게 한다. 그래서 꼰대 정신에 투철한 사람들은 듣고 싶은 것만 듣고, 보고 싶은 것만 본다.

나이가 들수록 이들에게는 어떤 사안이나 사건을 '지위와 나이'로만 보려는 특출한(?) 능력이 생긴다. 상대가 나보다 못나 보이거나 나이가 어려 보이면 곧 가르치려 든다. 이들에게는, 나보다 지위가 더 낮거나 나이가 어릴지언정 나보다 더 나은 사람일 수 있다는 생각은 애당초 없다. 그래서 젊은이들이 가장 듣기 싫어하는 말을 입에 달고 다닌다. '옛날에는 어땠는데, 지금 젊은 놈들은 어떻다' 하는 식이다.

자신의 주관만 옳다고 생각하는 사람과 말을 섞고 싶어 하는 사람은 없다. 그러니 자신의 경험을 일반화하지 말라고 권하고 싶다. 다른 사람은 다른 생각을 하고 있다는 사실을 인정하라고 말하고 싶다. 상대가 누구든 그 사람에 맞춰 생각하고 대화하면, 상대방도 즐겁고 나도 즐겁다.

다섯째, 건강에 '적절히' 신경 쓰는 사람 :

요즘 부모를 학대하는 자녀가 늘었다는 언론 보도가 이어지고, 학대 행위에 대한 비난도 거세지고 있다. 부모를 학대하는 것은 당연히 올바른 행위가 아니다. 그 점을 기본 전제로 하고 다음 글을 읽어보자. 자녀는 왜 부모를 학대하게 되었을까. 그 원인을 파악할 수 있다면 해결책도 나올 것이다.

서울시의 경우, 가구주인 부모와 동거하는 30~40대 자녀의 수가 2000년 25만 3,000여 명에서 2010년 48만 4,000여 명으로 10년 만에 91% 늘었다. '경제·건강상 이유로 독립생활이 어렵다'는 이유가 전체 응답자의 32%에 이른다. 부모의 건강이 나빠지면 자녀도 같이 힘들어진다. 병석에 누워 있는 기간이 길어지면 경제적 어려움은 물론 오랜 간병에서 오는 극심한 스트레스 때문에 자녀의 삶도 망가지고 만다. 이런 상황이 더 진행되면 간병하는 자녀에게 우울증이 찾아온다. 실제로 치매 부모를 모시는 자녀의 60%가 우울증에 걸린 것으로 조사됐다. 여기에, 앞이 보이지 않는다는 절망이 뒤섞이면 자식은 기어코 부모에게 손을 대고 만다.

자신이 건강하지 못할진대 어떻게 젊게 살겠는가. 또 아들이나 딸이 학대를 해도 부모 입장에서는 불쌍하다고 신고도 하지 못한다. 부모와 자식이 애증과 절망의 소용돌이를 하염없이 돌게 되는 것이다. 온 가족의 인간성까지 송두리째 앗아갈 수 있는 이런 불행한 상황에 직면하지 않으려면 먼저 건강부터 챙겨야 한다. 지금 당장 밖에 나가서 운동을 시작하라는 얘기가 아니다. 그보다 먼저 병원에 가서 건강 체크부터 해야 한다.

경제적으로 힘든 건 그럭저럭 참아낼 수 있어도 건강하지 못하면 아무것도 할 수 없다. 통장에 수십억 원이 예치돼 있다 한들 내 몸을 움직일 수 없다면 그게 무슨 소용인가. 그러니 건강은 모든 가치보다 우월하다.

인생의 황금기는 내 앞에 놓여 있다

우리는 은퇴라는 말을 일상적으로 사용하지만, 상당히 불분명한 개념이다. 경제활동을 그만두었다는 의미의 은퇴가 있는가 하면, 경제활동을 포함한 모든 사회활동을 그만두었다는 의미도 있다. 쓰임새에 따라 그 의미가 달라지는 까닭이다. 그런 점에서 은퇴라는 용어에는 복잡한 개개인의 사정을 잘 담아내지 못하는 한계가 있다. 또한 은퇴라는 말에는 용도폐지되었다는 의미가 담겨 있기에 현재 상황을 이해하는 데는 더더욱 적합하지 않다. 한 시기만 중요하게 생각하고, 다른 시기는 무의미한 시기로 간주하는 듯한 '현직과 은퇴'라고 하는 이분법적 분류는 이제 지양해야 한다. 그래서 나는 '은퇴 전'과 '은퇴 후'라는 이분법적 분류보다 인생 1기, 2기, 3기로 구분하고자 한다. 은퇴 시기가 사람마다 사정에 따라 다르듯 인생 1기, 2기, 3기에 진입하는 나이 또한 사람마다 다르다.

인생 1기는 사회에서 중추적인 지위를 가지고 경제활동이나 사회활동을 왕성하게 하는 시기를 말한다. 인생 2기는 경제활동을 종료했거나, 설령 경제활동을 지속하더라도 그 비중이 이전에 비해 현저히 줄어든 시기를 말한다. 자신의 가치를 찾는 때로, 삶을 성찰하고 자신의 행복을 위해 진력하는 여유가 인정되는 시기이기도 하다. 자녀에 대한 의무는 소멸하고 오로지 나에 대한 의무만 남은 때다. 인생 3기는 모든 활동을 종료하고 어떻게 하는 것이 그동안 살아온 삶을 정리하고, 행복한 죽음을 맞이하는 방법인가를 고민하고 준비하는 시기를 말한다.

각각의 시기에는 각각 다른 중요성이 부여된다. 1기는 가족의 부양이라는 가장 원초적이고도 기본적인 의무가 지배하는 시기다. 이에 비해 2기는 1기 때의 의무에 짓눌려 뒷전에 머물렀던, 진정 내가 하고 싶었던 일을 할 수 있는 시기로 인생에서 가장 안정적인 황금기에 해당하는 시기다. 이 인생 2기가 얼마나 중요한지, 그 시기를 지나온 분의 이야기를 들어보자.

우리가 잘 알고 있는, 달력 나이가 거의 100세에 이른 연세대 김형석 명예교수(96세)는 〈주간경향〉과의 대담에서 '60~70대 젊은이들'에게 다음과 같은 지혜를 전해주었다.

> "김태길, 안병욱 교수와는 셋 다 동갑이고 전공도 같아서 친분이 깊었습니다. 이젠 두 사람 다 고인이 되었지만 90세까지는 살았죠. 어느 날 우리끼리 '계란에 노른자가 있어서 병아리도 나오는데 우리 인생에서 노른자의 시기는 언제일까'란 이야기를 했어요. 그런데 '65세에서 75세까지가 우리 인생에서 가장 아름답고 좋은 시절'이라고 의견일치를 보았습니다. 인간적이나 학문적으로 가장 성숙한 시기였습니다. 진정한 행복이 무엇인지도 알게 되더군요. (…) 김태길 교수도 60세에 사회철학 책을 쓴 후 '나 또 하나 시작했어'라고 하더니 15년 후인 75세에 '가치관'에 대한 책을 펴냈습니다."
>
> – 〈주간경향〉, 2016년 6월 2일

노교수는 만약 인생을 되돌릴 수 있다면 60세로 돌아가고 싶다고 말한다. 65세에서 75세까지가 인생의 황금기이기 때문이다. 그 나이에 이르자 비로소 생각이 깊어지고, 행복이 무엇인지 세상을 어떻게 살아야 하는지를 알게 되었기 때문이다. 생각이 얕았고, 행복이 뭔지 몰랐던 젊은 날로는 돌아가고 싶지 않다고 덧붙인다. 그렇다면 우리의 인생은 아직도 절정기를 향해서 가고 있는 거다.

3기는 인지 능력이 감퇴하고 보행과 거동이 불편해 행동반경이 매우 좁아진 시기이며, 동시에 보호와 돌봄을 받아야 하는 시기다. 어쩌면 이때가 인생에서 가장 중요한 시기일 수 있다. 아무리 1기와 2기를 열심히 살았다 한들 3기를 지내는 것이 죽음보다 더한 고통이라면 화려했던 지난날이 무슨 의미가 있겠는가.

인생 1기, 2기, 3기는 서로 독립적으로 존재하는 것이 아니다. 인생 2기는 1기에, 3기는 1기와 2기를 밑바탕으로 한다. 1기를 제대로 살지 못한 사람이 갑자기 2기를 훌륭하게 산다거나 2기를 허투루 산 사람이 3기를 의미 있게 지낼 수 없다. 그래서 단절된 인생은 없다.

행동유전학자들에 따르면 발현되는 칠정(七情), 즉 희노애구애오욕(喜怒哀懼愛惡慾)은 유전적으로 50%의 영향을 받는다고 한다. 그리고 공통된 환경(가족 내에서 벌어지는, 모든 형제가 공유하는 환경)에 의해 결정되는 것은 0%이며, 그 사람이 살아온 환경에서 나머지 50%의 영향을 받는다고 한다. 만약 자신의 성격이나 지금의 생활태도가 마음에 들지 않아 이를 바꾸고자 한다면, 유전자에 의한 건 그만두고라도 살아온 세월만큼 부단히 노력해야 겨우 변한다는 것이다.

말하자면 내가 인생 2기에 들어서면서, 인생 1기와 다르게 상대방을 배려하는 넓은 마음을 갖겠다고 결심한다고 해서 금방 그렇게 되는 게 아니라는 거다. 생활방식이나 사고방식이라는 건 그렇게 쉽게 바뀔 수 있는 성질의 것이 아니다. 그래서 1기의 삶은 2기에, 2기의 삶은 3기에 영향을 미칠 수밖에 없다. 인생 2기는 1기의 삶이, 인생 3기는 2기와 1기의 삶이 그리는 궤적의 집합체다. 이렇게 내 삶이 완성되는 것이니 과거와 현재와 미래가 각각 분리된 것처럼 생각해서는 안 된다.

노인에 대한 차별적 시각, '에이지즘'

서양이 동양보다 우월하니 서양이 동양을 지배하는 것은 신의 섭리에 합당하다. 서양은 동양에 비해 합리적이고 게다가 도덕적이기도 하니, 비합리적이며 비도덕적이어서 열등한 동양을 지배하는 것은 당연하다. 이런 지배 이데올로기로 등장한 것이 오리엔탈리즘(Orientalism)이다. 오리엔탈리즘에 대한 반작용으로 동양적 관점에서 또 하나의 개념이 등장했으니 그게 바로 옥시덴탈리즘(Occidentalism)이다. 이는 서양을 적대시하거나 비하하는 인식과 태도를 말한다. 오리엔탈리즘이든 옥시덴탈리즘이든 둘 다 상대방에 대한 정확한 이해 없이, 혹은 이해가 있더라도 어느 한쪽의 이익을 위해 의도적으로 왜곡된 사고방식이다.

본질과는 달리 몰이해의 상태에서 또는 밖으로 드러나지 않는 은밀한 이익을 위해 만들어진 개념은 이것만이 아니다. '싱글리즘(singlism)', '에이지즘(ageism)'도 있다. 싱글리즘은 가족주의를 절대적인 가치로 신봉하는 다수의 사람이 혼자 사는 사람에 대해 비칭으로 사용하는 용어다. 싱글에 대한 정확한 이해는 간데없고, 싱글을 바라보는 다수의 시각만 남아 있다. 마찬가지로 에이지즘은 사람이 나이가 들어감에 따라 육체적 능력은 물론 사물에 대한 인지 능력이 젊은 층보다 뒤떨어진다는 자의적 판단을 전제로 한다.

에이지즘은 '나이 든 사람이 뭘 할 수 있겠는가' 하는 식의 '나이 듦에 대한 차별'을 내포하고 있다. 세간의 사람들은 노인에 대해 암묵적인 프레임을 만들어놓고 노인을 그 틀 안에서만 해석하려는 왜곡된 시각을 갖고 있다. 이런 에이지즘은 노년을 잉여의 시간으로 간주하고, 노인을 남은 시간을 그럭저럭 보내다 죽는 잉여의 인간으로 간주한다. 한편 생각해보면 에이지즘이란 자연스러운 노화 과정을 부인하는 심리적 저항감의 발로일 수 있다. '나이 듦'에 대한 심리적 저항은 새로운 소비를 창출하려는 현대 산업사회의 논리와 결합하여 노화에 대한 공포를 자극한다. 노년은 죽음의 전 단계이므로 노년을 거부하고, 그 증표로 피부를 관리하고, 보톡스 시술로 주름살을 펴고, 각종 영양제를 복용하라고 우리를 꼬드긴다. 젊음과 능률에 가치를 두는 현대의 산업사회가 있다.

평소 우리는 상대를 얼마나 정확히 판단할 수 있을까. 우리는 각자의 눈으로 세상을 보고, 각자의 생각으로 해석한다. 그러니 그 해석이 제각각일 수밖에 없고, 자신의 지각을 넘어설 수도 없다. 자신만의 지각이 없는 사람은 세상이 만들어준 프레임대로 보게 된다. 그래서 정작 그 본질은 보지 못한다. 노인을 자신이 만들어놓은 틀 안에 가둬놓고 바라보면 본질을 놓치게 된다.

사람이 늙어간다고 해서 이전에 갖고 있던 능력이나 감정이 일제히 퇴조하는 게 아니다. 사물을 판단하는 결정적 지능(crystallized intelligence), 문제를 해결하는 지혜는 오히려 증가한다는 것은 이미 과학적으로 증명이 됐다. 여기서 '결정적 지능'은 획득한 기술·지식·경험을 활용하는 능력을 말하는데, 어휘력이 이 능력을 측정하는 데 사용된다.

그러나 세상은 모든 노인을 동일한 범주 안에 넣어 동일한 시각, 그러니까 무능력하고 보수적인 데다 외로워하고 과거에 집착하는 늙은이로만 바라본다. 동일한 시각으로 바라보면 모든 노인은 하나로만 보인다. 노인들 개개인이 갖는 특성과 심리적 흐름은 감지되지 않는다.

노인에 대한 이런 이해 부족은 노인들이 더욱 힘든 노후를 보내게 한다. 노인에 대한 무지와 몰이해는 노인에게 또 하나의 형벌이 된다.

노년기의 변화에 성공적으로 적응하기 위해서는 노인들이 자신의 노화를 긍정적으로 받아들이려는 노력이 일차적으로 필요하지만, 사회 구성원들도 저마다 노인을 이해하고 배려하려는 마음가짐을 가져야 한다.

노인은 어떻게 하면 젊은 사람들과 잘 어울릴 수 있을지 고민해야 한다. 그 첫걸음이 젊은 세대의 생활방식을 인정해주는 것이다. 자신의 생활방식을 젊은이에게 강요하면 필연적으로 부딪힐 수밖에 없다. 그러므로 좀더 유연하고 열린 사고 지평이 필요하다는 점을 꼭 염두에 둬야 한다. '다른 사람의 말을 진지하게 경청'하는 것만으로도 이미 성숙한 노년은 시작된다.

젊은이 또한 힘들겠지만 노인의 특성에 대한 이해가 필요하다. 노인을 더 이상 무능한 사람으로 보지 말고 인생의 마지막 발달 단계에서 삶을 정리하는, 성숙하고 가치 있는 존재로 봐야 한다. 우리 역시 지금 이 순간에도 늙어가고 있다. 자신의 노년이 잘 그려지지 않는다면 평생을 자식 뒷바라지하다 깊게 주름 잡힌 아버지, 어머니의 얼굴을 떠올려보라. 그 가슴 저린 얼굴이 우리의 자화상이다.

노인들은
왜 그럴까

노인을 이해하고 배려하자는 막연한 생각만으로 그렇게 할 수 있는 건 아니다. 노인은 젊은이나 장년층과 어떤 점에서 다른지 알아야만 그들을 이해하고 공존할 수 있는 공간을 만들 수 있다. 그동안 애써 무관심했던 그들만의 세상과 마주해보고, 머지않아 그들의 세상에 나도 발을 디딜 수밖에 없다는 현실적인 이유에서라도 노인이 되면 어떤 심리 상태가 되는지 가늠해보자.

첫째, 용도폐지는 사람을 우울하게 만든다 :
사람은 어느 때 가장 허무하다는 생각이 들까. 직장이나 가정에서 내가 필요 없는 사람으로, 거의 투명인간 취급을 받을 때일 것이다. 노인은 지배력의 상실을 상징한다. 지배력의 상실은 역할의 상실에서 온다. 가정에서 남자의 역할 상실은 여자보다 훨씬 더 빨리 찾아온다. 남편이 없는 생활에 익숙해진 아내는 은퇴 후 이방인처럼 다가온 남편이 거북하다. 자녀는 이제 아버지의 도움이 더 이상 필요하지 않고, 늘 그랬던 것처럼 어머니하고만 어울린다. 역할의 상실은 자신이 쓸모없는 사람이 됐다는 무용론과 함께 깊은 소외감을 낳는다.

   손주가 공부하니 부모 방에 TV 한 대를 더 놓는다. 식탁까지 오기 어려울 테니 밥상을 부모 방으로 가져간다. 부모는 화장실 가는 것 외에는 거실로 나올 일이 없다. 부모는 다 안다. 자식 집에서 자신의 위치(처지)가 어떤지를.

둘째, 노인, 특히 할머니가 되면 말이 많아진다 :

자신의 어정쩡한 위치와 가족 혹은 친지들로부터 느껴지는 소외감을 해소하기 위해서다. 아무나 붙잡고 기회가 주어지면 자신의 속마음을 쉽게 내보인다. 상대방이 들어주는 것만으로도 고맙다. 이렇게 함으로써 스스로 자신의 의미를 되찾고, 생활의 활력소를 얻고자 한다. 노인들이 말을 많이 하는 것은 어쩌면 자신을 보호하기 위한 본능적 행동인지도 모르겠다. 누구는 나이가 들수록 귀를 열고 입은 닫는 것이 좋다고 말하지만, 정작 노인들에게 입을 닫는다는 건 형벌과 같다. 그러니 다소 불편하더라도 노인들의 말을 막지 말자. 외롭다고 외치는 그 목소리를 외면하지 말자.

셋째, 노인이 되면 편향성이 강해진다 :

노인들은 어떤 결정을 내릴 때 객관적인 사실에 기초한 것이 아니라 다른 노인으로부터 전해 들은 불확실한 말에 의존하는 경향이 있다. 이 부분은 특히 여자 노인들에게서 더 많이 나타난다. 이단이라고 비난받는 신흥종교 교도는 여자 노인들인 경우가 많다. 동네 한쪽에 물리치료기기를 갖다 놓고 몇 달이고 이용하게 한 다음 고가로 물건을 파는, 이런 곳에 자주 출입하는 사람도 대체로 여자 노인들이다. 한 여자 노인이 사실과 다른 내용을 말하더라도 주변의 노인들은 같은 방향으로 향한다. 어떤 병에 걸렸는데 어느 병원에서 나았다고 말하면, 이를 전해 들은 여자 노인들은 병의 종류와 무관하게 전부 그 병원으로 몰려간다. 남자들에 비해 여자들이 노년에 무리 또는 또래 의식이 강해지는 이유도 그 때문이다.

넷째, 사람이 늙으면 대체로 과거지향적인 성격으로 변한다 :
노인은 암울한 현재나 미래보다 자신을 자신답게 했던 과거에 집착하는 경향이 있다. 사람은 볼품없는 지금의 나를 보기보다는 화려했거나 가치 있었던 지난날의 나를 바라보는 것으로 심리적 안정을 얻기 때문이다. 그래서 노인들에게 과거에 대한 회상과 추억은 삶의 본질이 되어가고, 과거는 현실보다 더 실재적인 것으로 자리 잡기도 한다. 이는 지금의 내가 다른 사람에게 무시당하도록 내버려두지 않겠다는 심리적 반항이 작용한 결과이기도 하다. 이런 점에서 노인들이 과거 타령을 하는 것은 듣긴 싫지만 이해할 수는 있다.

젊었을 때는 이루고 싶었던 일이 모래알처럼 많았는데, 늙은 다음에는 모든 게 사라지니 과거로 여행을 떠나고 싶어진다. 기억 뒤편으로 사라져 가는 옛 친구들을 떠올리거나 아름답지만 가슴 저린 편린을 하나씩 꺼내본다. 아름다웠던 과거를 회상하면서 힘든 지금을 견뎌내고자 한다.

다섯째, 세상에 자신감이 없어지면 세상을 불안한 눈으로 본다 :

내가 오랜 세월 경험한 것만 옳은 것이고, 지금까지 경험했던 것이 아니면 믿을 수 없다. 그로서는 경험만이 유일한 해결책이다. 살 만큼 살았고 알 만큼 알고 있다. 그렇게 느낀다. 게다가 죽을 때가 다가온다고 생각하니 세상에 두려울 것도 별로 없다. 그래서 자신이 옳다고 생각한 것이 곧 옳은 것이다. 노인의 이런 경향성은 결국 아집으로 이어진다.

이런 경직성과 아집은 상대방에게는 말이 통하지 않는 노인으로 인식되고, 다른 사람과의 관계를 해치는 결과를 가져온다. 특히 남자 노인은 다른 사람의 말을 듣고 자신의 견해를 바꾸는 것을 자신의 정체성 상실과 자존심 손상으로 간주한다. 하루가 다르게 변해가는 세상, 그 세상에 맞춰 살고 있는 젊은이의 유연한 사고방식과 너무 다르다. 서로의 사고방식을 이해하지 못하면 서로 부딪히게 된다.

여섯째, 인식의 폭이 좁아진다 :

사람이 늙으면 만나는 사람이 동네 친구나 복지관에서 만난 친구 정도로 제한된다. 책을 읽거나 인터넷으로 정보를 검색하는 수준이 되지 않으면, 같은 수준의 친구가 전해주거나 TV가 전해준 게 이들이 취할 수 있는 정보의 전부다(특정 매체는 오히려 인식의 폭을 넓히는 데 장애가 되기도 한다). 취할 수 있는 정보가 제한되니 사고의 폭도 같이 좁아진다. 그 노인의 친구도 자신과 유사한 노인으로부터 정보를 얻으니 그 수준의 정보를 벗어나지 못한다. 그렇게 되지 않으려면 책을 읽는 것이 가장 좋겠지만, 이게 힘들면 실버대학이나 자치구에서 하는 문화강좌를 수강함으로써 인식의 폭을 넓힐 방법을 찾아야 한다.

시간은 같은 속도로 흐르지 않는다

시계로 측정되는 객관적인 시간의 단위는 누구에게나 같지만, 개인이 느끼는 시간의 흐름은 제각기 다르다. 악보에 그려진 음표는 동일하지만, 그 길이는 지휘자에 따라 달라진다. '따따따딴', 장중하고도 묵직하게 시작하는 베토벤 교향곡 5번 제1악장 도입부는 운명의 문을 두드리는 소리와 같다고 해서 일본에서 이를 '운명 교향곡'이라고 불렀다. 작곡가는 이 도입부를 알레그로 콘 브리오(allegro con brio, 빠르고 힘차게 연주하는 것)로 연주하라고 적어놓았다. 작곡가의 의중대로 지휘한다는 토스카니니는 베토벤이 원하는 빠른 템포로 운명의 문을 거칠게 두드린다. 악보를 재해석해 음악적 느낌을 중시한다는 푸르트뱅글러는 운명의 노크 소리를 느린 템포로, 그래서 더욱 또렷하게 연주한다.

수업 시간에 늦었는데 기다리는 버스는 늦게 온다. 타고 났더니 차량이 많아 굼벵이처럼 간다. 10분밖에 지나지 않았는데도 벌써 30분은 지난 것 같다. 반면 좋아하는 사람과 같이 있을 때는 1시간이 10분처럼 짧게 느껴진다. '시간에 대한 관심' 때문이다.

1999년에 심리학자 퍼거스 크레이크(Fergus I. M. Craik)는 시간의 흐름에 대해 의미 있는 실험을 했다. 피실험자들을 평균 나이 72.2세인 노인 그룹과 평균 나이 22.2세인 젊은 그룹으로 나눈 뒤, 시간의 흐름을 감지하는 정도를 알아보았다. 그는 피실험자들에게 눈을 감게 하고 30초, 60초, 120초에 신호를 보내면 시간이 어느 정도 흘렀다고 생각하는지 대답하게 했다. 이 실험에서 노인 그룹은 실제 120초의 시간이 흘렀는데도 40초밖에 안 됐다고 응답했다. 말하자면, 하던 일을 40초만 하고 쉬려고 고개를 들어 시계를 보았더니 벌써 120초가 지났다는 의미다. 심리학자들은 이 현상에 대해 나이가 들수록 생체시계가 느려져 외부 시간이 더 빨리 흐르는 것처럼 느낀다고 설명한다. 40대에는 시간이 시속 40킬로미터, 50대엔 50킬로미터, 60대엔 60킬로미터로 흐른다는 세간의 말은 이로써 과학적으로 증명됐다.

그래서 노인은 남은 시간이 실제보다 짧다고 느끼고, 그 때문에 조급증을 겪는다. 그리고 이 조급증은 노인의 행동양식을 지배한다. 어머니와 어디를 갈라치면 어머니는 아들에게 수없이 묻는다. "지금 출발해야 하는 거 아니냐?" 본능적으로 삶이 마감되기 전에 뭔가 마무리해야 한다는 생각으로 가득 차 있기 때문에 무슨 일이든 서두른다. 그러니 '이 나이'에 뭔가 새로운 일을 시작한다는 것은 더더욱 엄두를 내지 못하는 것이다.

이는 우리 생각의 근저에 모든 일은 반드시 마무리되어야 한다는 강박관념이 깔려 있기 때문이기도 하다. 한번 생각해보자. 그동안 살아오면서 했던 그 많은 일 중 파도가 포말이 되어 없어지듯 그렇게 없어진 일들이 얼마나 많았던가. 계획은 매일 세우지만 시작도 해보지 못하고 상상 속에 그친 일은 또 얼마나 많았던가. 결과를 내지 못했다고 해서 아쉬워할 것도 없다. 결과를 낼 수 없을 테니 시작할 수 없다고 지레 포기할 일도 아니다. 설령 오늘 시작해서 내일 죽은들 무엇이 문제일까.

짝사랑하는 여인에게 사랑을 고백했을 때의 부끄러움과 거절당했을 때의 아픔은 시간이 지나면 잊힌다. 하지만 그녀에게 아무 말도 하지 못한 채 세월이 저물었다면 후회는 평생을 함께한다. 사람은 자신이 '저지른 것'들에 대한 후회보다는 '해보지 못한 것'들에 대한 후회가 더 남는 법이다. 87세에 대학을 졸업한 로즈(Rose) 할머니가 우리에게 준 교훈이다.

지혜는 여전히
노년의 강점이다

사람들이 자신이 늙었다고 혹은 늙어가고 있다고 느끼는 가장 두드러진 신호로 기억력의 감퇴를 든다. 어디에 뭘 두었는지, 어제 무엇을 했는지, 그 친구의 이름이 뭔지 기억이 나지 않는다는 것이다.

기억은 저장과 인출의 과정을 거친다. 예를 들어 친구의 이름을 외울 때 이름 자체를 기억하는 게 아니라 이름을 이미지화해서 뇌에 저장한다(내가 의식적으로 그러는 게 아니라 뇌가 알아서 그렇게 한다). 그러고는 그 저장된 이미지를 필요할 때마다 꺼내 쓴다. 즉, 친구를 만나면 그 친구 이름의 이미지를 꺼내서 이름을 부른다.

그런데 나이가 들어 뇌세포가 줄어들면서 이 과정이 원활하지 않게 된다. 저장도 잘 안 되고, 저장된 이미지도 쉽게 꺼내지지 않는다. 그래서 늙으면 기억력이 감퇴된다고 생각하는 것이고, 과학적으로도 그렇다. 그러나 사람의 뇌는 기억의 저장 장치로만 사용되는 게 아니다. 각종 정보를 처리하고, 각 정보 간에 연관성을 파악하여 어떤 사안에 맞는 결정을 내리기도 한다.

MIT의 조슈아 하트숀(Joshua Hartshorne) 교수는 피실험자 4만 8,000명의 데이터를 분석하여 그 결과를 2015년 8월 〈심리과학(Psychological Science)〉에 발표했다. 이에 따르면, 인생 시기별로 뇌의 한 기능이 감소하면 다른 기능은 오히려 증가하는 현상을 보인다고 한다. 예를 들면 정보처리 속도는 18~19세에 가장 빠르고, 단기 기억은 25세에 가장 뛰어나다가 35세 정도부터 감소하기 시작한다. 타인의 감정을 정확히 인식하는 능력은 40대부터 50대 사이에 절정을 맞고, 상황 판단 능력을 알려주는 결정적 지능은 60대부터 70대 초반에 가장 높아진다.

이와 동일한 결론에 이르는 연구는 그 외에도 많다. 미네소타대학교의 레이철 클라인(Rachael M. Klein) 교수는 경영진 구인공모에 응모한 20~74세 3,375명을 대상으로 '결정적 지능(crystallized intelligence)'을 측정하기 위한 어휘력 테스트와 '유동성 지능(fluid intelligence)'을 측정하기 위한 연속성(빈칸 채우기 등) 테스트를 했다. 논문에 따르면 유동성 지능 테스트에서는 젊은 피실험자가 고령인 피실험자보다 더 높은 점수를 기록했지만, 결정적 지능에서는 고령인 피실험자가 더 높은 점수를 얻었다. 이는 나이 든 사람이 젊은 사람보다 더 지혜롭다는 것을 의미한다. 나이가 들수록 뇌세포 수는 줄어들지만 뇌를 더 폭넓게 활용할 수 있기 때문이다.

일련의 연구 결과가 우리에게 말하고자 하는 것은 노인의 인식 능력은 형태를 바꿔 진화한다는 것이다. 영감과 창의력은 기억력과 사고력이 가장 뛰어난 젊었을 때 더 많이 발휘되지만, 배경지식을 활용하여 종합적으로 사고하는 능력과 길고 유장한 소설을 쓸 수 있는 능력은 나이 든 사람이 더 앞선다는 것이다. 게다가 결정적 지능이 뛰어난 노인들은 경영 능력에서도 젊은 사람들에 앞선다. 그럼에도 나이 들었다는 이유만으로 직장에서 조기 퇴출당하는 경우가 태반인데, 이는 '역량의 감소' 때문이 아니라 다분히 '경제적 논리' 때문이다.

그러니 뇌의 여러 가지 기능 중 기억력이 종전보다 좀더 감소했다는 이유로 '이제 늙어서 할 수 있는 게 없다'고 말하는 것은 그만두어도 좋다. 나이 들어도 위축될 필요가 전혀 없다고 과학이 가르쳐주고 있지 않은가.

2장

노후의 심리:

외로움을 어떻게 이겨낼까

당신은 지금
고독한가, 외로운가

남자는 나이가 들면 자신만의 공간과 시간을 갖고 싶어 한다. 고독은 남자를 군중으로부터 떼어내 그만의 동굴에 홀로 들어가게 한다. 50미터 동굴인 줄 알고 들어가 보니 100미터, 아니 그보다 더 깊고 어두운 동굴이 있다는 것을 알게 된다. 아무하고도 말을 섞고 싶지 않고, 그냥 혼자이고 싶을 때가 있다. 누구의 조언도 도움이 되지 않을 때가 있다. 시간만이 유일한 친구이자 동료이자 해결책인 경우가 있다. 동굴 속에서 혼자 지지고 볶고 난 다음 아무 일도 없었던 것처럼 걸어 나와 다시 일상으로 복귀한다.

다른 사람에게 터놓고 말할 수 없는, 속 깊은 곳에 풀릴 수 없는 응어리 같은 것들이 뭉쳐 있는 까닭이다. 그들에게 숙명처럼 따라붙는 고독감이다. 남자는 술을 마시고 상대방과 말을 섞는 동안에도, 사랑하는 사람을 안고 있는 동안에도 다가온 고독감과 마주한다. 취기로 고독감이 달래지는 일은 없다.

깊이 사랑했던 남편(부인)을 먼저 떠나보내면 남은 배우자는 심한 외로움을 느낀다. 매일같이 보아오던 친구와 오랫동안 헤어져 있으면 역시 외로움을 느낀다. 인기를 먹고 사는 연예인이 이제 더 이상 인기가 없다고 느끼면 외로움에 시달린다. 애초 누리던 것을 잃게 되면 외로움을 느낀다.

당신이 지금 허전하다고 느끼는 감정은 외로움일까, 아니면 고독감일까. 이 구분은 본질적이지만 명료하다. 당신 옆에 아무도 없어 허전하거나 가지고 있던 것을 잃게 되어 허전하다면, 당신은 지금 외로운 것이다. 누군가와 같이 있어도, 명예와 권력과 높은 지위를 가지고 있어도 허전하다면, 당신은 지금 고독한 것이다.

외로움은 외부적 요인에 의해 결정되는 느낌, 예를 들어 사랑하는 사람이 떠나 혼자되어 기댈 데가 없을 때 느끼는 감정이다. 고독감은 외로움과 달리 마음속 깊은 곳으로부터 느껴지는 감정으로, 친한 친구와 다정한 이야기를 하면서도 느끼는 '홀로 떨어져 존재한다'는 느낌이다. 고독감은 기댈 데가 없다는 느낌이 아니다. 따돌림당해서 느끼는 감정은 외로움이지 고독감이 아니다.

이처럼 외로움과 고독감은 서로 다른 감정이므로 그에 대한 처방전도 달라야 한다. 외로움은 채워줌으로써 극복할 수 있고, 고독감은 성찰함으로써 극복할 수 있다. 누군가는 고독감을 즐기라고 하는

데, 노년에 문제 되는 것은 고독감이 아니라 외로움이다. 고독감은 정신력이 강하고 내적 성찰이 가능할 때, 영혼에 불을 댕기려고 출발선에 섰을 때 비로소 극복이 가능한 정신 영역이다. 그래서 고독의 터널을 지나 고뇌의 흔적으로 작품을 탄생시킨 위대한 이들에게서, 모두가 반대해도 옳은 길을 가려는 이들에게서 볼 수 있는 정신세계다. 노년에도 고독감을 느낀다면 우리는 그를 존경할 수 있다. 그런데 노년은 다만 외로움을 느낄 뿐이다.

심리학자 토머스 홈즈(Thomas Holmes)와 리처드 라헤(Richard Rahe)에 따르면, 배우자가 사망할 때 가장 심한 스트레스를 받는다고 한다. 배우자의 사망에 따른 스트레스 지수를 100이라고 할 때 그 외 가족의 죽음은 63, 부상이나 질병에 걸릴 때는 53, 은퇴 45, 친구의 사망은 37, 자녀의 결혼은 29에 해당한다고 한다. 이 모든 스트레스는 주로 노년에 집중돼 있고, 전부 외로움을 수반한다는 특징이 있다. 특히 노년 입장에서 자녀에 의존하는 성격이면서도 같이 살 수 없는 상황이라면 외로움은 더욱 커질 수밖에 없다.

이런 외로움이 그냥 외로움에 그친다면 누구나 겪고 있는 것이니 털고 일어서라고 말할 수 있지만, 때때로 극단으로 치닫게 한다는 점에서 선심성 위로의 말로 끝낼 수 없는 경우가 있다. OECD 국가 중에서 우리나라 전체 자살률이 가장 높은 이유도, '노인' 자살률이 32.8%로 전체 자살률을 끌어 올리고 있기 때문이다. 노인이 자살하는 데는 여러 가지 원인이 있겠지만 가장 중요한 원인은 대인관계에서 오는 문제다. 그러니까 사회적 외로움, 가족 내 외로움 등 결국 외로움의 문제다.

서울대 의대가 1992년부터 2011년 사이에 발생한 자살 기도의 원인을 분석한 결과 세간의 예상과는 달리 정신과적 원인은 19.1%에 불과했고, 스트레스가 75.4%로 절대적으로 높게 나타났다. 스트레스의 원인으로는 대인관계 문제가 43.8%에 달해 가장 심각했고, 경제적 문제는 17.2%에 불과했다. 이렇듯 노년이 자살하는 가장 큰 이유는 대인관계에서 오는 외로움이다. 외로움은 자살로 연결될 수 있다는 점에서 안젤름 그륀(Anselm Grun) 신부는 그의 저서 《노년의 기술》에서 '외로움은 죽음의 일부'라고 말하기도 했다. 우울증을 마음의 감기 정도로 가볍게 생각해서는 안 되는 이유다.

외로움을 잘 타는 노인들의 특성

외로움이 찾아오는 원인은 수없이 많겠지만 그중 몇 가지를 같이 살펴보자.

첫째, 외부지향적인 사람이다 :

외부지향적인 사람은 외로움에 쉽게 노출된다. 여기서 '외부지향적인 사람'이란 자기 내면의 목소리에 귀를 기울이지 않고, 다른 사람의 눈에 맞춰 살아가는 사람을 말한다. 권력, 명예, 인기를 삶의 목표로 삼는 사람들이 그렇다. 권력이나 명예를 인생의 목표로 삼았다가 이를 잃었을 때, 인기를 먹고 사는 연예인들이 인기를 잃었을 때 외로움을 느낄 수밖에 없다. 외부지향적인 사람은 그가 지향했던 목표가 허물어지면 같이 허물어진다. 내면의 목소리를 무시하고, 내 공간을 넓히지 못한 채 세상의 눈으로만 가득 채웠기 때문이다.

둘째, 심리적 의존성이 강한 사람이다 :

외로움은 심리적 의존성이 강한 사람에게 쉽게 찾아온다. 남자든 여자든 남들에게 의존적인 사람이 있다. 의존성이 강한 사람은 그 상대방을 구속하기 마련이다. 이 구속은 상대방을 멀어지게 하는 원심력으로 작용한다. 상대방이 구속에서 벗어나면 구속자는 참을 수 없는 외로움을 느낀다. 자녀에게 의존하는 부모는 자녀가 독립한다는 사실만으로도 외로움을 느낀다. 아들을 부를 때 이름을 부르지 않고 '우리 아들'이라고 부르는 어머니의 속내는, 아들을 대견하게 여기는 마음과 아들에 대한 의존성이 같이 엿보인다. 타인에 대한 절대적인 의존성은 절대적으로 가혹한 결말을 가져온다.

셋째, 자신을 희생한 사람이다 :

희생과 헌신은 외로움을 동반한다. 뭔가에 집중해서 그 결과를 낸 다음에는 상당 기간 다른 일이 손에 잡히지 않아 힘들었던 경험이 누구에게나 한두 번은 있었을 것이다. 그 결과를 얻기 위해 쏟은 기간이 길면 길수록, 정성이 깊으면 깊을수록 그 결과 뒤에는 더 많은 시간의 공백이 필요하다. 그 공백은 해방감이면서 동시에 허탈감으로 다가온다. 내가 아는 한 선배는 아들을 뒷바라지하여 사법시험에 합격시키고 난 후 지금도 그 공백을 메우지 못해 힘들어하는데, 이런 맥락에서 그를 잘 이해할 수 있다.

내 손을 거치지 않으면 집안일은 엉망이 되고, 자식들도 내 손길을 필요로 한다. 내 역할을 다하지 않으면 가정이 거덜 날 것 같다는 생각도 든다. 어머니 입장에서 육체적으로는 가장 힘든 시기지만, 마음은 더없이 묵직하고 든든하다. 그러나 가족에 헌신했던 자신을 뒤돌아보고 이제 자신의 용도가 끝났다고 느끼면 삶에 대해 공허감을 겪게 된다. 나는 그동안 무엇을 위해 그토록 열심히 가족 뒷바라지하며 살아왔을까. 나에게 지금 남아 있는 것은 무엇인가. 자신의 가장 찬란한 황금기를 가족에게 바친 아버지의 노고에 대해, 그리고 어머니의 헌신적 사랑에 대해 우리는 응답해야 한다.

넷째, 기질적으로 외로움에 취약한 사람이 있다 :

같은 힘든 시기를 지내왔고 유사한 경험을 했음에도 어떤 사람은 아무 일 없었다는 듯 살아가는가 하면, 어떤 사람은 죽을 만큼 힘들어하며 살아가기도 한다. 사업에 실패하더라도 재기하는 사람이 있는가 하면, 그대로 주저앉아버리는 사람도 있다. 노인들이 자신의 환경을 바라보는 시각도 제각각이다. 낮에는 꽃집을 운영하고 밤에는 멀리 있는 미장원에 청소 아르바이트를 다니는 여자 노인, 아직 월셋집에 살고 있지만 언젠가 좋은 시절이 올 거라며 명랑 쾌활하다. 같은 상황에서 '나는 왜 이렇게 힘들게 살아야 하는가' 자포자기하는 노인도 있다.

외로움은 이처럼 그 사람의 기질적인 성향이 발현되는 경우가 많다. 미국 시카고대학교의 존 카시오포(John Cacioppo) 교수는 8,000명의 일란성 쌍둥이와 이란성 쌍둥이를 12년간 관찰한 결과, 유전적 특질이 외로움에 큰 영향을 끼친다는 사실을 발견했다. 이란성 쌍둥이에 비해 동일한 유전자를 가진 일란성 쌍둥이들 사이에서 외로움의 차이가 크지 않은 것으로 나타난 것이다. 다른 보고서에서도 유전적 기질로 외로움을 느끼는 사례는 전체의 3분의 1 정도라고 밝히고 있다. 이를 보면 유전적으로 우리가 어쩔 수 없는 부분이 있는 모양이다. 이렇게 기질적으로 외로움에 취약한 사람은, 자신의 잘못은 아닐지라도, 다른 사람보다 훨씬 더 많은 노력을 해야 한다.

노년의 외로움은
우울증으로 이어지는 징검다리다

우리가 우울증에 관심을 갖는 이유는 우울증으로 인하여 삶이 피폐해지고 극단적 선택으로 치달을 개연성이 높기 때문이다. 그렇다면 우울증은 어디서 오는 걸까. 우울증을 '마음의 감기'라고 부르지만, 이는 지극히 수사적 표현으로 우울증의 심각성을 애써 외면하려는 심사다. 사람이 스트레스를 받으면 신경전달물질의 하나인 세로토닌(serotonin)의 분비량이 적어지거나 제 기능을 다하지 못하게 되는데, 우울증은 이 세로토닌의 이상으로 야기된 감정상의 기복이다. 세로토닌은 우리 몸에서 마치 오케스트라의 지휘자와 같은 기능을 한다. 우리를 흥분시키고 기분 좋게 하는 도파민(dopamine)과 불쾌감 및 무력감을 가져오는 노르아드레날린(noradrenaline)을 적절히 통제하여 일상적이고 평온한 감정을 유지하도록 하는 것이다. 그런데 어떤 이유로 이 균형이 깨지면, 우리의 정신작용에 영향을 주는 것은 물론 종국에는 신체적 질병으로 이어지게 된다. 이러한 결과는 다음 두 연구에서 확인할 수 있다.

시카고대학교 연구팀은 사회적 소외감과 외로움이 뇌를 어떻게 작동시키고, 사람들의 행동양식에 어떤 영향을 주는지 연구했다. 연구팀은 23명의 여대생을 '사교적인 성향을 가진 그룹(A그룹)'과 '외로움을 강하게 느끼는 그룹(B그룹)'으로 분류한 다음 이 두 그룹에게 기분 좋은 상황의 사진과 기분 나쁜 상황의 사진을 차례대로 보여줬다. 이 사진을 본 피실험자의 뇌를 기능적 자기공명영상(fMRI) 장치로 촬영해 사회적 소외감과 뇌 활성 사이의 연관성을 분석했다.

기분 좋은 상황의 사진을 보여줬을 때, A그룹이 B그룹보다 뇌의 복측선조체(ventral striatum)를 포함한 변연계가 더 활성화됐다. 이 부위는 '보상기전'을 담당하는 뇌 영역이다. 기분 나쁜 상황의 사진을 보여줬을 때도 A그룹이 B그룹보다 뇌의 측두정엽(temporoparietal junction)이 더 활성화된 것으로 나타났다. 이 부위는 '타인과 입장을 바꿔 생각해보는 것'과 연관된 뇌 영역이다.

이 연구의 결과를 정리하면, 사교적인 성향을 가진(그래서 외로움을 덜 타는) 사람은 좋은 것에 대해서는 좋다고 느끼고 좋지 않은 상황에 처해 있는 사람을 보면 그 상황을 이해하려는 공감 능력이 높은 반면, 외로움을 강하게 타는 사람은 좋은 것을 봐도 좋다는 느낌이 별로 들지 않고 나쁜 상황에 처해 있는 사람을 봐도 그다지 고통을 느끼거나 공감하지 않는다는 것이다. 그러니 외로움을 강하게 타는 사람은 타인으로부터 부정적 평가를 받을 수밖에 없고, 외로움의 악순환은 되풀이될 수밖에 없다. 그래서 외로운 영혼은 고립적이고 위험하다.

또 하나의 실험은 소외감이나 외로움이 실제로 사람의 신체에 통증을 유발하거나 질병에 잘 걸리도록 하는 원인이 될 수 있는가에 대한 것이었다. 결론부터 말하면, 타인으로부터 소외될 때 뇌가 육체적 고통을 느낄 때와 똑같은 반응을 보인 것으로 나타났다. 캘리포니아 대(UCLA)의 나오미 아이젠버거(Naomi Eisenberger) 교수팀은 피실험자 세 명에게 상대방에게 공을 패스하는 비디오게임을 하도록 한 후, 컴퓨터 조작으로 그중 한 명이 공을 받지 못하도록 함으로써 게임에서 완전히 배제된 듯한 소외감을 느끼게 했다. 소외된 사람의 뇌를 기능적 자기공명영상(fMRI) 장치로 촬영한 결과 육체적인 고통을 느끼는 일을 관장하는 대뇌의 전방대상피질(anterior cingulate cortex)이 실제로 육체적인 고통을 느낄 때와 똑같은 반응을 한 것으로 나타났다.

이번에는 소외감을 느끼는 피실험자 중 일부에게는 가짜 약을, 다른 일부에게는 타이레놀을 각각 처방했는데, 가짜 약을 먹은 사람들보다 타이레놀을 먹은 사람들에게서 소외감이 더 많이 줄어든 것으로 나타났다. 외로움이 정말 통증을 유발하기 때문에 진통제가 듣는다는 뜻이다.

아마도 당신은 정말 좋아하는 사람과 헤어졌을 때 머리가 아니라 가슴이 아팠던 기억이 한 번쯤은 있을 것이다. 슬픔은 뇌로 느끼지만 흔적은 가슴에 남는 법이다. 외로움에 시달리는 사람은 감정적으로만 힘든 게 아니라 실제 신체적으로도 고통을 느끼기 때문에 이래저래 힘든 법이다.

우울증은
어디에서 오는 걸까

우울증이 오는 이유는 세대별로 다르고, 같은 세대라도 성별에 따라 또 다르다. 50~60대의 우울증은 주로 자신의 효용가치와 관련되어 있다. 사회적으로 가장 활발하고, 가정에서도 가장 중추적인 위치에 있던 자신이 어느 날부턴가 중심축에서 멀어지고 있음을 깨닫는다. 특히 50대의 원치 않은 퇴직은 자신의 가치에 대한 고민을 깊게 한다. 50대의 우울증은 이처럼 효용가치의 상실에서 시작되는 경우가 많고, 경제적 궁핍이나 인간관계 때문에 오는 경우는 그리 많지 않다.

이 시기의 여성은 호르몬의 급격한 변화로 우울증을 겪는다. 실제로 캐나다 맥길대학교의 미르코 딕식(Mirko Diksic) 교수 팀은 뇌의 세로토닌 합성률이 남성에 비해 여성이 훨씬 낮기 때문에 여성에게 우울증이 더 많이 발생한다는 연구 결과를 발표한 바 있다. 여성은 가족들이 더 이상 자신의 도움을 필요로 하지 않게 되었다는 심리적 박탈감을 경험하게 되는데 이 박탈감은 자아의 정체성 회복과 관련하여 내적 갈등을 유발하고, 이 과정에서 우울증이 찾아온다. 사실 내 마음속이 나보다 가족으로 가득 채워졌기 때문에 찾아오는, 어쩌면 당연한 결과인지도 모른다. 이 세대의 우울증은 자신의 삶을 치열하게 살아왔던 사람들, 완벽주의를 추구했던 사람들, 주로 중산층에서 비교적 유복한 생활을 해왔던 사람들에게 찾아오는 경우가 많다.

70대 이후 세대는 특별한 경우가 아니면 자신의 사회적 역할이 완료되었다는 데 동의한 상태다. 그래서 이 세대에게 찾아오는 우울증은 그 이전 세대보다 훨씬 더 중첩적이고 복합적이다. 고립감, 건강의 상실, 경제적 궁핍, 거주시설의 형태 문제가 그렇다. 이 중에서도 고립감에서 오는 우울증이 가장 많다.

고립감은 독거노인에게 많이 찾아오겠지만 자녀와 함께 사는 노인도 정도에 차이가 있을 뿐 고립감을 느끼는 것은 같다. 자녀와 동거하는 노인은 자녀에게서 오는 미묘한 신호를 자신의 상황과 맞물려 확대 해석한다. 이 미묘한 신호에 아예 둔감하거나 아무렇지 않게 생각할 수 있는 정신력을 갖출 수 있으면 좋겠지만, 나이가 들수록 오히려 더욱 예민해진다.

이 세대의 우울증은 건강 상실에서 오기도 한다. 건강 상실로 신체적 고통이 심해지거나 다른 사람의 도움 없이는 거동이 불가능하면 삶에 대한 의욕을 잃는다. 누구든지 건강한 신체를 유지하고, 자신의 거동이 다른 사람의 손에 맡겨지지 않기를 소원한다. 100세 시대에는 평균수명이 60~70세에 불과하던 때보다 건강에 훨씬 더 신경써야 한다. 많은 사람이 헬스장으로, 산으로 향하는 것도 이런 경향을 자연스럽게 반영한 것으로 볼 수 있다.

이 세대의 우울증은 경제적 궁핍에서도 온다. 돈은 삶을 영위하기 위한 가장 원초적인 수단이다. 경제적 부를 원하는 것이 아니라 한 끼 식사를 하는 데 굴욕감을 느끼지 않기를 원한다. 노년에는 경제 문제와 건강 문제를 해결할 방법이 없다는 점에서 더 고질적이다.

거주하는 시설의 종류에 따라 우울증의 정도가 다르다는 조사 결과가 있다. 2013년 정부의 조사 결과에 따르면 독립적으로 생활하는 노인 중 우울증 증세를 보인 비율은 10~15%인 반면, 요양시설에서 생활하는 노인 중 같은 증세를 보이는 비율은 44%에 달한 것으로 나타났다. 한 번이라도 요양원이라고 부르는 시설에 가보았다면 그 이유를 금방 알 수 있을 것이다. 현재 우리나라의 요양원은 보호자가 거의 포기할 정도의 수준인 사람들이 많다. 의식은 있으나 거동이 불편한 사람들, 치매에 걸려 가족이 돌볼 수 없는 사람들이다. 무기력한 행동과 초점 없는 눈동자가 무엇을 알려주는지 우리는 알고 있다.

이렇게 노년 세대의 우울증에는 다양한 원인이 있으므로 처방도 그에 맞게 내려져야 한다.

전력질주 후에
맞닥뜨린 심리적 절벽 _____

사례 1

누구나 현모양처라고 생각했던 A(당시 55세) 부인의 사례를 보자. 아이들이 학교에 다니는 동안 아침 식사를 한 번도 거르지 않도록 뒷바라지했다. 고3 딸을 위해 3년간 자신의 차로 등하교를 시켰고, 딸이 대학에 진학한 후에는 딸이 집에 와야 잠자리에 들었다. 그리고 오늘 하루 무사히 보낸 것에 대한 감사 기도로 하루를 정리했다. 그러니까 최선을 다해 남편에게는 양처가, 아이들에게는 현모가 된 것이다.

그러나 주는 쪽과 받는 쪽의 생각은 원래 다른 법이다.

그 딸은 나중에 엄마에게 이렇게 말했다.

"엄마, 엄마의 그런 태도가 너무 힘들었어요."

사례 2

학교 선배의 이야기다. 선배의 부인은 중학교 선생님이다. 큰아이인 딸은 간호학과를 졸업해 지금은 대학병원에 근무 중이고, 둘째인 아들은 사법시험에 합격해 현재 군법무관으로 복무 중이다. 서울 용산에 거의 10억 원에 달하는 아파트에 거주하고 있다. 객관적으로 보면 아무런 걱정이 없는 사람이다.

아들이 사법시험에 합격하고 나서 얼마 안 돼 선배는 때마침 그동안 해오던 강의를 그만두게 되었다. 아이들은 아버지의 도움이 더 이상 필요하지 않을 정도로 커버렸다. 부인은 교사로서 유능한 분이었으나 남편과 자상하게 어울리는 스타일은 또 아니었다. 이제 선배는 가정에서 더이상 할 일이 없고, 가족도 선배에게 더 이상 의지하지 않게 되었다. 선배는 당시 삶의 목표를 상실했다. 선배는 평생 앞만 보고 달리는 기관차처럼 참으로 열심히 살았다. 일과 가정 외에 그에게 가치 있는 것은 아무것도 없었다.

사례 3

현직 대기업 지점장 C 씨의 경우도 눈여겨보자. 오로지 자신의 일에 집중해 있다. 다른 사람보다는 좀더 빨리 지점장이 된 것도 그의 노력 덕분이었다. 얼마 전부터 운동을 위해 자전거를 타기 시작했다. 출발해서목적지에 도착할 때까지 오로지 달리는 것에 집중해 체력이 허락하는한 전속력으로 달렸다. 길가에 꽃이 피어 있어도 눈을 돌릴 여유가 없다. 그럴 시간이 있으면 목적지에 먼저 도착하는 것이 더 가치 있는 일이라고 여긴다. 아직 현직에 있지만, 그가 은퇴하면 선배처럼 우울증에시달릴 가능성이 크다. 숨 쉴 수 있는 자신만의 공간을 만들어놓지 못한 까닭이다.

이들의 공통된 특징은 한 가지에 일생을 걸었고, 성실하게 살았다는 점이다. 자신의 존재 의미가 퇴색하면 삶의 의미도 함께 퇴색한다는 점도 같다. 변화된 환경에 맞게 자신의 생각도 변화시켜야 하는데 이게 잘 되지 않는다는 점도 공통점이다. A 부인이나 나의 학교 선배 그리고 그 지점장도 가족으로부터 어떤 찬사나 보상을 목적으로 최선을 다해 산 것이 아니라 자신에게 주어진 임무를 너무나 충실히 이행한 것뿐이다. 겉보기에는 말이다.

그러나 뒤집어서 한번 생각해보자. 부모는 자녀에게 무한한 사랑을 준다고 말한다. 그런데 과연 그럴까? 인정하기 싫겠지만 부모의 자녀에 대한 사랑에도 보상 심리가 깔려 있다. 자신이 희생한 대가로 자녀들의 성공을 기대한다. 자녀의 성공은 그 희생에 대한 보상이 된다. 이런 보상 심리는 자녀들이 성장함에 따라 형태를 달리해 나타난다. 자녀가 어렸을 때는 학업 성취도로 그 보상의 무게를 측정하고, 취직하면 은근히 혹은 노골적으로 자신들에 대한 봉양 혹은 경제적 지원을 기대한다. "내가 너를 어떻게 키웠는데…", 이 말이야말로 보상 심리를 단적으로 표현한 말이다. 그래서 세상에 대가 없는 행동은 없다.

그러니 A 부인은 가족들이 자신의 노력을 무언중에 보잘것없는 것으로 여긴다는 느낌을 받으면 그동안 해온 모든 희생이 무의미한 것이 됐다는 상실감에 시달린다. 나아가 자신의 존재 자체가 부인된다. 사람이 가장 견디기 힘든 것은 지금까지 자신의 노력이 무가치한 것으로 평가되거나 아무렇지도 않게 내팽개쳐지는 것이다. 열심히 공부하고 늦게 귀가하는 자녀에게 "이제껏 뭐하고 쏘다니다 이제 와?"
라고 할 때 자녀가 느끼는 감정도 그렇다.

수치화하기는 어렵지만, A 부인으로 대표되는 이런 부류의 사람들
은 자신의 역할 중 엄마로서의 역할을 80～90％ 정도 수행한 것으
로 볼 수 있다. 그러니 정작 한 인간으로서의 존재감은 미약할 수밖
에 없다. '나'로서 산 적이 없기 때문이다. 엄마로서의 역할이 컸던 만
큼 그 역할이 무너지면 자신은 빈껍데기만 남게 된다. 이런 식의 일
방적 희생은 자신만이 아니라 가족에게도 불행한 일이다.

사람은 하나에 몰두하면 다른 것은 무가치해진다. 그런데 세상이
란 지금 당장 가치가 있다고 생각하는 것만으로 살아갈 수 있는 곳
이 아니다. 자신을 어느 하나의 일에 가두는 것이 얼마나 위험한 것
인지 알지 못하지만, 집중했던 일이 끝나면 이들은 심리적으로 절벽
을 느낀다. 그동안 일에 몰두하느라 곁가지 없는 단출한 삶을 산
까닭이다.

이런 성향의 사람들은 일에 몰두함으로써 자신의 가치를 찾겠지
만, '임무'가 종료되면 자신의 가치도 같이 종료된다. 그러니 자신의
가치를 스스로 인정할 수 있도록 곁가지를 많이 만들어 삶을 풍성하
게 하는, 자신에 대한 배려가 있어야 한다.

외로움을 이겨내는
여섯 가지 방법 _____

같은 노년이라도 노년의 정도에 따라 외로움이나 고독감에서 벗어나는 방법이 다르다. 자신의 몸을 움직여 활동하는 것이 가능한 노년이 있는가 하면, 다른 사람의 도움 없이는 움직일 수 없는 노년이 있다. 이들에게 찾아오는 외로움은 같지 않고, 이를 극복하는 방법도 다를 수밖에 없다.

사용할 일이 없는데도 영어회화를 배우러 다니다가 어찌어찌 해외여행을 떠난 노년도 있고, 늦게 배웠지만 사진 찍는 취미를 살려 전시회까지 연 노년이 있다. 이들을 육체적인 힘이 따라주는 '젊은 노년'이라고 불러도 좋을 것이다. 신체적 기능이 쇠하여 거동이 불편한, 그래서 삶의 질이 현저하게 떨어진 '늙은 노년'에는 외로움을 어떻게 할 것인가. 오랜만에 듣는 친구나 지인에 대한 소식은 병 아니면 사망 얘기뿐이다. 육체적 쇠약이나 사회적 고립 때문에 살아야 할 이유를 도무지 찾을 수 없는 시기라는 점에서 그 해결 방법이 마땅치 않다.

노년에 찾아오는 외로움은 면역을 갖출 시간적 여유도 주지 않는다. 노년이 되기 전에 준비하지 않으면 이런 견디기 힘든 감정 상태에서 명쾌하게 벗어날 길이 없다. 그러니 무엇보다 젊었을 때부터 삶을 풍성하게 살려는 노력이 필요하다. 종교활동이나 봉사활동을 하는 것, 애완견을 키우는 것은 노년에 외로움에서 벗어날 수 있는 좋은 방법이다. 여기서는 그 외의 여러 가지 방법도 같이 생각해보자.

첫째, 하나에 몰두해서는 안 된다 :

성공한 사람들이 언론에 나오면 꼭 이렇게 말한다. "한 가지만 해라. 그래야 성공한다." "1만 시간의 법칙에 따라 최소 10년은 한 분야에 종사해야 그 분야에서 전문가가 될 수 있다."

그럴 것이다. 전문성이 요구되고 이처럼 경쟁이 심한 사회에서 생존하려면 마땅히 그래야 할 것이다. 오로지 한 분야만 갈고닦으면 성공할 것이다. 그러나 평생 오로지 한 분야에만 종사해온 사람은, 은퇴하고 나면 할 수 있는 게 아무것도 없다. 오로지 성공이라는 하나의 목표에 몰입한 까닭이다.

평생을 하나의 일에 몰두하여 이룬 성공은 '평생을 희생한 대가'의 최대치라는 것을 알아야 한다. 가족, 사랑, 봉사, 나 자신과의 대화 등등을 성공과 맞바꾼 것이다. 한 분야에서 성공하지 못하더라도 내 삶이 풍성해지도록 노력하는 것이 더 중요하다. 봉사, 취미, 친목으로 다져진 풍성한 삶을 사는 사람이 불행하다는 말을 들어본 적이 없다. 애당초 이들에게 성공이란 부수적인 결과물일 뿐이다.

둘째, 자녀로부터 독립하자 :

노인이 외로움을 많이 타는 이유는 나이가 들어감에 따라 의존성이 높아지기 때문이다. 자녀에게 의존하면 의존한 만큼 그에 따른 보상을 요구하게 되기 마련이다. 돌아오는 보상의 크기로 자신의 존재 가치를 측정하려 한다.

증여는 생전에 재산을 자녀에게 주는 행위지만, 심리적으로 그에 상당하는 보상을 요구하는 행위이기도 하다. 그런 점에서 증여는 부모와 자녀 간 암묵적인 의존관계를 나타내는 상징적인 제도다. 돈 많은 사람은 탈세나 절세 목적으로 재산을 이른 시기에 자녀들에게 증여하지만, 평범한 대부분 사람은 자신이 늙은 후에 증여를 하는 경우가 많다는 것만 봐도 그렇다.

부모가 자신들을 부양하는 조건으로 서울에 있는 2층 주택을 아들에게 증여했으나 아들이 부모를 전혀 돌보지 않자 주택을 돌려달라는 소송을 낸 사건이 있었다. 이 사건의 본질은 부모가 아들에게 부동산을 증여한 대신 부양받을 권리를 샀다는 점이다.

그런데 최근에 이에 대한 의미 있는 변화가 일어났다. 주택금융공사에 따르면, 주택연금 가입자가 2014년 전반기에 비해 2015년 전반기에 24%나 증가했다고 한다. 울산 지역은 무려 73.9%가 증가했다. 부모들이 주택을 증여나 상속을 하지 않고 주택연금에 가입했다는 건 자녀에게 의존하지 않겠다는 것을 의미한다. 자녀 입장에서도 부모로부터 얼마간의 자유를 얻는 셈이다.

이런 흐름을 되돌릴 수는 없을 것이니, 앞으로 부모와 자녀는 서로 독립적 입장으로 변할 것이다. 이제 내가 다 쓰고 갈 요량으로 나를 위해 소비해도 좋다. 그러고도 남는 게 있으면 자녀에게 주거나 사회 공헌을 생각해볼 일이다.

자녀에게 곶감을 빼주더라도 효도를 살 수는 없다. 그렇다면 이제 나의 의미를 자녀에게서 찾을 것이 아니라 나 자신에게서 찾아야 한다. 혼자 떠나는 내면의 여행에 익숙해져야 할 때가 왔다. 생각해보자. 언제 나를 홀로 둔 적이 있었는지.

셋째, 새로운 취미를 만들면 인생이 달라 보인다 :

외로움의 본질은 '관심의 결여'다. 특별한 관심사가 없거나 가까운 사람으로부터 관심을 받지 못하면 외롭다. 마음 붙일 곳이 없다고 생각하는 것만으로도 벌써 외롭다. 남아도는 시간을 어떻게 보낼지 몰라 젊은 노년에 벌써 노인당을 기웃거리는 사람이 있다. TV를 켜 놓고 온종일 시청하는 날도 있다. 외로움이 스멀스멀 찾아온다.

외로움을 달래려고 쇼핑이나 골프 같은 것을 하는 사람들이 있다. 쇼핑이나 골프는 그 순간에는 허기를 채워줄지 모르지만, 그 순간이 지나면 외로움은 어김없이 다시 찾아온다. 쇼핑이나 골프는 그림을 그리거나 악기를 다루는 것과 달리 외부지향적이기 때문이다. 그래서 혼자 할 수 있는 취미생활이 필요하다. 그림이나 악기를 배우면 혼자 할 수 있다는 장점이 있다. 나를 위한 연주는 세포 하나하나를 깨워 삶을 즐겁게 해주고, 그림 그리는 나는 또 다른 나를 만나게 해준다.

이런 사람은 외로울 시간이 없다. 외롭다는 느낌이 들거나 마음이 지쳐가는 것은 부지런히 뭔가를 할 때가 아니라 아무것도 하지 않고 혼자 번뇌의 늪에 빠질 때다. 새로운 것에 관심을 갖고, 호기심으로 충만한 삶을 산다면 외로움이 끼어들 자리는 없다.

나이 들어서 안 된다는 생각은 하지 말자. 내가 강의하는 학교에도 늦은 나이에 뭔가를 배우겠다고 젊은이와 함께하는 노년 학생들이 많다. 나이 60세가 넘어서도 사진작가가 되어보겠다고 사진학교에 등록한 노인들, 색소폰이나 기타를 배워보겠다고 나서는 노인들도 많다. 젊었을 때 시작했더라면 더 좋았을 것이나, 이제 시작해도 늦지 않다.

오랫동안 교직생활을 하고 정년퇴임한 전직 교사의 이야기다. 퇴직 후 한동안 홀가분한 마음과 허전한 마음이 뒤엉킨 채로 지내다 매일같이 집에 있는 자신이 무기력해 보여 견딜 수 없어졌다. 한참을 그렇게 지내다 우연히 사진 촬영에 취미를 붙였다. 지금은 어디를 가든 카메라 지참은 필수가 되었고, 사진 촬영을 위해 전에 없이 여행도 많이 다녔다. 집에 오면 촬영한 사진을 선별하고, 보정이 필요한 사진은 손을 본다. 최종 목표는 사진작가에 도전하는 것이다. 자연히 집에 있는 날들도 줄어들었고, 무기력증에서 벗어날 수 있었다. 60대 중반을 바라보는 나의 매형 이야기다.

넷째, 노년일수록 말벗이 필요하다 :

2011년 통계청 자료에 의하면 서울의 자살률보다 지방의 자살률이 더 높은 것으로 나타났다. 경쟁이 치열한 서울에 살면 스트레스가 심해 자살률이 높고, 느긋한 지방에 살면 스트레스가 덜해 자살률이 상대적으로 낮을 것이라는 일반의 예상과 다른 결과다. 왜 그럴까.

전라북도 진안군의 사례를 보자. 전라북도가 발표한 '지역사회 건강조사'의 결과에 따르면, 자살을 생각해본 적이 있느냐는 질문에 이 지역 거주자의 10.7%가 그렇다고 응답했다고 한다. 전국 지방자치단체에서 가장 높은 수치다. '전국 정신질환 실태' 역학조사의 우울증 유병률에서 전국 평균이 6.7%인 데 비해 진안군은 8%로 잠재적 자살 위험요소 역시 높게 나타났다. 진안군은 다른 지방자치단체에 비해 홀로 사는 노인들이 많았는데, 이들이 높은 자살률의 중심에 서 있었다. 문제의 본질은 외로움이었다.

그랬던 진안군이 불과 1년 만에 자살률이 71.2%나 감소했다. 어떤 일이 있었을까. 여러 가지 원인이 있었지만 '찾아가는 심리상담 서비스'가 가장 큰 역할을 한 것으로 분석했다. 자살 위험도가 높은 주민들을 사전에 파악해 매주 한 차례 이상 전화를 걸어 안부를 확인하고, 한 달에 한 번씩 직접 찾아가 노인들의 심리 상태를 살폈다. 자신이 다른 사람들에게 관심의 대상이 되고, 자신이 원하면 언제든지 돌봄을 받을 수 있다는 심리적 안정감을 갖도록 함으로써 노인들을 외로움에서 벗어나게 한 것이다. 노인 자살률을 낮추는 방법은 결국 외롭지 않게 하는 것이었던 셈이다.

나에 대한 이웃의 관심은 내 외로움을 덜어줄 보약 같은 존재다. 내 곁에 마음을 담은 대화를 나눌 친구가 있을까.

다섯째, 인터넷 커뮤니티를 활용하자 :

농경사회에서는 다 같이 농사를 지었기 때문에 농사 외에 다른 일을 하는 사람은 극히 드물었다. 하지만 산업화가 시작되고 직업이 분화되면서 저마다 하는 일이 달라졌다.

같은 일을 하면 공통의 화제로 이야기할 수 있지만, 직업이 다르면 공통의 화제가 없어진다. 같이 모여도 서로 다른 생각과 서로 다른 말을 하니 차라리 안 보는 게 낫다. 실제로 동창회에 나가보면 공통된 화제는 학창 시절 이야기고, 나머지는 자기 자랑으로 가득 차 있다. 동창회까지 나올 정도면 나름 성공했다고 생각하는 부류이기 때문에 할 말이 참으로 많다. 그러니 상대적으로 빈약하다고 생각하는 사람은 동창회에 잘 나가지 않게 된다.

직업의 분화와 그에 따른 부의 재편은 서로를 거부하게 한다. 그래서 같은 처지에 있는 사람들끼리, 같은 생각을 하는 사람들끼리 모여서 공통의 관심사에 대해 이야기하고자 한다. 이런 욕구가 있기에 각종 동호회가 결성되고, 인터넷 카페가 만들어진다.

인터넷 카페는 같은 생각이나 취미를 가진 사람들이 가입하여 자신의 생각을 개진하거나 정보를 전달한다. 나아가 상대방을 격려하는가 하면, 같은 취미생활을 유지하기도 한다.

영국 엑서터대학교의 연구팀은 두 종류의 커뮤니티, 곧 개인적 상처나 아픔과 관련된 커뮤니티와 스포츠처럼 일반적 주제와 관련된 커뮤니티를 비교 분석했다.

연구는 포럼에 참가하는 이유와 기대하는 내용은 무엇인지, 논의되고 있는 주제에 대해 현실세계에서도 행동하고 있는지에 관한 질문으로 시작했다. 그 결과 스포츠와 같은 일반적 주제의 커뮤니티보다 개인적 상처나 아픔과 관련된 커뮤니티에서 활동하는 구성원들의 만족도가 훨씬 높게 나타났다.

구성원들은 온라인에서 논의되고 있는 주제에 적극 참여하는 것은 물론 이를 넘어 오프라인 활동에도 활발하게 참여함으로써 온라인 모임이 오프라인의 삶도 개선할 수 있다는 가능성을 보여줬다. 실제로 암과 같은 불치병에 걸린 환자들이 이용하는 커뮤니티를 관찰해보면, 누군가 자신의 처지에 관한 글을 게시했을 때 다른 이용자들이 이에 대해 격려의 글을 올리거나 나름의 대처 방안을 제시하기도 한다. 나아가 오프라인에서 모임을 갖고 새로운 정보를 공유하거나 앞으로의 행보를 논의하기도 한다. 외로운 노인은 이런 커뮤니티에 참여하여 서로 공감하고 위로하면 외로움을 이겨내는 데 많은 도움이 될 수 있다.

여섯째, 독서클럽에 가입해보자 :

내가 학교에 다니던 시절에는 문학소년, 문학소녀라는 말이 있을 정도로 시 한두 편 끼적여보지 않은 학생이 없었다. 요즘 젊은이들은 책을 읽지 않는다고 하지만, 이 분야도 양극화가 심해진 것 같다. 전에는 책을 읽더라도 읽는 것으로 그쳤지만 지금은 책을 읽고 끝내는 것이 아니라 자신의 생각을 다른 사람에게 전하고, 다른 사람의 관점이 나와 어떻게 다른지 비교해본다. 그럼으로써 사고의 지평을 넓혀가고, 다른 사람의 의견을 경청하는 태도를 기른다. 이런 활동은 온라인과 오프라인을 통해서 어느 때보다 활발하게 진행되고 있다.

독서토론을 이끄는 한 진행자는, 클럽 회원들로부터 독서토론 후 자신들의 삶에 많은 변화가 일어났다는 말을 듣고 감동을 주체하지 못했다. 진행자의 말에 따르면 독서 후 여러 사람이 자신의 감상을 발표하고 다른 사람의 발표를 듣는 것만으로도 사고방식이나 생활태도가 종전과 달라졌다고 한다.

구성원들(독서토론클럽 회원)이 가장 크게 느낀 것은 외로움이 많이 해소되었다는 점이다. 특히 독서토론을 할 정도의 수준이 있는 사람은 일정 수준 이상의 대화를 할 수 있는 사람들에 대한 갈증, 일종의 지적 외로움을 겪는다. 이런 부분이 여러 사람과의 대화를 통해 많이 해소되고 있다는 것이다. 설령 그렇지 않더라도 다른 사람과 대화를 할 수 있다는, 그것도 아무 이해관계 없이 대화할 수 있다는 사실은 자신이 커지고 있다는 느낌과 행복감을 갖게 할 수 있다.

사람이 말을 많이 하는 것은, 성격상 그럴 수도 있지만, 특히 외로움을 많이 타는 사람이 그런 경향이 있다. 자신이 외롭다고 느끼는 사람은 누군가와 대화를 하고 싶어 한다. 노년이 되면 간섭이 심해지고 말이 많아지는 이유도 이 외로움에서 벗어나기 위한 몸부림이다. 그런데 독서토론 후 외로운 감정이 약해지면서 이제는 다른 사람의 말을 경청하는 힘을 갖게 된다. 이렇게 다른 사람의 말을 듣는 습관이 형성됨으로써 전에 없던 듣는 귀가 열리게 된 것이다. 다른 사람의 말을 듣는다는 것은 노년에 매우 중요한 덕목이다.

　또, 노년이 되면 성향이 굳어져 다른 사람의 말을 잘 듣지 않으려 한다. 자신이 알고 있는 범주, 알고 있는 사람, 알고 있는 지식, 알고 있는 정치관과 다른 말은 애당초 귀에 들어오지도 않는다. 자신의 생각과 다른 말을 듣게 되면 그 자체가 스트레스다. 그러나 이런 토론을 하게 되면 자연스럽게 나와 다른 의견을 확인하고, 그 다른 의견이 틀린 것이 아니라 나와 다를 뿐이라는 것을 알게 된다. 그리고 자신의 관점이 수정되면, 화와 스트레스가 감소하게 된다. 이렇게 다른 사람의 말을 경청하는 힘이 생기면 당연히 친구관계, 가족관계에서도 크게 도움이 된다. 전엔 다른 사람의 말을 적대시하고 스트레스를 받았다면 이젠 자연스레 분노가 사라짐을 느끼는 것이다. 물론 한두 번의 독서토론으로 이런 놀라운 효과를 기대할 수는 없다. 모든 것이 그렇듯, 습관이 될 때까지 지속해야 효과를 볼 수 있다.

　당신이 노년이라면, 어떤 사람에게 먼저 말을 붙인들 생경하지 않을까. 가만히 상상해보자. 젊은 사람들 속에 섞여 그들의 말을 듣고, 내 생각을 말하고 있는 나를. 내가 젊은 사람들의 눈치를 보지 않고 그들과 자연스레 어울릴 기회가 어디 또 있을까. 이런 모임이 아니라면 말이다.

노후를 지탱해주는 건강한 자존심

자존심은 말 그대로 자기를 스스로 존중해주는 마음가짐이다. 자존심은 자기가 중요한 만큼 다른 사람도 중요하다는 사실을 전제로 한다. 따라서 자신의 존귀함만 인정하고 다른 사람의 존귀함을 인정하지 않는 것은 건강한 자존심이라고 할 수 없다. 마음에 조금이라도 상처받는 말을 들으면 '자존심 상한다'는 말을 상습적으로 쓰는 사람이 있는데, 이는 허약한 자존심이다. 굳이 비유하자면, 커피 잔에 담겨 있는 자존심과 큰 대야에 담겨 있는 자존심이라고 하겠다. 커피 잔에는 작은 돌멩이 하나라도 떨어지면 출렁거리거나 잔 자체가 깨질 수 있지만, 큰 대야에는 같은 크기의 돌멩이가 떨어져도 별일이 없다. 커피 잔과 대야는 재질도 다르지만, 물의 양도 다르다.

강함과 부드러움은 서로 무관한 것처럼 보이지만 내부적으로 서로 연결되어 있다. 정신력이 강한 사람은 성품이 유하다. 정신력이 강하면 굳이 센 척할 필요가 없기 때문이다. 정신력이 강하면 본질적인 것이 아닌 한 굳이 시시비비를 가리지 않는다. 성품이 억센 사람은 정신력이 약하다. 목도리도마뱀이 목도리를 부풀리는 것처럼, 억센 성품은 억센 세상에 맞춰 살기 위한 자기 보호 본능 같은 거다. 하찮은 말에 발끈하는 당신은 목도리도마뱀과 같다. 그러니 너무 센 척하지 마라. 숨기려던 속이 들여다보인다.

거리 청소 일을 하는 아버지를 아버지라 부르지 못하는 자가 있다면, 그는 건강한 자존심을 갖고 있다고 할 수 없다. 노년에 필요한 것은 소모적인 자존심이 아니라 무엇이든 용해할 수 있는 건강한 자존심이다. 이 '건강한 자존심'을 우리는 자존감이라 불러 허약한 자존심과 구별한다. 당신의 자존심은 다치기 쉬운가? 그렇다면 재질을 바꾸거나 크기를 바꿀 일이다.

건강한 자존심은 명성, 지위 따위와 아무 상관이 없다. 누군가 옆에서 계속 말을 해줘야 심리적으로 안정이 되는 사람, 하다못해 TV 소리라도 들려야 안정이 되는 사람들이 있다. 이들에게 조용히 홀로 지내라고 하는 건 형벌과 같다. 여자는 남자보다 사회관계망을 더 중시하기 때문에 여자들에게서 더 많이 볼 수 있는 현상이다.

사람들이 인터넷에 각종 카페나 블로그를 만들거나 가입하는 건, SNS에 그 많은 시간을 허비하는 건 혼자 있는 것에 대한 소외감 혹은 불안감 때문이다. 누군가와 끝없이 닿지 않으면 불안하다. 그렇다고 거기서 깊은 위안을 얻는 것도 아니다. 이런 사회관계망 서비스는 원래 얕은 인간관계를 전제로 하기 때문이다.

가장 쉽게 만날 수 있고, 가장 쉽게 헤어질 수 있는 관계가 그런 관계다. 가입과 동시에 만나고, 탈퇴와 동시에 헤어진다. 만남과 이별을 이처럼 쉽게 소비한 적도 없다. 이렇게 해서는 행복한 인간관계를 형성할 수 없다.

나이가 들면 이런 얕은 관계마저 줄어들고, 자신만의 시간과 공간을 감내하게 된다. 노후의 관계망이란 그동안 형성했던 관계망을 늙은 나에게 맞게끔 재조정하는 과정이다. 얕은 관계망은 떠나고 깊은 관계망만 남게 된다.

그 깊은 관계망이라도 항상 내 곁에 있는 것은 아니니, 내가 필요하다고 해서 그들을 수시로 부를 만한 힘은 내게 남아 있지 않다. 나 홀로 견뎌야 하는 시간이 늘어난다. 노년일수록 '견딤'이 중요한 이유다.

3장

노후의 집:

어디에 살아야 할까

어디에서,
누구랑 살 것인가

100세 시대가 현실화되어 은퇴 후 30~40년을 더 살아야 한다는 점을 고려할 때 경제력이나 건강 못지않게 중요한 것이 '어디에서 살 것인가' 하는 문제다. 젊었을 때와 달리 노후엔 오랫동안 살아왔던 지역을 떠나 중소도시나 농촌에 새로운 터전을 마련한다는 게 생각처럼 쉽지 않다. 이는 기존 주택을 팔고 인근에 새로운 주택을 사는 것과 같은 단순한 문제가 아니기 때문이다.

노후에 하는 이사는 이사만으로 끝나는 게 아니라 정신적·육체적 건강과 연결된 문제다. 이웃으로 가깝게 지내던 70세 된 노부부의 이야기다. 노부부는 손자가 태어나서 중학생이 될 때까지 아들 부부 대신 키웠는데, 손자가 고등학교 진학을 위해 미국으로 유학을 떠나게 됐다. 한 번도 자신의 품에서 떠나보낸 적 없는 손자를 미국으로 보내게 되자 할아버지는 할머니를 졸라 손자와 같이 미국으로 건너 갔다. 미국으로 간 지 6개월쯤 되었을 때 할아버지는 갑작스러운 심장 발작을 일으켜 병원에 입원하여 치료를 받았다. 하지만 차도가 없어서 손자와 함께 귀국했다. 그런데 지금은 언제 그랬냐 싶게 아무 일 없이 건강하게 잘 지내고 있다. 늙은 사람이 생경한 지역에 가서 온갖 스트레스를 받다 결국 심장 발작까지 온 게 아닌가 추측한다.

노년에 다른 지역으로 이사한 후 전에 살던 곳으로 매일 출근하다 시피 놀러 다니는 사람들이 많다. 전에 살던 곳에 쉽게 갈 수 없을 정도로 멀리 이사를 가게 되면 그동안 그려왔던 삶의 소중한 흔적들을 상당 부분 잃게 되고, 그래서 그 흔적들을 내내 그리워하게 된다. 한국전쟁 때 북한을 떠나 남한으로 피난 온 실향민들이 오랜 세월이 지났음에도 여전히 고향을 그리워하는 것 역시 마찬가지 이치일 것이다.

사정이 이러하니 노후에 어디에서 살 것인가는 우리가 생각하는 것보다 훨씬 중요한 의미를 지닌다. 특히 여자 노인은 이사를 가도 대인관계에 크게 영향을 받지 않지만, 남자 노인은 대인관계가 단절된다는 점에서 더욱 그렇다.

노년의 부모가 기혼 자녀와 같이 살 것인지에 대해서는 두 가지 측면에서 접근할 필요가 있다. 하나는 경제적인 면이고, 다른 하나는 심리적인 면이다.

한 조사 결과에 따르면, 기혼 자녀가 부모와 같이 살겠다고 응답한 비율이 1998년 89.9%에서 2010년 36%로 줄었고, 자녀와 같이 살고 싶다는 부모들도 2007년 17.9%에서 2009년 4.0%로 현저하게 준 것으로 나타났다. 그런데 정작 그들의 바람과는 달리 부모와 기혼 자녀가 함께 사는 비율이 최근 10년간(2000~2011년) 91%나 증가했다. '비동거의 역설'이 나타난 것이다. 왜 그럴까. 손주의 양육 등 자녀의 가사를 돕기 위해 어쩔 수 없다는 대답이 39.5%로 가장 높았다. 부모나 자녀가 경제력이 부족해 어쩔 수 없이 같이 사는 것도 그 이유다.

부모와 자녀의 동거 현상은 당분간 지속될 수밖에 없을 것이고, 오히려 이런 경향이 심화될 가능성이 크다. 우리나라가 중진국이면서도 경제성장률은 선진국과 비슷하게 저성장 기조가 지속되고 있다는 점, 빈부 격차가 갈수록 심해져 하급 중산층이 확대됨에 따라 자녀를 지원할 수 있는 여력이 고갈되고 있다는 점, 우리나라 부모는 자녀들에게 기꺼이 무한책임을 지려 한다는 점, 미국 같은 선진국에서도 최근 경제 상황의 악화로 부모와 동거하는 자녀가 증가하고 있다는 점에서 그렇다.

다음으로 생각할 것은 심리적 독립으로, 이는 경제적 독립 문제보다 훨씬 더 복잡하고 해결하기도 쉽지 않다. 고부 혹은 장서(丈壻, 장모와 사위) 간 갈등도 사실 이 심리적 측면에서 야기된 것이라 볼 수 있다. 부모가 자녀와 독립하여 생활하려면 자녀에게 심리적으로 의

존해서는 안 된다. 만약 늙은 부모가 자녀에 대한 심리적 의존성이 강해 홀로 살고자 하는 의지가 전혀 없다면, 어떻게 해야 할까. 의존성이 강한 부모는 같은 강도로 자녀에 대한 집착이 강하다. 자녀는 물론 그 배우자에게도 갖은 요구를 하거나 시시때때로 간섭해 원만한 관계를 유지하지 못한다.

가끔씩 만나면 아무런 문제가 없는 관계임에도 같은 공간에 거주함으로써 서로 힘들어지는 경우가 많다. 무엇보다 점점 더 완고해지고, 정신적으로 퇴행 경향을 보이는 노인들의 심사를 맞춰주기가 힘들다. 관점을 달리해보면, 같은 공간에 살 경우 자녀만 힘든 게 아니라 부모도 힘들 수 있다. 무료한 시간을 자녀가 달래주지 않기 때문이다.

부모와 자녀가 같이 살 것인지 따로 살 것인지는 저마다 여건이 다르므로 일률적으로 말할 수 없을 것이다. 하지만 중요한 것은 같이 살기로 했다면 서로 많은 부분을 양보하고 서로 간섭하지 않겠다는 '대단한' 각오가 돼 있어야 한다는 점이다. 한번 잘 지내보자는 느슨한 무언의 다짐은 금방 끝을 보게 된다.

시골생활이라는
로망의 이면

남자들은 은퇴 후 거주지로 시골을 선호하는 경향이 뚜렷하다. 남자는 통상적으로 여자보다 더 치열한 경쟁사회에서 살아남아야 했기 때문에, 은퇴하면 그런 경쟁사회에서 벗어나고 싶다는 회피 심리가 깔려 있다. 또한 남자들은 직장 단위의 인적 네트워크를 형성해왔기 때문에 퇴직 또는 은퇴 후에는 직장 단위의 네트워크가 무너지고, 여성에 비해 사회관계망이 좁아지는 특성이 있다. 이런 특성 때문에 군이 번잡한 도시보다는 한적하고 나를 되돌아볼 수 있도록, 게다가 이제 긴 여정을 끝내고 가족과 편안하게 지내고 싶다는 욕구로 시골 또는 농촌을 선호하게 된다.

여자는 직업이 있든 없든 관계없이 지역 단위의 네트워크를 형성해왔다. 자녀의 진학 문제가 직장 단위의 문제가 아니라 지역 단위의 문제라는 점을 생각하면 쉽게 이해할 수 있다. 게다가 여자는 생활편의시설과 문화시설에 대한 욕구가 남자보다 훨씬 강하다. 따라서 여성은 남성과 달리 기존 주거지를 떠나 시골로 가는 것을 원하지 않는다. 주거 지역 선택에 관한 한 남성보다 여성이 훨씬 더 보수적 경향을 보이는 이유다. 이런 점에서 여성이 동의하지 않는 시골행은 말 그대로 남자의 로망으로 끝날 공산이 크다.

남자는 경쟁사회를 피해서 전원주택을 찾기 때문에 이미 집단화되어 있는 마을 속으로 들어가는 것보다 기존 마을과 어느 정도 거리를 두고 싶어 한다. 그러나 전원주택 생활은 TV 속 풍경처럼 환상적이지 않다. 더우이 나이와 상관없이 누구나 시골로 내려가 전원생활을 할 수 있는 것도 아니다. 아무런 각오 없이 무작정 전원주택을 구입하거나 너무 늦은 나이에 시골로 내려가면 낭패를 볼 가능성이 커진다. 규모가 크고 그림 같은 전원주택을 매입하지만, 나중에 후회하게 된다. 규모가 큰 전원주택은 관리하기도 힘들고 필요할 때 되팔기도 힘들다. 천년만년 살 것 같이 집을 짓지만, 사람은 이런저런 이유로 살던 곳을 떠나게 된다. 그러니 올 때는 항상 떠날 때를 생각해야 한다.

그래도 전원생활을 해야 한다면 도시와의 접근성과 인접성을 따져봐야 한다. 도시를 크게 벗어난 지역에서 하는 전원생활은 오지생활이나 유배생활과 진배없다. 전원생활로 이런 삶을 원하진 않을 것이다. 아직도 전원생활용으로 적합한 곳과 별장용으로 적합한 곳을 혼동하는 사람이 많다.

거주지로 시골을 선택하더라도 생각처럼 간단한 게 아니다. 언론매체에서 다루는 성공 사례만 보고 시골행을 결정하는 것은 위험천만하기 짝이 없다. 시골에 있는 집을 고를 때는 두 가지 선택지가 있다. 하나는 동네와 조금 떨어져 있는 주택을 선택하는 것이고, 다른 하나는 동네 안에 있는 주택을 선택하는 것이다.

도시에서 시골로 내려가려는 사람들은 대부분 동네와 조금 떨어진 주택을 선호한다. 도시에서 다른 사람과 부대끼며 살면서 형성된 일종의 트라우마 같은 거다. 그러나 사람은 아무리 고독한 존재라고 하더라도 기본적으로 사회적 동물이다. 다른 사람과 관계를 맺을 수밖에 없는 것인데, 하루 이틀도 아니고 짧게는 몇 년부터 길게는 수십 년이 될지도 모르는 세월을 나 홀로 살 수는 없다. 이런 곳은 세컨드 하우스로 주말에만 사용한다면 모르되, 상시 거주하는 용도로 선택하는 것은 그리 바람직하지 않다. 이야기 상대를 구할 수 없는 것은 말할 것도 없고, 방범이나 응급 상황이 생겼을 때 도움을 받지 못하는 것도 문제다.

동네 안에 있는 집을 선택해도 문제는 남는다. 대도시에 살다가 시골로 내려간 사람들은 평생 개인주의적인 성향이 몸에 밴 사람들이다. 세상에 대한 지식도 많고 사회적인 지위나 평판도 제법 누렸던 사람들이다. 문제는 이런 성향과 성격을 가진 사람들이 동네 사람들과 원만하게 어울릴 수 있겠는가 하는 문제다. 아직도 시골은 보수적이고 폐쇄적이다. TV에 나오는 인심 좋은 시골 사람들과 혼동해서는 안 된다.

하루 이틀 묵다 가는 사람과 동네 일원이 되고자 하는 사람은 다른 취급을 받는다. 그들과 동화되어야 이웃이 될 수 있다. 있는 척, 아는 척, 높은 척하는 순간 그 동네 일원이 되는 것은 끝이다. 전직 교장 선생님 이야기다. 강화도로 내려간 그분은 전원주택을 마련했다. 동네 주민들과 화합해야 한다는 것을 이미 알고 있던 터라 주민들에게 깍듯이 대했다. 그런데 말끝마다 한마디씩 덧붙인 게 문제였다. "내가 전에 교장이었는데…."

그 깍듯한 태도에는 아마도 자신이 전직 교장 출신이니 이런 정도는 알아줘야 한다는 무언의 암시가 담겼을 것이다. 말끝마다 자신의 전직을 내세우는 이런 부류의 이웃을 좋아할 사람은 세상 어디에도 없다. 말을 뱉는 순간 전직 교장 출신의 지위란 건 빛이 바래고 만다. 그들에게 필요한 것은 전직 교장 출신이 아니라 동네 주민이다.

그럼에도 시골의 전원주택을 꼭 마련하고 싶다면, 좀 비싸긴 하지만 일단의 전원주택이 조성된 마을을 선택하면 그나마 낫다. 같은 수준의 사람들이 모여 살기 때문이다. 물론 여기에도 문제는 있지만.

전원주택, 실제로도 유토피아일까?

부지런해야 집을 관리할 수 있다 :

아파트는 일정한 관리비를 내면 관리실에서 일차적인 관리를 해주지만 시골로 이사하면 스스로 집을 관리해야 한다. 무너진 곳이 있거나 누수가 발생한 곳이 있으면 보수를 해야 함은 물론 주기적으로 페인트칠을 해주고 각종 시설물을 관리해줘야 한다. 이런 노고를 그대로 받아들이고자 하는 마음 자세가 중요하다. 손에 뭔가를 묻히기 싫어하거나 못 하나도 박아본 적 없다는 것을 자랑으로 생각하는 타입이라면 시골행 버스를 타서는 안 된다. 한겨울에도 추운 들판에 나가야 할 일이 생기고, 고장 난 보일러를 수리하기 위해 자다 깨거나 추위에 떨어야 할 일이 생긴다. 정화조도 주기적으로 퍼줘야 하는데, 그 일이 더럽다고 생각하면 전원생활을 생각해서는 안 된다.

도시가스가 없다 ⋮

전원생활은 난방 문제가 의외로 힘들다. 단열은 사용하는 재료와 시공하는 방법에 따라 천차만별이지만 일반적으로 단독주택의 단열시공은 아파트에 비해 형편없다. 특히 외풍이 심해 난방비를 어지간히 들이지 않으면 추운 겨울을 감내해야 한다. 더욱이 난방기기로는 대부분 기름(등유)보일러를 사용하므로 난방비도 도시가스와는 비교가 안 될 정도로 많이 나온다. 한겨울 기름보일러 난방비는 도시가스에 비해 최소 2배 이상 나온다. 더욱이 시골은 겨울이 길어서 10월 말부터 5월 초까지는 보일러를 사용해야 한다.

그래서 요즘에는 기름보일러 외에 화목보일러를 겸용으로 사용하거나 거실에 벽난로를 설치하기도 한다. 기름보일러는 도시가스보일

러에 비해 소음이 심한 것은 물론 연료가 언제 떨어질지 몰라 항상
긴장해야 한다는 문제도 있다. 이런 점에서 주거비용 자체는 도시가
높겠지만 주거유지비용은 시골이 훨씬 높다. 도시에서도 외곽으로
갈수록 더 높아진다.

부천에 거주하다 최근 춘천시 가까운 시골로 이사 간 K 씨. 거주지
에서 춘천시까지는 차량으로 약 20분 정도 소요되는 도시 인접 지역
이다. 난방은 기름보일러를 기본으로 하고, 화목보일러, 연탄보일러
모두 사용하고 있다. 취사는 LPG 연료를 사용한다. 눈 때문에 겨울
에는 시내 출입이 불가능할 때가 많다. 그나마 젊은 노년이니 가능한
일이다.

걸어서 갈 의료시설이 없다 :

시골에는 지역주민들의 건강을 위해 보건소를 두고 있지만 이는 일
상적인 질병 치료를 위한 의료시설이지 응급진료를 위한 의료시설이
아니다. 또 걸어서 갈 거리도 아니다. 시골에서는 한두 시간 내에 응
급센터에 도달할 수 없어 골든타임을 놓치는 응급 상황이 발생할 수
있다는 점을 항상 염두에 둬야 한다.

노인이 되면 고혈압이나 당뇨병과 같은 질병을 한두 가지는 달고
살고, 그 외에도 크고 작은 질병 때문에 수시로 병원에 드나들어야
한다. 도시에서야 도보로 몇 분만 나가면 의원과 약국이 지천이지만
시골은 전혀 그렇지 않다. 차량을 이용하지 않으면 보건소나 병원에

갈 수 없다. 그러니 전원생활은 건강한 '젊은 노년'이라면 모를까 '늙은 노년'에는 전혀 어울리지 않는다. 다만 최근에는 권역별 응급의료센터가 생겨 운영되고 있다.

문화시설과 편의시설이 부족하다 :

도시생활에 익숙한 사람들은 문화시설에 대한 목마름이 있다. 군 단위 행정구역에서도 체육관이나 문화회관을 건설하는 경우가 더러 있지만, 수요가 한정적이라 실제로 이곳에서 공연을 하는 경우는 흔하지 않다. 지인 중 한 분이 제주도에 귀촌하여 감귤 농장을 하고 있는데, 인근 주민들과 함께 한 달에 한 번씩 모여 소박한 음악 연주회 겸 감상회를 연다. 간혹 영화를 함께 보거나 노래방도 겸하는 것 같다. 그러나 이렇게 정기적으로 모여 문화생활을 하는 경우는 말 그대로 가뭄에 콩 나는 사례다. 그 외에 시골살림을 위한 슈퍼마켓이나 할인점 같은 편의시설도 태부족이다.

주민들과 어울리지 못하면 실패한다 :

전원주택을 선택한 사람 중 60% 이상이 전원생활에 실패한다는 조사가 있다. 실패 이유로 지역 인심이나 지역 특성, 기존 거주지와의 거리 등을 언급하지만 실제로는 외로움과 무료함이 가장 큰 이유다. 자연에서 산다는 게 처음에는 좋겠지만 시간이 지나면 딱히 할 일 없이 지낸다는 것이 얼마나 힘들고 어려운 일인지 알게 된다. 밭에 가서 일하는 것도 쉽지 않다. 그동안 도시생활로 농사를 지어본 적이 없는 것은 물론이고, 쉽게 결론이 나는 도시생활과는 달리 농사라는 게 품을 많이 먹는다. 그리고 결과도 장담할 수 없다. 농산물 가격이 해마다 들쑥날쑥하기 때문이다.

전원생활을 선택하는 건 조용하게 살고 싶어서가 아니라 늦게라도 정신적으로 풍요롭고 행복한 삶을 맛보기 위해서다. 의도와는 달리 노후에 아무도 모르는 곳에서 홀로 새로운 인생을 개척하는 일은 쉽지 않다.

내가 20~30대의 젊은 사람이라면 동네에서 귀염을 독차지할 수 있겠지만 중장년이라면 얘기가 달라진다. 지나가는 동네 아주머니나 할머니를 만날 때마다 쉬어가라며 손을 잡고 집으로 끌고 들어가지 않으면, 동네 궂은일을 도맡아 하지 않으면, 소유하고 있는 자동차로 장날마다 동네 노인들을 장터까지 태워다주지 않으면 끝내 이방인 취급을 받는다. 1년에 한두 번 오는 자식들은 외로움을 해소하는 데 아무런 도움이 되지 않는다. 그렇지 않아도 늙으면 외로움을 쉽게 느끼기 마련인데, 그런 식으로 여러 해 동안 살 수는 없는 노릇이다. 시골생활에 실패하는 이유다.

도시로 되돌아오는 사람들 :

TV에서 방송하는 유토피아적 전원생활은 흔하지 않다. TV처럼 자연인의 삶이 재미있고 건강한 게 아니다. 거듭 말하지만 노년에 시골은 조용하게 쉬려고 가는 게 아니고 행복을 찾기 위해 가는 것이다. 만약 시골생활에서 행복이나 여유를 찾을 수 없다면 굳이 시골을 선택할 이유가 없다.

시골로 이사를 가더라도 확고한 신념이 있어야 한다. 시골생활 자체가 힘들기도 하지만 너무 늦게 시작하면 힘에 부치기 때문에 적응하기도 어렵다. 그래서 늦어도 50대 중반 정도에는 시작해야 시골생활을 나름대로 익힐 수 있고, 이웃들과 친해질 시간적 여유가 생긴다. 나이가 듦에 따라 질병이 늘면 병원도 자주 왕래해야 하고, 기력이 쇠해지면 집도 관리하지 못하게 된다. 재미있게 기르던 채소도 더 이상 내 손으로 어떻게 해볼 수가 없다. 이제는 역으로, 도시로 올라와야 한다.

그렇다면 어떤 곳을 최후 주거지로 선택하면 좋을까.

2010년 보건사회연구원과 2011년 경기개발연구원에서 주거지 선정 기준에 대한 설문 결과를 발표한 적이 있다. 이들 두 기관의 보고서에 따르면 주거지 선택 기준 중 각각 47.3%, 46.0%로 자연환경을 가장 중요한 요소로 꼽았다.

은퇴 후 거주지 선택 시 중요한 조건

보건사회 연구원조사 (2010년)	자연 환경	사회적 소통	보건의료 시설	문화여가 시설	자녀와의 거리	기타
	47.3%	16.0%	15.9%	10.5%	10.2%	0.1%
경기개발 연구원조사 (2011년)	자연 환경	주거 및 생활비	여가문화 활동 용이성	보건의료 서비스 접근성	일상생활 서비스 접근성	기타
	46.0%	20.8%	13.3%	10.5%	8.3%	1.1%

자료 | 1. 보건사회연구원, 베이비부머의 생활 실태 및 복지욕구(전국 베이비부머 3,027명 대상 조사)
　　　2. 경기개발연구원, 베이비붐 세대 은퇴에 따른 여가소비문화 활성화 방안(수도권 베이비부머
　　　400명 대상 조사)

　　이렇게 은퇴 후 선호하는 주거지의 조건으로 쾌적한 자연환경을 가장 많이 꼽지만, 자연환경만으로 주거지를 선택할 수는 없다. 내가 이상적으로 생각하는 주거지와 실제로 거주하는 주거지는 전혀 다른 개념이다. 이 두 기관이 추적 조사를 하지 않았기 때문에 설문에 참여한 사람들이 은퇴 후 실제 이 기준대로 주거지를 선택했는지 어떤지는 알 수 없다.

　　나의 관찰에 따르면, 이런 기준은 하나의 희망사항일 뿐이고 노후 주거지를 옮기는 경우 오히려 종전에 살고 있던 지역 내에서 이사하거나 비교적 근거리로 이사하는 사례가 많았다. 중대형 아파트에서 중소형 아파트로, 아파트에서 연립주택으로 다운그레이드하는 정도였다. 특히 단독주택 거주자는 아파트 거주자에 비해 노후에 이사하

는 경향이 훨씬 적었다. 그 이유로는 주민 간 유대관계가 아파트에 비해 더 긴밀하다는 점을 들 수 있다.

시골로 주거지를 정하는 사람들이 늘어나긴 하지만 여전히 전에 살던 곳에서 그대로 사는 사람들이 더 많다. 노후에 주거지를 옮긴다는 것이 생각처럼 쉽지 않은 까닭이다. 우리투자증권 100세시대 연구소가 발표한 자료에 의하면 미국의 경우에도 은퇴 이후 이사나 주거지 이전을 고려하는 경우는 10% 수준에 불과한 것으로 나타났다. 이걸 보면 어디나 마찬가지가 아닐까 한다.

아파트, 연립주택, 단독주택 중 어떤 게 나을까

현재 살고 있는 곳에서 이사를 해야 한다면 같은 동네에서 대체주택을 고르는 것을 추천하지만, 꼭 살던 동네를 떠나야 한다면 원 거주지와 비교적 가까운 중소도시를 추천한다. 주택의 유형으로는 소형 평형의 아파트나 연립주택을 추천한다. 간혹 제사를 지내거나 자녀들이 올 것에 대비해서 좀 큰 평수를 선택하려는 경우가 있는데 경제적으로 여유가 있다면 모르되 그렇지 않다면 이런 이유로 큰 평수를 선택할 필요는 없다. 일 년에 제사를 몇 번이나 지내는지 자녀들이 얼마나 자주 오는지 알 수 없지만, 수시로 그럴 것이 아니라면 굳이 넓은 평수를 선택할 필요가 없다.

중소도시에 있는 아파트는 일단 응급 시 지역거점 병원에 도달하기 쉽고 관리실이 있으므로 관리도 쉽다. 만약 소형 평형 아파트의 관리비가 부담스럽지 않다면 연립주택보다는 아파트를 추천한다. 관리비는 그냥 내는 것이 아니다.

아파트 관리비가 부담된다면 쾌적성은 떨어지지만 연립주택을 대안으로 생각할 수 있다. 관리비가 없거나, 있더라도 아파트에 비해 훨씬 저렴하다. 다만 연립주택이라도 천차만별이라서 본인과 입주민의 생활수준이나 인식 차이가 크면 굉장히 심한 스트레스를 받을 수 있다. 아파트와 달리 연립주택은 거의 붙어 있는 경우가 많아 채광과 통풍이 문제 되고 사생활 보호에도 문제가 발생한다. 그러니 연립주택을 고를 때는 동간 간격을 관심 있게 봐야 한다. 동간 간격이 좁은 경우에는 심지어 옆 동 주민과 소곤거리며 대화가 가능할 정도다.

연립주택의 관리 상태는 출입구나 1층을 보면 바로 알 수 있다. 입구가 지저분하거나 각종 전단지가 너덜거리고 있으면 입주민의 성향도 그러하다고 보면 된다. 특히 파지를 줍는 할아버지나 할머니가 거주하는 연립주택은 항상 쓰레기로 가득 차 있다는 점도 꼭 명심할 필요가 있다.

도심 속 단독주택에는 '도심 속에 있는 단독주택'과 '도심 속 그린

벨트 내에 있는 단독주택'이 있다. 서울이나 인천, 경기도 중소도시에는 그린벨트가 많이 있는데 이곳에 주택이 산재해 있다. 꼭 전원생활을 해야 한다면 그린벨트 내에 있는 단독주택도 선택지가 될 수 있다.

단독주택에 가족들이 같이 산다면 모르되 노부부만 살아야 한다면 도심 속 주택이라도 전원주택과 똑같은 관리상 문제가 발생한다. 따라서 단독주택은 그 소재 지역을 불문하고 노년에는 적합하지 않은 주거형태다. 다만 단독주택이 다가구 형식으로 월세수익이 가능하고, 자녀들이 알아서 관리해준다면 그나마 괜찮은 선택이라고 할 수 있다.

아주 오래된 저층 아파트를 제외하고는 대부분 아파트에는 엘리베이터가 있으므로 별문제가 되지 않지만, 연립주택은 최근 몇 년 사이에 지어진 것이 아니면 엘리베이터가 없다. 노년이 되면 기력이 쇠하거나 무릎에 퇴행성 관절염이 생기기 쉬우므로 반드시 엘리베이터가 설치된 주거시설을 골라야 한다. 엘리베이터가 없는 3층짜리 단독주택에 거주하는 전직 사진작가가 있다. 100수를 바라보는 이 노작가는 힘이 부쳐 혼자서는 1층으로 내려올 수 없다. 말귀도 잘 알아들을 정도로 청력도 좋고 총기도 가득한데, 땅을 밟아본 지가 벌써 몇 달이나 지났다. 두발 정리는 이발사가 출장을 나온다. 당연히 다리가 더 약해져 보행이 불가능하게 되었다. 엘리베이터가 있었거나 1층에 거주하였다면 이렇게 빨리 주저앉지는 않았을 것이다. 그러니 나이

가 들수록 반드시 엘리베이터가 있는 주거시설 또는 1층에 거주해야
한다.

또 다른 대안,
실버주택

실버주택과 요양원은 그 존재 목적이 다르다. 실버주택은 주거와 케
어의 개념이 혼재되어 있는 반면, 요양원은 순수한 케어의 개념이다.
그래서 요양원은 국가의 보조를 받을 수 있지만 실버주택은 국가의
보조가 없다. 실버주택은 개인의 성향에 따라 선호도가 극명하게 갈
리는 주거형태다. 여기도 사람이 사는 동네라서 전직이 뭔지 지겹게
따지는 경향이 있다. 현역 시절 어떤 일을 했는지에 따라 대우받기도
하고 무시당하기도 하는 곳이다. 아파트보다 더 밀착해서 생활이 이
뤄지는 공간이므로 이런 경향이 다른 곳보다 더 심하다.

　여성이 남성보다 실버주택에 입주하려는 경향이 3.1배 정도 더 강
한 것으로 나타났는데, 이는 여성과 남성의 기본적인 속성의 차이에
서 비롯된 것으로 보인다. 여성은 남성보다 수평적인 성향을 갖고 있
으므로 언제 어디서나 같은 여성이면 금방 이야기를 튼다. 집단화되

어 있는 실버주택은 여성들의 이런 성향에 딱 들어맞는다. 그래서 스스로 실버주택을 선택하는 사람들이 많다. 자녀와 이야기하는 것보다 비슷한 연령대의 친구들과 대화하는 것이 훨씬 즐겁기 때문이다.

　노부모가 스스로 실버주택을 선택했다면 상관없지만 자녀들의 합의에 의해서만 실버주택에 입주하게 되면 부모나 자녀가 심리적으로 갈등을 겪는다. 부모는 버림받았다는 느낌이 들고 자녀 역시 버렸다는 감정 때문에 고민한다. '같이 살아도 갈등관계를 일으키지 않는다면' 군이 비용이 많이 드는 실버주택을 선택할 필요는 없다. 실버주택에서 노인들끼리 사는 것보다 3대가 어우러져 함께 살면 훨씬 더디 늙는다는 것은 이미 의학적으로 증명된 바다. 맞벌이하는 자녀를 위해 손녀, 손자를 돌보는 것도 건강에 좋다. 몸은 힘들겠지만.

　실버주택에는 도심형과 전원형이 있다. 건국대학교 부동산학과 전영진 박사의 논문에 따르면, 노인이 실버주택을 선택하는 기준은 일반인의 예상과는 달리 실버주택의 시설이나 주거환경보다는 쇼핑시설, 도심 등이 얼마나 가까운 곳에 있는지를 더 중요하게 생각하는 것으로 나타났다. 이 논문은 강남 3구 아파트에 거주하는 40대 남녀 293명을 대상으로 조사했는데, 이에 따르면 실버주택 입주금이 가장 중요하다고 대답했고, 그다음으로 대형 병원과 쇼핑센터를 주요한 선택 요인으로 꼽았다. 주거환경은 생각보다 비중이 높지 않았다. 물론 이 논문은 강남을 준거집단으로 했기 때문에 그 외 지역에서는 조금 다른 결과가 나올 수도 있다.

　10여 년 전만 해도 건설비용이 낮고, 자연환경이 좋다는 이유로 도시 외곽이나 산속에 실버주택을 많이 건축했다. 그러나 현재 산속에 있는 실버주택은 입주자를 쉽게 찾지 못해 고전하는 것으로 알려지고 있다. 이는 노인들의 정확한 욕구를 읽지 못한 결과다.

　도심형 실버주택을 선택해야 한다는 데에는 대형 병원이나 쇼핑센터 외에도 중요한 이유가 있다. 자녀들과의 거리 문제다. 시간상으로는 가깝다 하더라도 거리상으로 멀면 멀게 느껴진다. 자녀와 거리상으로 가까워야 부모는 심리적으로 안정감을 느낀다.

자녀와의 거리, 가깝지도 멀지도 않게

보건사회연구원의 베이비붐 세대 실태조사 보고서에 따르면, '거리와 상관없이 따로 살겠다'는 응답이 47.0%, '가까운 거리에 따로 살겠다'는 응답이 35.2%로 자녀와 따로 살겠다는 응답이 82.2%나 된다. '같이 살겠다'는 응답은 12.0%에 불과했다. 종전과 확연히 달라진 모습이다. 이런 세태의 원인이야 다양하겠지만, 가장 큰 이유는 자녀에게 부담을 주지 않고 자유로운 노후생활을 보내려는 욕구 때문일 것이다. 그러나 이런 욕구가 있음에도 노후에 건강이 악화되거나 배우자를 먼저 떠나보내고 홀로 남게 되면 자녀와 다시 합가하는 경우가 많다. 사정이 여의치 경우에는 당연히 독거노인이 될 수밖에 없다.

자녀와 너무 가깝게 거주하면 출가한 자녀의 뒷바라지를 거부할 수 없고, 너무 먼 곳에 거주하면 노후에 심리적 안정감을 기대할 수 없다. 내가 아는 분 중에서도 출가한 자녀들을 도심에 놔두고 노부부만 경기도 가평으로 이사 갔다가, 자녀와 거리가 너무 멀어 가평 집을 처분하고 자녀 곁으로 다시 이사 온 사례가 있다. 노후생활에서 자녀와의 거리는 너무 가까워도, 너무 멀어도 안 된다.

실제로 주위를 보면 자매들이 모여 사는 예가 많고, 그렇게 계획하고 있는 노인들이 많다. 나 역시 형제가 5남매인데, 은퇴하면 한 지역에 전부 모여 살기로 했다. 이런 사정이 되지 않으면 자신과 처지가 유사하고 정치색이나 종교관이 유사한 이웃 친구를 만드는 것이 중요하다. 특히 홀로 살 수밖에 없는 경우에는 고독사를 막기 위해 사회안전망이 비교적 잘 갖춰진 지방자치단체를 고르는 것이 좋다.

사회공동체, 귀농은 대안이 될 수 있는가

호남대학교 사회복지학과 한혜경 교수는《나는 매일 은퇴를 꿈꾼다》에서 은퇴자를 위한 사회공동체 설립을 제안했다. 마포구에 있는 성미산마을을 그 모델로 예시하고, 이를 노인들에 맞게 약간의 변형을 거치면 훌륭한 공동체가 될 것이라고 전망했다. 서울시는 총 사업비 350억 원을 투입해 서울시 외곽 열다섯 곳에 마을공동체를 구축하겠다고 발표한 바 있다.

이에 대해 작가 복거일 씨는 이런 유형의 공동체는 반시장적이고 반자본주의적이므로 필연코 실패할 것이라고 주장했다. 특히 서울시에서 추진하고 있는 박원순식 마을공동체는 1960년대 말 이후 미국에서 일었던 히피공동체가 해체된 것과 같은 과정을 밟을 것으로 전망했다. 공동체이므로 공동으로 생산해야 하는데 그 생산성이 크게 낮고, 외부와의 연결이 끊어진 닫힌 체계(closed system)로 운영되고 있다는 것을 그 이유로 들었다.

복거일식 사고방식은 모든 것을 이념적 대립구도로 본다는 한계가 있다. 그의 진단대로라면 성미산 공동체는 벌써 해체되어 역사 속으로 사라졌어야 옳다. 이런 유형의 공동체에 가입하려는 사람들은 이미 그 취지를 이해하고 실행에 옮길 준비가 돼 있다. 모든 사람이 의

무적으로 한 집단에 속해 활동을 해야 하는 공산주의와는 그 전제 혹은 틀 자체가 다르다. 또한 마을공동체에 거주한다고 해서 완전한 공동생산, 공동분배를 하는 것도 아니다. 카페와 생협이 협동조합 형식으로 운영되고 있기는 하지만 이것이 그들의 주된 수입은 아니다. 그들은 각기 다른 곳에 직장을 갖고 있다. 실제로 성미산 공동체는 다양한 실험을 통해 성공적으로 운영되고 있고, 이 지역에 거주하는 주민들의 만족도도 대단히 높은 편이다. 다만 폐쇄성에 대한 논란은 극복되어야 할 과제다.

지역 단위로 구성된 공동체는 현재 상당히 많다. 인터넷에 '마을공동체'라고 검색하면 이런 유형의 공동체를 쉽게 찾아볼 수 있다. 서울 외곽에 마을공동체를 육성하려는 서울시의 계획이 성공한다면, 새로운 주거 혹은 생활공간에 대한 실험에서 하나의 전기가 될 것이다. 실제로 공동체에 대한 이런 노력은 서서히 열매를 맺어 2015년 '마을만들기 지방정부협의회'도 출범했다.

노인의 주거를 위한 새로운 시도로, 핀란드의 로푸키리(Loppukiri)가 있다. 우리나라에는 노인공동체라는 개념 자체가 없는데 이를 참고하면 도움이 될 것이다.

핀란드 수도 헬싱키 외곽에 평균 나이 70세가량인 58가구 69명의 주민이 모여 사는 아파트가 있는데 이 아파트를 로푸키리라고 한다. '로푸키리'는 우리말로 '마지막 전력 질주'라는 의미로, 2000년에 조성을 시작하여 2006년에 완성됐다. 헬싱키 시로부터 저렴하게 불하받은 땅에 조합주택 형태로 아파트를 건설하여 분양한 것이다.

로푸키리는 노인들이 모여 산다는 점에서는 요양원이나 실버주택과 같지만, 그 운영주체가 입주 노인이라는 점에서 전혀 다른 성격을 갖고 있다. 요양원과 실버주택은 일정한 금액을 내고 수동적인 서비스를 받는 것에 불과하지만 로푸키리에서는 입주 노인들이 모든 것을 스스로 결정하고 운영한다. 예를 들어 입주자들은 식당에 모여다 함께 식사를 하는데, 식사 준비는 조를 나눠 매주 돌아가며 한다. 청소·빨래·건물관리 등 생활에 필요한 모든 일을 이런 방법으로 노인들끼리 협동해서 해결한다.

이런 유형의 주택을 우리 실정에 맞게 수정·보완하여 공급한다면, 이 역시 하나의 대안이 될 수 있다고 본다.

TV를 보면 귀농하여 제법 자리를 잡은 사람들이 나온다. 물론 그런 사람들도 있긴 할 것이다. 그러나 그보다 훨씬 더 많은 사람이 귀농에 실패한다. TV에 성공 사례라고 방송된 사람들 역시 상당한 빚을 지고 있다는 점도 알아둬야 한다. 다음은 실제로 귀농에 실패한 사람이 나에게 해준 이야기다.

귀농, 함부로 결정하지 마라. 평생 농사만 지어온 농사꾼도 빚에 시달리는 판이니, 시골 물정도 모르고 농사도 지어본 적 없는 사람이 농사를 지어 수익을 내기란 생각처럼 쉽지 않다. 아니 말이 안 된다.

그나마 쌀은 농협에서 수매를 해주지만, 특용작물은 재배를 해도 판로가 없다. 그런데도 너도나도 특용작물을 재배해 잔뜩 껴안고만 있다. 유통을 각자 알아서 해야 하기 때문이다. 대규모 자본과 마케팅 능력이 없으면 실현 불가한 일이다.

지방자치단체에서 주는 귀농자금이나 집수리비 등에 현혹되지 마라. 지방자치단체는 집수리비로 보통 500만 원 내외를 지원하는데, 집을 수리하기에는 터무니없이 적은 돈이다. 귀농자금 지원은 공짜가 아니라 빚이다. 빚지고 시작했으니 당장 그해부터 이익을 내야 이자라도 갚는데, 이는 초보 농군에겐 어림도 없는 일이다. 특히 과수나 임업농사는 길면 4~5년을 기다려야 겨우 수익이 나기 시작하므로, 이런 현실을 고려하면 더욱 그렇다.

펜션, 체험농장은 이미 포화상태나 마찬가지다. 이제야 시골로 내려가 이 일을 새로 시작한다면 수익을 보장할 수 없다. 특용작물(블루베리, 삼채, 양봉, 효소, 장 등)은 유통이 문제이고, 가공하여 판매하려면 시설을 갖춰야 한다. 있는 돈 몇억 원 가지고는 시골에서 이런 시설을 설치할 수 없다. 게다가 한중 FTA는 농촌으로서는 결정타다. 쌀 채소류 같은 것은 조만간 중국에서 실시간으로 수입될 것이다. 정부가 농촌을 포기한 것은 아닌가 하는 생각이 든다.

4장

노후의 돈:

얼마가 필요할까

내 인생은
나의 것

2044년이 되면 급속한 노령화로 경제활동인구 네 명이 노인 한 명을 부양해야 한다고 한다. 부양할 대상은 노인만 있는 것이 아니라 납세자 자신과 그 가족도 있다.

부양 대상자가 늘어나면 필연적으로 세금이 올라갈 수밖에 없다. 박근혜 정부 들어 세제개혁을 추진했는데 시민단체와 야당의 반대로 무산되었다. 세제개혁이 너무 중산층에 맞춰져 중산층의 세 부담이 커진다는 이유다. 이들은 부자와 법인에 대한 증세가 먼저 이뤄져야 한다고 주장했다. 하지만 정부는 부자나 법인에 대해 증세할 생각이 전혀 없었기 때문에 결국 세율은 그대로 두고 구간만 조정하는 것으로 세제개편을 끝내버렸다.

현재 50대와 60대만큼 열심히 살아온 세대도 없지만, 이 세대만큼 부동산 매매차익으로 불로소득을 많이 얻은 세대도 없다. 불로소득을 한껏 얻은 이들에게 세금을 더 부과하지 않으면, 노동의 양만큼 소득을 가져갈 수밖에 없는 다음 세대에게 그 부담을 전부 떠넘기게 된다. 다음 세대는 자신들이 한 번도 써본 적이 없는 막대한 국가부채와 주택가격 폭등으로 인한 상실감을 그대로 안아야 한다. 이로써 다음 세대의 비애와 반란은 시작된다. 반란은 노인에 대한 반감을 일으킬 것이고, 그래서 부모를 봉양하는 이들도 보기 어려워질 것이다.

다음 세대가 지금의 부모 세대에게 효도하는 일은, 그들의 의사와 관계없이 불가능하다. 최근 한 조사에 따르면 자녀 세대가 부모 세대를 봉양할 생각이 없다는 비율이 70%를 넘었다. 자녀 세대의 개인주의적 성향도 그 이유가 되겠지만 부모를 봉양할 경제적 여력이 없다는 점이 더 클 것이다. 자녀도 힘들다. 우리가 자녀에게 그 의무를 떠넘기면, 우리의 자녀도 그 자녀에게 그럴 수밖에 없다. 그러니 지금 기성세대에게 세금을 더 올려 다음 세대의 부담을 줄여줘야 한다. 그것이 정의에 부합하는 일이기도 하다.

증세 없는 복지를 주장하지만 증세 없이 복지를 해결할 방법은 없다. 이명박·박근혜 정권 들어 기업에 대해 연 20조 원의 세금을 깎아주면서(10년이니 200조 원이다) 증세 없이 복지 문제를 해결하겠다고 했지만, 실제로는 서민 증세로 문제를 해결했다. 담배소비세가 대표적이다. 담배소비세 인상으로 2015년 한 해 동안 더 걷은 세금만 약 3조 6,000억 원으로, 담배를 팔아 발생한 수익만 10조 원을 넘었다. 하다못해 서민들이 하는 기부금 공제 혜택도 축소되었다. 선진국 어느 나라를 보아도 증세 없이 복지를 달성한 나라는 없다. 2014년 한국의 사회복지 예산 비율은 경제협력개발기구(OECD) 조사 대상 국 중 가장 낮아 OECD 평균(21.6%)의 절반에도 미치지 못하고, 복지 예산이 국내총생산(GDP) 대비 10.4%에 불과하다. 그런데도 복지 예산 확대를 이념적 시각으로만 바라보고 있으니 참으로 딱한 노릇이다.

'60세에 은퇴한 후 새로운 직장을 가지지 않는 사람'이 90세까지 산다고 가정했을 때, 경제적 측면에서 은퇴 후 30년을 어떻게 살아가야 할까.

직장인 설문조사 결과에 의하면 부채 없이 5억 원 이상의 아파트 한 채를 보유하고, 예금통장에 잔고 1억 원 이상을 보유하고 있으면 중산층에 속한다고 하니, 이를 기준으로 이야기를 풀어보자.

이 기준에 따르면 평균적인 중산층의 총 재산은 6억 원가량 된다. 30년은 360개월이니 한 달 평균 166만 원을 소비할 수 있다(인플레이션은 고려하지 않았다). 여기에 그동안 가입했던 연금이나 보험금을 더할 수 있다.

OECD 은퇴자금 산정 기준에 따르면, 퇴직을 해도 퇴직 전 지출 금액의 70% 정도는 생활비로 지출한다고 한다. 이 기준에 따르면 퇴직 전 순수 생활비로 월 200만 원을 지출했던 가계는 퇴직 후 월 140만 원을 지출하게 된다. 앞에서 계산한, 평균적 중산층 부부가 지출할 수 있는 금액이 월 166만 원이니 이 기준을 겨우 넘는다.

나이 60세면 자녀가 결혼을 갓 했거나 목전에 두고 있을 때다. 결혼 비용이 평균적으로 남자는 1억 2,000만 원, 여자는 7,000만 원 정도 든다고 하니 만약 결혼하지 않은 자녀가 있다면 앞으로 자녀를 위해 최소 1억 원을 더 지출해야 한다. 그렇다면 남은 5억 원으로 360개월을 지내야 한다. 즉, 이제 월 138만 원이 된다는 계산이다. 만약 자녀에게 이보다 더 많이 지원한다면 노후에 생활비로 지출할 수 있는 금액은 훨씬 더 적어질 수밖에 없다.

그렇다면 결국 60세인 사람이 재산 6억 원을 가지고 있더라도 자신의 노후를 책임질 수 있는 상황이 아니라는 의미다. 그런데도 이 땅의 부모들은 자녀들에 대해서 무한책임을 지려 한다. 이 정도 중산층이면 부모로부터 아무것도 물려받지 않았을 가능성이 크다. 부모의 인생은 자녀의 인생이 아니다. 내 인생을 잘라서 자녀에게 줄 수도 없고, 그래서도 안 된다. 자녀의 인생은 자녀의 인생이다.

노후 지킴이, 자녀 경제교육에서 시작된다

지금 퇴직을 했거나 준비 중인 1차 베이비붐 세대는 전후 세대로서 힘든 시기를 지내왔고, 1차 베이비붐 세대의 부모 세대는 일제 강점기와 전쟁을 온몸으로 겪으며 살아왔다. 이 부모 세대는 부를 축적할 수 있는 세대가 아니라 하루하루를 견뎌내는 것이 생의 목표였다. 그 질곡에서 벗어날 수 있는 유일한 탈출구는 자식들에게 교육을 시키는 거였다. 한정된 자원으로 자식 교육을 해야 했으니 모든 자원을 큰아들에게 집중시켰고, 그래서 어지간한 집안이 아니고는 딸들은 초등학교만 나온 것도 감지덕지할 일이었다.

그래도 어쨌든, 베이비붐 세대는 그 부모 세대보다 경제적으로 더 여유가 있었다. 경제가 급성장해 노력한 만큼 보답받는 시기였기 때문에 당연히 부모 세대보다 더 많은 부를 축적할 수 있었던 것이다. 이 세대는 늘어난 부를 자녀에게 아낌없이 쏟아 부었고, 이제 딸에게도 고등교육을 시키는 것이 당연한 일이 됐다. 그런데 경제와 사회가 안정기에 접어들면서 자식에 투여했던 인풋에 대한 아웃풋이 종전과 다르게 나타났고, 이는 베이비붐 세대의 부모들을 당황하게 만들었다. 급기야 결혼한 자녀를 그대로 안고 사는, 소위 캥거루 역할을 해야 하는 처지가 됐으니 그나마 조금 남아 있던 재산도 급속도로 사라져 갔다.

젊은 세대와 달리 노후에는 특별한 경우가 아니면 수입이 없거나 있더라도 극히 제한적일 수밖에 없다. 그러므로 이제는 보유한 재산을 어떻게 하면 잘 유지·관리하고, 적절히 배분할 수 있는가 하는 문제에 집중해야 한다. 노후의 재산 문제는 자녀와의 관계를 어떻게 설정할 것인가와 직결된 문제이기도 하다. 그래서 평소 자녀에 대한 경제교육이 중요하다. 여기서 교육이란 자녀들이 어렸을 때부터 독립심을 기르고, 올바른 경제관념을 가질 수 있도록 지도하는 것을 말한다. 평소 이런 경제교육을 하는 것은 아이의 장래를 위해서도, 본인의 노후를 원만하게 보내기 위해서도 반드시 필요하다.

"너희가 대학을 졸업하면 더 이상 부모의 지원은 없다", "내가 너희에게 지원할 수 있는 선은 여기까지다"라고 선언해야 한다. 자식들이 확실하게 인식하게끔 여러 차례에 걸쳐 알리는 것이 중요하다. 틈날 때마다 이런 교육을 해야 자식들도 그것을 부모가 지원할 수 있는 한계로 인식하고 나름대로 대안을 찾을 것이다. 얼핏 냉정해 보일지는 몰라도, 그렇게 하는 것이 사랑하는 자녀를 위해 부모가 해줄 수 있는 최소한의 도리일 것이다.

특히 이 교육은 일찍부터 시작해야 한다. 부모의 그런 계획을 전혀 말하지 않고, 중고등학교 때까지 물 퍼주듯이 지원하다가 대학에 들어간 다음 갑자기 지원을 끊겠다고 선언하면 아무런 효과를 기대할 수 없다. 자녀들에게 경제관념을 심어줄 타이밍을 놓친 것은 물론, 이에 대처할 시간적 여유를 주지 못했기 때문에 자녀들이 받아들이기도 쉽지 않다.

탤런트 김응수 씨는 딸아이에게, 대학에 입학하면 더 이상 경제적 지원은 없다고 평소 교육해왔다고 한다. 대학에 들어가면 경제적 지원이 끊긴다고 생각한 딸아이로서는 열심히 공부해 장학금이라도 받아야 할 입장이었다. 딸아이도 아버지의 이런 취지를 이해하고 열심히 공부해 장학금을 받았고, 대학 수능시험이 끝나자마자 아르바이트를 시작해 용돈을 벌기 시작했다.

내 강의를 들은 어느 여학생을 학교에서 우연히 만난 적이 있다. 이미 졸업을 했을 학번인데도 학교에 다니고 있어 무슨 일이냐고 물었더니, 아버지의 사업이 부도가 나 어쩔 수 없이 휴학했다가 이제 복학했다고 한다. 내가 강의 시간에 지나가듯이 경제에 관해 언급한 적이 있는데, 그때 느낀 바가 있어 졸업하기 전까지 3,000만 원을 만들 정도로 돈을 모았다고 한다. 그 학생은 내게 연신 고맙다고 말했지만, 나로서는 그 학생이 더 고맙다.

설령 노후에 아무런 문제가 없을 정도로 경제적 여유가 있더라도, 그런 상황에서도 역시 경제교육이 필요하다. 자식을 위해서다. 부천 시청에서 환경 조성 업무에 종사하는 사람의 이야기다. 그의 딸이 몇 년 전 결혼했다. 딸의 시댁은 매달 들어오는 월세가 4,000만 원에 이를 정도로 지역에서는 알아주는 유지인데, 30대 중반인 사위는 현재 생산은 물론 중고 거래도 잘 안 되는 구형 코란도를 타고 다녔다. 하루는 그가 사위더러 차를 바꾸는 게 어떻겠냐고 넌지시 물었더니, 사위가 간단 명쾌하게 답하더란다. "제 경제력에 딱 맞는 차입니다."

그 사위가 부모로부터 어떤 경제교육을 받았는지는 일일이 묻지 않아도 알 수 있다. 이처럼 상황이 어떻든 경제교육을 하는 것은 무척 중요하다. 만약 어쩔 수 없이 자녀를 지원해야 할 상황이라면 어느 선까지 지원해줄 것인지 미리 기준을 정해둬야 한다. 필요하면 나중에 더 지원할 수도 있겠지만, 그래도 사전에 마지노선을 정해두어야 불필요한 지원을 줄일 수 있다. 이런 기준 없이 자식들이 원할 때마다 지원해주면 서로 위험해진다.

자녀에 대한 무한책임은 서로에게 불행을 가져온다

노년을 경제적으로 위협하는 요소로 자녀에 대한 지원을 들 수 있다. 부모가 자녀의 결혼까지 책임지겠다는 것은 우리 문화의 한 단면이므로 그렇다 쳐도, 자녀가 결혼한 이후까지 부모가 책임을 지는 것은 자녀의 건전한 경제적 자립을 위해서라도 바람직하지 않다. 자녀에 대한 무한 지원이 당신의 노후를 어떻게 바꾸는지 다음 두 가지 사례를 보고 생각해보자.

먼저 전직 교장 선생님 이야기다. 정년퇴직한 그 교장 선생님에게는 딸이 둘 있었다. 큰딸은 미대를 나와 은행에 다니는 남자와 결혼했고, 작은딸은 아직 학교에 다니고 있다. 결혼한 큰딸은 아이 하나를 두었고, 부모와 같은 아파트 단지에 살고 있다. 딸과 사위는 이웃에 있는 친정집으로 퇴근했고, 손녀는 외할머니 외할아버지 손에 자랐다. 이들은 시간 날 때마다 외식을 하거나 여행을 다닐 정도로 같이하는 시간이 많았다. 아들이 없으니 사위가 아들 노릇까지 했다. 누가 봐도 다복해 보였다.

초등학교 학생을 대상으로 그림 교육 열풍이 불자, 미대를 나온 큰딸은 미술학원 프랜차이즈에 가입해 인천 송도에 미술학원을 열었다. 보증금과 시설비는 자신들의 아파트를 담보로 대출을 받아 충당했다. 그런데 경기침체와 무리한 사세 확장으로 프랜차이즈 본사가 부도를 맞았고, 이 젊은 부부가 운영하던 학원도 같이 부도처리가 돼 수억 원에 이르는 빚을 지게 됐다. 노부모는 자신만 쳐다보고 있는 딸을 모른 체할 수 없어 연금을 일시불로 받아 빚을 정리해줬다. 이로써 노부부의 노후자금은 없어지고 말았다. 딸과 사위는 자신들의 사업 때문에 일생을 교직에 몸담은 아버지의 대가를 고스란히 앗아간 것이다.

다음은 자녀에 대한 무한책임을 거부한 어느 노작가의 이야기다. 현재 96세인 전직 사진작가가 있다. 나는 그분이 촬영한 운해(雲海) 한 점을 소장하고 있다. 원래 재산이 넉넉했는데, 자손이 없어 조카를 양자로 들였다. 하루는 상의할 일이 있다며 양아들이 그를 찾아왔다. 아버지가 돌아가시면 아버지 재산은 어차피 자신에게 상속될 것이니 부동산을 미리 넘겨주면 안 되겠느냐는 것이다. 노작가는 고민이 많았지만 양아들의 말도 일리가 있다 싶어 부동산을 넘겨주었다. 양아들은 이 부동산을 담보로 사업을 했다가 망했고, 현재 그 부동산은 다른 사람의 소유가 됐다. 그러자 노작가는 아들에 대한 지원을 거기서 끊었다. 그에게는 양아들에게 넘겨준 부동산 외에 거주하고 있던 주택과 얼마간의 현금이 있었는데, 다행히 그 재산은 끝까지 지켰다.

교장 선생님과 노작가 모두 자녀를 도와주었지만 거기에는 중요한 차이가 있다. 교장 선생님은 자신의 노후까지 불안해질 정도로 지원을 했고, 노작가는 자신의 노후를 담보할 수 있는 최후의 보루는 지켰다.

결국 자녀들을 도와주더라도 내 노후와 무관할 정도만 도와줘야 한다. 아무리 둘러보아도 부모 돈으로 사업 성공했다는 자식 본 적 없고, 부모 돈 꿔간 자식이 이를 갚았다는 말도 들어본 적 없다. 자녀가 부모의 재산을 의식하면 서로에게 불행의 씨앗이 된다. 사정이 이러하니 재산 문제에 대해서는 단호하게 선을 그어야 한다.

지금은 돌아가신 친구 아버지의 말씀이 생각난다. "부자지간이라라도 재산관계가 분명해야 대장부다."

자녀에게 준 재산
돌려받기

당신을 잘 부양하겠다고 해서 애써 모은 재산을 자식에게 증여했는데, 이후 자식이 데면데면 대한다면 당신은 어떻게 할 것인가. 그래도 자식이니 그러려니 할 것인가, 아니면 재산을 되찾아올 것인가. 최근에 이런 문제가 사회적 이슈로 떠오른 적이 있었다. 2015년 12월 28일 국내 일간지에 일제히 보도된 내용이다.

A 씨는 2003년 12월 서울 종로 가회동 한옥촌의 시가 20억 원 상당의 대지 350제곱미터(약 105평)에 2층짜리 단독주택을 아들에게 증여했다. 아들은 '아버지와 같은 집에 함께 살며 부모를 충실히 부양한다. 불이행을 이유로 한 계약해제나 다른 조치에 이의를 제기하지 않는다'는 내용의 각서를 썼다. 이후 A 씨 부부는 2층에, 아들은 1층에 살았다. A 씨는 주택 외에도 임야 3필지와 주식을 아들에게 넘겼고 부동산 일부를 팔아 아들 회사의 빚을 갚아줬다. 이후 아들은 같은 집에 살면서도 부모와 식사도 함께 하지 않았고, 편찮은 모친에게는 요양시설로 들어갈 것을 강권했다. 이런 상황을 참지 못한 A 씨는 결국 아들에게 증여한 단독주택의 소유권을 되돌려달라고 요구했고, 아들이 이를 따르지 않자 소송까지 제기하게 됐다.

대법원은 부모를 잘 모시는 조건으로 부동산을 증여받은 아들이 약속을 어겼다면, 재산을 다시 돌려줘야 한다고 판결했다. 그런데 문제는 이와 같이 아들이 부모에 대해 부양의무를 다하지 않았다고 해서 증여한 재산을 무조건 찾아올 수 있는 게 아니라는 점이다.

민법 제556조는 '증여자에 대한 부양의무를 이행하지 않을 때' 증여를 해제할 수 있다고 규정하고 있으나, 제558조는 '이미 이행한 부분에는 영향을 미치지 않는다'고 규정하고 있기 때문이다. 다시 말해 아버지가 아들에게 재산을 실제로 줘버렸다면(부동산의 경우 명의를 아들에게 넘겨줘 버렸다면) 설령 부양의무를 다하지 않더라도 아버지는 이의 반환을 요구할 수 없다는 의미다.

그런데 위 사례에서 A 씨는 증여한 재산을 어떻게 다시 찾아올 수 있었을까. 바로 '부양의무를 이행하지 않으면 증여 계약을 해제할 수 있다'는 각서가 있었기 때문이다. 만약 이런 각서를 쓰지 않고 그냥 증여해버렸다면 아들이 부양의무를 다하지 않았더라도 아들에게 이미 줘버린 재산을 찾아올 방법은 없는 것이다.

아버지는 아들에게 재산을 증여하고, 그 대신 아들은 부양의무를 다하겠다는 식의 증여를 '부담부 증여'라고 하여 '일반 증여'와 구별한다. 부담부 증여란 한쪽은 증여를 하고, 다른 한쪽은 증여를 받는 대신 '어떤 채무'를 부담하기로 하는 계약을 말한다. 이 사건에서 어떤 채무란 '부모를 잘 부양한다'는 것을 말한다. 위 사례가 만약 아무 조건이 없는 일반 증여였다면 아들로부터 재산을 돌려받을 방법은 없었을 것이다. 다행히 각서가 있었기 때문에 이미 줘버린 재산을 찾아올 수 있었던 것이다. 이런 효도 계약의 불이행과 관련하여, 2015년 '불효자 방지법'이 국회에 발의됐다. 민법의 증여해제 사유를 늘리고 민법 제558조를 아예 삭제하는 내용이다.

효도를 조건으로 재산을 증여했으나 자식이 효도를 다하지 않으면 증여한 재산을 어떻게 되찾아올 수 있을까. 앞서 봤듯이 부담부 증여 계약서(일명 효도 계약서)를 작성해야 한다. 이때는 증여할 재산을 구체적으로 기재하되, 증여 재산이 많으면 별지를 첨부해도 된다. 특히 유념해야 할 사항은, 이행해야 할 부양의무를 구체적으로 기재하고, 이 부양의무를 이행하지 않을 경우 증여받은 재산을 되돌려준다는 내용을 반드시 포함시켜야 한다는 점이다. 받은 재산을 처분할 경우 부모의 동의를 받아야 한다는 내용을 포함시키면 좋겠지만, 자식이 이를 어기고 매각해도 그 매각행위는 그대로 유효하기 때문에 완벽한 조치는 아니다.

다음 양식은 부담부 계약서(효도 계약서)의 한 예다.

부담부 증여 계약서
- 효도 계약서 -

〔부동산의 표시〕
서울특별시 종로구 부암동 ○-○에 소재하는 주택과 그 부속 토지 일체(평가금액 1,000,000,000인)

증여자 홍부모(이하 '갑'이라고 한다)와 수증자 홍자녀(이하 '을'이라고 한다)는 위 표시 부동산(이하 '위 표시 부동산'이라고 한다)에 관하여 다음과 같이 증여 계약을 체결한다.

제1조 갑은 을에게 위 표시 부동산의 소유권이전등기를 2○○○년 ○○월 ○○일까지 경료해 주기로 한다.
제2조 을은 갑에게 다음 각호의 행위를 하기로 한다.
 1. 을이 2○○○년 ○○월 ○○일부터 갑이 생존하는 동안 생활비조로 금 ○○○만 원을 매월 ○○일 갑에게 지급하되, 갑이 사망하면 갑의 배우자 ○○○에게 지급하기로 한다.
 2. 을은 매월 1회 이상 갑, 갑이 사망하면 갑의 배우자 ○○○을 방문하기로 한다.
 3. 갑의 노령, 질병, 부상으로 치료비가 필요할 경우 갑의 요청으로 을은 위 표시 부동산의 평가금액 내에서 그 치료비를 갑에게 주기로 한다.
제3조 을이 다음 중 어느 하나에 해당하는 행위를 할 경우 갑, 갑이 사망한 경우 갑의 배우자 ○○○는 본 증여 계약을 해제할 수 있다.
 1. 을이 제2조에 의한 부양의무(제2조 제1호) 및 방문의무(제2조 제2호)를 2개월 이상 이행하지 아니한 때
 2. 을이 제2조 제3호에 따른 치료비를 갑의 청구일로부터 2달 이내에 지급하지 아니한 때
 3. 을이 갑 및 갑의 배우자에 대해 망은행위를 한 때
 4. 을의 도박, 과도한 낭비 행위 등으로 인하여 갑 또는 갑의 배우자 ○○○의 생계유지에 지장을 줄 우려가 있을 때
제4조 ① 제3조에 의해 본 계약이 해제될 경우 을은 갑 또는 갑의 배우자 ○○○에게 지체 없이 위 표시 부동산의 소유권이전등기를 경료하고, 이를 명도한다.
 ② 을은 제1항에 따라 발생한 조세와 제반 비용을 부담하기로 한다.
제5조 제3조에 의해 본 계약이 해제돼도 제2조에 의해 을이 지출한 비용은 갑 또는 갑의 배우자 ○○○에게 청구하지 않기로 한다.

이 계약을 증명하기 위해 계약서 2통을 작성하여 갑과 을이 각각 한 통씩 보관하기로 한다.

2○○○년 ○○월 ○○일

증여자	성 명	주민등록번호	전화번호
	주 소		
수증자	성 명	주민등록번호	전화번호
	주 소		
입회인	성 명	주민등록번호	전화번호
	주 소		

노후의 가난은
존엄성을 파괴하기에 더 잔인하다

현행법상 연금은 지급 개시 연령이 제각기 다르다. 1952년생까지는 60세, 1953~56년생은 61세에 연금이 지급되고, 1957~60년생은 62세, 1961~64년생은 63세, 1965~68년생은 64세, 69년 이후에는 65세부터 연금이 지급된다. 연금의 소득대체율은 처음 설계 당시 은퇴 전 소득의 60%였으나 연금 고갈 이야기가 나오면서 현재는 40%까지 하향 조정됐다. 현재 연금으로는 안정적인 생활을 영위하기 어려우니 연금 보험료를 인상하자는 제안도 이런 맥락에서 나온다. 심지어 현재 연금을 고갈시키고 다시 틀을 짜자는 제안도 있다.

현재 노인들이 처한 상황은 홍수에 떠내려가는 나룻배와 같다. 자신이 할 수 있는 것은 거의 없는 데다 위태롭기 짝이 없다. 길어진 수명을 홀로 유지할 수 없으니 자녀의 도움을 받아야 하는데, 이게 여의치 않다. 종전에는 15년 정도 부모를 부양하면 됐지만 지금은 30년 이상 부양해야 해야 하니 자식들도 힘들게 됐다. 전통적인 가족 개념이 해체되면서 가족은 노인에 대한 부양의무를 포기하고 있는데도, 노인에 대한 국가의 부양의무는 이제 걸음마 단계다. 가족과 국가가 이렇게 노인에 대해 경제적으로 학대를 가하고 있는 것이다.

2014년 3월 28일 몇몇 일간지에 다음과 같은 내용이 보도되었다.

서울 송파구의 한 대형 마트에서 70대 독거 여자 노인이 3만 원어치 갈치 두 마리와 소고기 한 팩을 훔치려다 마트 직원에게 적발됐다. 신고를 받고 출동한 경찰에게 할머니는 "고기가 너무 먹고 싶어서… 죄송하다"며 고개를 숙였다. 경찰이 할머니 신원을 조회해보니 기초 생활수급자로 홀로 살아가는 독거노인이었다. 미국 유학을 간 외아들은 20년째 감감무소식이었다.

할머니는 현재 서울 강동구의 월세 20만 원의 단칸방에서 홀로 살고 있는데, 기초 생활수급 대상자로 받는 35만 원에서 20만 원을 월세로 지급했다. 할머니는 경찰에서 "마지막으로 고기를 먹어본 게 넉 달 전"이라며 "그날 무작정 마트로 향했고, 뭔가에 홀린 듯 좋아하던 갈치와 소고기를 챙겼다"고 말했다. 할머니의 딱한 사정을 전해 들은 마트 측은 처벌을 원치 않는다는 뜻을 경찰에 전했지만 할머니는 검찰에 송치되었다.

가난은 얼마만큼 잔인할까. 가난이 무서운 이유는 가난하다는 사실 자체에 있는 것이 아니라 그로 인해 인간의 존엄성이 파괴되고, 나아가 극단적 선택으로 이어질 수 있다는 점이다. 세상 경험을 두루 거쳤을 것인데도 가난만큼은 이기지 못해 자살로 생을 마감하는 할아버지·할머니는 질곡의 한 페이지를 또 넘긴 것이다. 문제는 이런 가난으로 인한 자살이 앞으로 감소하기는커녕 더 증가할 가능성이 크다는 데 있다. 한국은 경제 규모만 세계적일 뿐 국민소득은 여전히 선진국에 이르지 못했고, 그마저도 국민소득의 배분이 한쪽으로만 편중돼 있어 빈부 격차가 날이 갈수록 커지고 있기 때문이다. 게다가 증세 등을 통해 사회안전망을 책임져야 할 정부는 손을 놓다시피 하고 있다.

가난이 잔인한 이유는 또 있다. 바로 부모의 가난이 자녀로 하여금 불효자가 되게 한다는 점이다. 자녀가 부모를 유기하거나 학대하는 대부분의 경우가 자녀 스스로도 부모를 책임질 수 없는 경제적 한계 상황에 놓여 있기 때문이다. 만약 부모 스스로 경제적 여유가 있었더라면 그들의 자식이 그런 극단적 선택을 하지 않았을 것이라는 점에서 부모의 가난은 자식을 불효로 몰아간다.

부러진 팔다리는 시간이 지나면 낫기라도 하지만 가난은 시간이 지남에 따라 더 심각해져 간다. 가난은 치유되지 않는 질병과 같다.

가난한 노인이 왜 이토록 많을까

우리나라는 OECD 회원국 중 '노인 빈곤율 1위'라는 불명예를 오랫동안 벗어던지지 못하고 있다. 우리나라 노인은 왜 이처럼 가난할까? 노인 빈곤을 해결하기 위해서는 그 원인을 알아야 하고, 거기에 맞는 처방이 필요하다. 재원에 문제가 있으면 재원을 효율적으로 배분해야 하고, 그래도 안 된다면 증세를 해야 한다. 사회적 분위기나 우리나라 특유의 문화가 그 원인이라면 이를 변화시키려는 노력을 해야 한다. 우리나라 노인들이 가난한 이유에는 여러 가지가 있겠지만, 그중 몇 가지만 살펴보자.

첫째, 노인의 수가 급격히 증가했다 :

얼마 전까지만 해도 우리는 고령화사회 또는 노령사회에 대한 인식 자체가 없었다. 그러니 노인 문제의 심각성을 깨닫지 못했고, 정부는 대책을 어떻게 세워야 하는지도 몰랐다. 우리나라는 전 세계적으로 가장 빠른 속도로 노령화가 진행되고 있다. 그런데도 이에 대한 대비가 너무 소홀하다. 게다가 대가족에서 핵가족으로 분화되면서 자녀가 부모를 책임진다는 전통적인 가치관마저 희미해졌다.

더욱 심각한 것은 이런 노인복지에 대한 정책이 아직 완료되지 않은 상태에서 베이비붐 세대가 은퇴를 시작했다는 점이다. 이들이 본격적으로 은퇴를 시작하면 상황은 더욱 암울해진다. 게다가 제2차 베이비붐 세대가 은퇴를 앞두고 있지 않은가. 사정이 이러하니 한국의 노인들이 OECD 34개 국가 중 가장 가난하며, 이로 인해 은퇴 후 삶을 즐기기는커녕 고통의 나날을 맞이하는 것이다. 두 베이비붐 세대가 은퇴하면 노인 빈곤율은 더욱 높아질 것이고, 그에 따라 발생하는 사회적 문제는 지금과 비교할 수 없을 정도로 심각해질 것이다.

둘째, 연금제도의 출발이 늦었다 :

연금제도의 출발이 늦은 우리나라는 아직 성숙 단계에 이르지 못해 국민연금 수급자가 32%에 불과하고, 특수연금 수급자를 포함해도 전체 노인의 36%에 그친다. 설령 연금을 받더라도 소득대체율은 45.2%에 불과하다. OECD 국가들은 소득 부족분을 공적연금으로 메꿔 2012년 기준 회원국 은퇴자의 소득대체율이 60~70%에 이른다. 은퇴 전 소비 수준이 월 200만 원이었다면 다른 회원국은 은퇴 후 최소 월 120만 원에 이르지만 우리나라는 월 90만 원에 불과하다는 의미다. 더욱이 그것이 평균치이므로 한 달에 20~30만 원밖에 받지 못하는 사람도 많다. 그러니 연금조차 받지 못하는 노인은 더 말할 나위가 없다.

한국의 노인들은 다른 나라 노인에 비해 더 늦은 나이까지 일한다. 사회공공연구원이 2015년 10월에 발표한 '국제비교로 본 한국의 노인 빈곤 실태'에 따르면 우리나라 노인의 경제활동참여율은 31.4%로 OECD 평균 11.8%보다 약 2.7배 높은 수준이다. 특히 남성은 42.6%로 가장 높고, 여성은 23.4%로 아이슬란드에 이어 두 번째다. 이 말은 우리나라 노인들은 늦은 나이까지 일을 하고 있고, 그럼에도 낮은 임금에다 수입이 불규칙하기까지 해 생계를 유지하는 게 불안정하다는 의미다.

더욱이 우리나라 평균 기대수명이 남성 84.1세, 여성 87.2세인 점을 고려하면, 공적연금은 노인의 경제생활에서 중요한 의미가 있다. 그런데도 우리나라는 다른 나라에 비해 공적연금이 불충분해 노인 빈곤과 소득 불평등을 해소하는 데 기여하지 못하고 있다.

셋째, 과소비하는 한국 특유의 정서가 있다 :

미국에서는 부모가 큰 부자가 아닌 한 자녀가 고등학교 다닐 때까지만 책임지고 이후부터는 결혼을 비롯해 모든 것을 자녀 스스로 책임진다. 우리나라에서는 자녀의 대학 진학은 물론 결혼까지 부모가 챙긴다. 한국은 모방성이 강하고 집단화가 쉬운 나라다. 그래서 한 테마가 유행하면 격정적으로 반응한다. 교육열과 혼수가 그렇다. 여유 있는 부자들이 하는 교육과 혼수 준비를 중산층 또는 서민층이 그대로 따라 한다. 부모와 자식은 암묵적으로 허례허식에 동의함으로써 소득수준 이상의 지출을 한다. 이처럼 부모 자신의 소득을 온통 다른 곳에 쏟아붓고 있으니 은퇴 이후를 제대로 준비할 수 없다.

넷째, 월세 비중의 증가는 노인의 빈부 격차를 늘린다 :

미국의 금융기관 너드월렛(Nerdwallet)이 2015년 10월에 발표한 연구 결과를 보면, 현재 미국인의 평균 은퇴 시기는 62세이지만 젊은이들의 이후 예상 은퇴 시기는 75세로 나타났다. 젊은 세대는 부모 세대보다 평균 13년을 더 일해야 한다는 의미다. 가장 중요한 요인은 주택 가격 상승으로 나타났다. 주택 가격 상승은 자가보유율을 떨어 트리고 월세 전환을 강요한다. 미국의 평균 임대료(렌트비)는 개인의 소득액 중 30.2%를 차지하는 것으로 조사됐다. 이에 따라 다른 곳에 소비할 여력이 없어지고, 나아가 노후를 위해 더 많은 기간 일을 해야 한다고 분석했다.

이 연구소의 연구 결과는 우리나라에서도 그대로 적용된다. 우리나라 특유의 전세제도가 시간이 지남에 따라 급격히 소멸하고 있다. 전·월세 변화 추이를 처음 조사한 2006년에는 전세와 월세(보증금부 월세 포함) 비율이 54:46이었으나 2014년에는 그 비율이 완전히 역전되어 45:55를 기록했다. 부동산 전문가들은 앞으로 19년이 지난 2035년 정도에는 전세제도가 완전히 소멸할 것으로 전망하고 있다.

2014년 현재 자가보유율이 53.6%에 불과하니 나머지 가계는 종국에 월세를 부담해야 한다. 우리나라 노인들도 앞으로 월세 부담에서 벗어날 수 없다는 것은 불 보듯 뻔하다. 얼마 안 되는 소득금액을 생활비로만 써도 부족할 판인데, 월세를 빼고 나면 생활을 어떻게 할 것인가. 혹자는 선진국에는 월세제도만 있기 때문에 우리나라도 이런 방향으로 가야 하고, 그렇더라도 임차인에게 큰 영향은 없을 것으로 전망한다. 하지만 우리나라는 선진국에 비해 국민소득이 낮다는 점, 노인복지제도가 선진국만큼 잘 되어 있지 않다는 점 등을 고려할 때 선진국과 우리나라를 동일선상에서 바라볼 수 없다. 월세로 내몰린 노인 계층이 높은 월세를 부담하게 되면 생계유지를 위한 기본적인 지출마저 힘들어진다.

다섯째, 사회적 분위기가 노인에게 우호적이지 않다 :

우리나라 사람들은 노인들의 경제활동을 우호적으로 바라보지 않는다. 특히 노인이 생산성을 요구하는 일자리에 근무하는 것 자체를 이례적인 것으로 여긴다. 일본은 퇴직한 노인이라도 재취업하기가 우리처럼 어렵지 않고, 노인들이 일하는 것에 대해 사회적으로 거부감을 느끼지도 않는다. 일본 유원지 같은 데 가보면 할머니들이 손님 수발 드는 경우가 많고, 심지어 할머니 바텐더도 있다. 손님들도 이런 것에 대해 별로 개의치 않는 눈치다. 일본은 65세가 정년인데 정년 후 69세까지 49.5%에 해당하는 남자 노인들이 취업을 하여 돈을 번다. 여자 노인의 경우 대형 할인점이나 자신보다 나이가 더 많은 노인을 돌보는 데 종사한다. 우리는 노인 일자리가 거의 없다.

게다가 노인이 일하는 상점이나 음식점에는 손님들이 잘 들어가지 않으려 한다. 다만 최근 사회적 기업이 많이 생겨 노인들이 여기서 자신의 가치를 찾고 수익을 창출할 기회를 제공받고 있다는 점은 그나마 다행이다.

빈곤의 원인을 자기 탓으로 돌리는 이 땅의 노인들

앞에서 이 땅의 노인들이 살수록 힘들게 살 수밖에 없는 이유를 개략적으로 살펴보았다. 사정이 이러함에도 우리나라 노인들은 빈곤의 원인을 모두 자신의 탓으로 돌린다는 난처한 조사 결과가 발표됐다. 이것도 OECD에서 최고다.

미국의 여론조사 전문기관인 퓨 리서치 센터(Pew Research Center)는 2013년 '노후에 대한 책임은 본인, 가족, 국가 중 누구에게 있는가'라는 질문을 전 세계 21개국 2만 2,425명에게 던졌다. 이 기관이 발표한 결과에는 우리가 그동안 소중하게 생각했던 전통적 가치에 어긋나는 내용이 포함돼 있어 우리에게 많은 당혹감을 안겨줬다.

본인이 노후 생활을 책임져야 한다고 응답한 비율이 53%로서 조사 대상 21개국 중 우리나라만 유일하게 50%를 넘었다. 가족이 책임져야 한다는 비율이 10%, 국가가 책임져야 한다는 비율이 33%였다. 다른 나라 사람들이 대체로 정부에 그 책임이 있다고 응답한 것과 확연히 다른 결과다.

가족 간 유대감이 세계 어느 나라보다 강하다는 우리나라에서 가족에 대한 기대치가 10%에 불과하다는 응답은 우리를 절망하게 한다. 개인주의적 성향이 가장 강한 미국에서조차 가족에 대한 기대치는 우리나라의 두 배를 넘었다. 그렇다고 노년기를 잘 보낼 수 있다는 자신감이 있는 것도 아니다. '노년기에 충분한 생활수준을 누릴 수 있는가'라는 질문에 한국은 43%만 긍정적으로 답했다. 중국은 79%로 가장 높았고, 심지어 우리보다 경제적으로 열악한 나이지리아, 남아프리카공화국, 케냐 등에서도 긍정적 답변이 70%가 넘었다.

정리하면 이렇다. 가족에 기대지 않겠다, 국가에도 기대지 않겠다, 그런데 나는 노후를 지낼 자신이 없다. 이런 답답하고도 서글픈 결과를 어떻게 설명할 수 있을까. 일부에서는 이렇게 해석하고 있다. 높은 주거비용과 사교육비에 허덕이는 자식들의 사정을 뻔히 알고 있기 때문에 자식들에게 피해를 주지 않겠다. 가족을 위해 희생하지만 자식에게 의존은 하지 않겠다는 한국인의 정서가 반영된 것이다라고. 그런데 이게 다일까.

나는 그 이유를 한국 사회의 이원성에서 찾는다. 한국 사회는 모든 세대에 걸쳐 있는 집단주의(모방성이라고 불러도 좋을 것이다)와 젊은 세대에 만연한 개인주의 성향이 상호 충돌하고 공존하는 사회다. 자녀 세대의 삶이 갈수록 힘들어지리라는 점은 분명하다. 그러니 부모 세대는 자식에게 피해가 가지 않도록 기대지 않겠다고 생각하는 것이다. 처음에는 이렇게 결정할 수 있는 계층이 자녀에게 의지하지 않아도 살아갈 수 있는, 경제적으로 다소 여유 있는 계층이었다. 그러다가 다른 계층, 특히 집단성과 모방성이 강한 하급 중산층과 서민 계층으로도 확산됐고, 이제 자녀의 부양을 기대하면 시대에 뒤떨어진 사람으로 치부될 정도가 되었다. 한국 사회의 모방성과 집단성이 주는 결과다.

아이러니하게도, 노년에 내 생계를 내가 해결할 능력이 있는가는 고려 대상이 아니다. 정작 부모의 희생을 딛고 선 자식들은 개인주의적 성향이 강해 그런 희생을 감내할 수 없다. 그래서 부모 세대는 거절당할 것이 두려워 지레 부양이라는 말도 꺼내지 못하는 듯하다. 아니면 혹시 자녀에 대한 무한책임이 이런 식으로 발현되고 있는 건지도 모르겠다.

노후에 필요한 생활비는 과장돼 있다

노후에 필요한 생활비는 얼마나 될까. 이에 대해 그동안 많은 논란이 있었다. 은퇴 이후의 삶을 위해 최소 얼마 정도의 목돈이 있어야 한다든가, 생활비는 한 달에 최소 얼마가 든다든가 하는 식이었다. 이런 논의는 해묵은 데다 어느 부분에서는 과장되기까지 했지만, 노후 생계비를 계측해본다는 측면에서는 얼마간 유효하다고 본다.

교보생명은 30세 직장인이 55세에 은퇴했다고 가정했을 때 은퇴 시점에 필요한 금액이 9억 8,627만 원이라고 발표한 바 있다. 은퇴 이후 월 생활비로 150만 원을 쓰면서 90세까지 산다는 가정하에 나온 계산이다. 물가상승률은 3%로 가정했다. 그런데 이런 계산은 은퇴 후 경제활동을 전혀 하지 않고 오로지 소비만 한다고 전제한 것이다. 55세에 은퇴한 후 일에서 완전히 손을 떼고 오로지 소비만 하는 사람이 얼마나 될까. 만약 현재 다니고 있는 직장에서 55세에 퇴직한 다음 제2의 취직을 통해 작으나마 매월 소득이 확보된다면 이런 계산법은 노후 생계비 계산에 전혀 맞지 않게 된다.

그렇다면 은퇴 후 매월 어느 정도 돈이 있어야 평균적인 생활을 할 수 있을까. 은퇴 이후 생활비를 미리 가늠해둬야 노후자금을 얼마나 모아야 하는지, 은퇴 후에도 매월 얼마 정도의 수입이 있어야 하는지 전략을 세울 수 있다. 자신이 가입한 국민연금, 퇴직연금, 개인연금, 현재 보유 중인 자산 정도에 따라 전략은 달라질 것이다.

노후생활비로 얼마가 드는지에 대해 여러 기관이 조사하여 발표했다. 피델리티자산운용이 20대 이상 600명을 대상으로 설문조사를 한 결과 매달 필요한 금액은 230만 원인 것으로 나타났다. 삼성생명이 발간한 〈은퇴백서 2014〉에 따르면 한국인들은 은퇴 후 최소 생활비로 월 211만 원이 필요할 것으로 예상했고, 조금 더 여유 있는 삶을 원한다면 319만 원 정도가 적합하다고 답했다. 미래에셋 은퇴연구소는 아예 한 발 더 나아가 2014년 기준 50대인 부부의 적정 은퇴

생활비로 한 달에 300만 원, 60대 부부의 경우 260만 원을 제시했다.

국민연금공단의 '제5차(2013년도) 국민 노후보장패널 조사 분석보고서'는 보다 현실적이다. 공단은 50대 이상 은퇴자와 은퇴예정자를 조사해 2015년 7월에 그 결과를 발표했다. 이에 따르면 50대 이상 은퇴자와 은퇴예정자는 노후를 위한 최소 생활비로 개인 기준 월 99만 원, 부부 기준 월 160만 원은 필요하다고 생각하는 것으로 조사됐다. 이 금액은 최소 생계비를 의미한다. 표준적인 생활을 영위하는 데 필요한 적정 생활비는 개인 기준 월 142만 원, 부부 기준 월 225만 원으로 나타났다.

이상에서 보듯이 민간 금융기관은 공공기관에 비해 적정 생활비를 다소 높게 책정하고 있는데, 영리를 목적으로 하는 민간기업 입장이 반영되었음을 알 수 있다. 공단에 따르더라도 부부가 같이 생존해 있을 때 필요한 최소 생계비는 160만 원, 적정 수준의 생활을 하는 데 필요한 비용은 225만 원이다. 그렇다면 실제 생활비가 이렇게 드는 걸까. 함께 보자.

금액별로 어떤 생활을 할 수 있는지 실제 조사한 사례를 정리했다.

• 생활비 월 300만 원일 때

공직생활 이후 연금으로 월 300만 원 정도를 받는 전직 고위 공무원 출신이다. 월 300만 원으로 유기농 식사가 가능했고 건강식품을 구입하는 데에도 큰 지장이 없다. 남은 돈을 모아 일 년에 한 번씩 외국 여행을 한다.

대학을 정년퇴직하고 지금은 명예교수로 있다. 사학연금으로 한 달에 250만 원 정도 받고 딸이 매월 50만 원을 용돈으로 줘 월 300만 원 정도 수입이 된다. 퇴직 후 그랜저를 새로 구입했다. 나이가 80살이 넘었으나 건강관리를 잘해 약값은 별로 들지 않는다. 가끔 해외여행도 다니고, 대체로 여유 있게 살고 있다.

- 생활비 월 240만 원일 때

공무원 은퇴 후 연금으로 월 200만 원 정도 받는다. 미혼인 작은딸이 월 40만 원 정도 용돈을 주고, 시집간 딸도 부정기적으로 용돈을 준다. 매월 지출 가능한 금액은 240만 원 정도다. 퇴직 후 새 차를 한 대 구입해 여기저기 여행을 다닌다.

- 생활비 월 160만 원일 때

큰아들이 60만 원, 작은아들이 40만 원, 그리고 딸이 부정기적으로 일정 금액을 준다. 이 외에 월세 40만 원을 받고, 기초노령연금으로 20여만 원을 받으니 월 160만 원 안팎으로 생활한다. 이 돈으로 친구들과 일 년에 두 번 정도 국내여행을 하고, 가끔 계에서 해외여행도 한다.

- 생활비 월 90만 원일 때

아들이 40만 원, 딸이 20만 원, 기초노령연금으로 30만 원을 받아 총 90만 원으로 한 달을 지낸다. 부부는 주로 경로당에서 소일하고, 가끔 자녀들이 갹출하여 단기간 국내여행을 한다. 특별히 문화생활을 하는 것은 없다.

이를 보면, 민간 금융기관이나 국민연금공단이 발표한 것보다 실제 생활비가 훨씬 낮음을 알 수 있다. 그러니 이런 기관의 발표에 그렇게까지 민감해지지 않아도 된다. 어쨌든 누구는 월 300만 원으로 여유 있는 노년을 보내고 있는가 하면 누구는 월 90만 원으로 그냥 저냥 살아간다. 또 누구는 정부의 기초노령연금으로 살아가기도 한다. 이렇게 은퇴 후 월 생활비는 제각각이다.

OECD는 은퇴 이후 안정적인 생활을 유지하기 위해 은퇴 전 소득 대비 소득대체율 60~70%를 제시하고 있다. 그러나 우리나라는 OECD의 다른 회원국들에 비해 자영업자 비중이 높고, 은퇴 후에도 자녀 뒷바라지를 계속하며, 아직 공적연금이 활성화되어 있지 않고, 국민소득이 선진국 평균 수준에 미치지 못한다. 이 점을 고려할 때 우리나라에서도 OECD가 제시한 비율대로 노후를 준비하는 것이 과연 가능한 것인지 한번 생각해볼 일이다.

주택을 팔아
현금을 확보해야 할까?

노후에는 주택에 대해 여러 가지 고민을 한다. 주택을 팔아 현금을 쥐고 있을까. 은퇴 후에는 융자를 받을 수 없으니 은퇴 전에 융자라도 좀 받아둘까. 살고 있는 집을 처분해 규모를 줄이거나 상가주택을 매입해 월세를 받아볼까. 정말 고민스럽다. 이에 대해 좀더 깊이 살펴보자.

노후자금을 위해 주택을 팔까, 말까 :

노후에 단순히 현금을 확보하기 위해 집을 파는 것은 가장 신중하지 못한 선택이다. 집을 팔면 안 되는 두 가지 이유가 있다. 보유하고 있던 집을 처분하면 월세를 살 수밖에 없는데, 이 점이 가장 큰 문제다. 지금은 전세로 살 수 있겠지만 앞으로 전세제도가 없어지면 결국 월세로 갈 수밖에 없다. 한 달에 50만 원 하는 월세를 살면 1년이면 600만 원, 10년이면 6,000만 원이다. 매월 지출해야 할 돈이 월세만 있는 게 아니다.

국민연금공단은 국민연금 수급자 60세 이상인 노인에게 '실버론'을 제공하고 있다. 60세 이상 국민연금 수급자가 긴급하게 생활자금이 필요할 때 공단에서 연간 연금액의 2배(최고 750만 원) 이내에서 돈을 빌려주는 제도다. 공단에 따르면 실버론이 시행된 2012년 5월부터 2015년 10월 말까지 3년 5개월 동안 3만 591명에게 총 1,222억 원이 집행됐다고 한다. 이렇게 실버론으로 돈을 빌린 노년은 이를 주로 어디에 썼을까. 59.6%가 이를 전·월세자금으로 사용했다는 보고다. 노년층 상당수가 전·월세 비용을 감당하는 데 어려움을 겪고 있다는 의미다.

다음으로 자식들이 집 판 돈을 가만히 놔두질 않는다. '부모 돈은 먼저 쓰는 자식이 임자다'라는 말까지 있을 정도다. 자식이 힘든 상황에 처하면 자식이 손을 벌리지 않아도 부모 입장에서는 이를 모른 체하기 힘들다. 집은 없어도 수중에 돈이 있으니 말이다.

그러니 주택을 다운사이징하거나 월세가 나올 수 있는 상가주택을 매입하기 위해 보유 주택을 처분하는 경우라면 몰라도 그렇지 않다면 노후에 집을 함부로 처분해서는 안 된다. 다만 주택을 제외한 모든 부동산은 처분하는 것이 좋은데 이를 처분하지 않으면 결국 자식에게 상속이 될 것이고, 이는 본인과는 무관한 재산이 되기 때문이다. 부동산을 처분하지 않아도 노후를 충분히 보낼 수 있다면, 그래서 부동산을 유산으로 물려줄 생각이 있다면 모르되, 이를 팔아서 생전에 사용할 계획이라면 '은퇴 전'에 처분하는 것이 좋다.

은퇴 전에 집 담보로 대출을 받으라고? :

우리는 이런저런 이유로 경제적으로 빚을 지고 산다. 은퇴를 앞둔 중년들은 부채를 얼마나 지고 있을까? 그리고 빚을 청산하지 못하고 은퇴할 경우 이후의 삶은 어떻게 될까?

통계청이 발표한 '2014년 가계금융·복지조사 결과'를 보면, 우리나라 전체 가구의 59.1%가 금융부채를 지고 있고, 이들의 평균 부채는 6,926만 원에 이른다. 50대의 금융부채가 가구별 8,018만 원으로 가장 높고, 60대의 34.7%도 평균 6,831만 원의 빚을 지고 있다.

50대와 60대에 빚을 청산하지 못하고 은퇴할 경우 보유한 주택을 처분해 빚을 갚는 것 외에는 특별한 방법이 없다. 문제는 주택을 처분해 은행 빚을 갚더라도 새 주택을 구입할 여력이 없거나 규모를 줄여 새 주택을 구입하더라도 생활자금이 남지 않는 경우다. 더욱 큰 문제는 처분할 주택도 없이 빚만 진 채 은퇴하는 경우다.

어떤 이는 은퇴해버리면 금융기관에서 대출을 받는 게 힘들기 때문에 은퇴 전에 미리 융자를 받아 놓고 은퇴 후에 이를 생활자금으로 활용하라고 권하기도 한다. 이런 개념 없는 주장이 버젓이 유통되고 있는 게 현실이다. 소득이 없거나 부족한 상태에서 매월 나가는 이자를 어떻게 충당할 것이며, 원금은 어떻게 상환할 것인가. 1억 원을 융자받았고 이자가 연 3%라고 했을 때, 월 이자만 25만 원에 이른다. 1억 원이라는 돈은 매달 100만 원을 저금해도 9년을 모아야 겨우 만들 수 있는 큰돈이다.

소득이 있을 때 100만 원의 가치와 소득이 없을 때 100만 원의 가치는 엄청난 차이가 있다. 은퇴 전에 융자를 받아 새로운 빚을 만들고, 은퇴 후 그 집에 그대로 눌러앉는 것은 가장 현명하지 못한 방법이다.

주택을 다운사이징하자 :

아파트는 지금도 경제저 측면에서 효용성이 있을까? 적어도 우리나라에서는 주택, 특히 아파트와 전세제도 간에 밀접한 연관성이 있었다. 아파트에 투자를 하는 데는 전세제도가 반드시 필요했다. 아파트를 매입하려는데 돈이 부족하면 은행에서 대출을 받아야 하지만, 여기에는 매달 이자가 발생한다. 그런데 이자 없이 돈을 빌릴 방법이 있으니 이게 바로 전세제도다. 과거에 현금 5,000만 원이면 전세를 안고 아파트 두 채 정도를 매입할 수 있었다. 그리고 오를 때까지 기다리면 됐다. 특별한 노하우도 필요 없이 다른 사람 하는 대로 따라 하기만 하면 된 것이다.

부동산 중 주택에 투자한다고 할 때 이는 곧 아파트를 의미할 정도로 아파트에 대한 선호는 거의 광적이었다. 이유는 간단하다. 모든 사람이 선호하는 주거형태여서 빠른 속도로 오르고, 환금성이 뛰어나다는 장점이 있기 때문이다. 그러니 아파트에 투자하는 것이 가장 손쉬운 방법이었다.

이런 이유들이 모든 사람을 아파트 투자 혹은 투기로 내몰았다. 그러나 1997년 IMF 사태와 2007년 서브 프라임 모기지 사태 같은 대변혁을 거치면서 부동산 투자에 대한 열기도 꺾였다. 이제 아파트는 특별한 경우가 아니면 투자 대상이 아니라 거주 대상이라는 인식이 널리 퍼졌다. 그런데 더는 오를 것 같지 않던 아파트 가격이 2015년에 대폭 올랐고, 파리만 날릴 것 같았던 아파트 분양 시장이 활발하게 돌아갔다. 박근혜 정권의 부동산 부양책이 제대로 먹힌 것이다. 원리는 간단했다. 빚내서 아파트 사기.

아파트에 대한 지속적인 수요가 있으려면 경제성장률이 지금보다 더 높아야 하고 소득도 지금보다 더 적절히 분배돼야 한다. 그런데 현재 상황으로 봐서는 경제성장률은 3%를 넘기기 힘들게 됐고, 게다가 전국 주택보급률이 118%인 상황에서 2017년과 2018년 아파트 입주 예정 물량이 전국적으로 70만여 가구에 이르는 데다 아파트 수요를 뒷받침해줘야 할 중산층은 얇아져 가고 있다. 현재 한국 경제는 뚜렷하게 저성장 기조로 진입했고 인구 구조도 변했으며 세계 경기까지 부진한 상황이다. 따라서 앞으로 주택에 대한 수요가 지속되기는 쉽지 않고 주택가격도 변곡점을 맞이할 가능성이 높아 보인다.

은퇴 후 주택 한 채만 달랑 남은 상황이라면, 주택의 규모를 줄이거나 주택의 형태를 바꾸는 것을 고려하여야 한다. 주택의 규모나 형태를 변경하는 것으로도 부족하다면 거주하는 지역도 변경해야 한다. 아니면 주택연금에 가입해 노후 생활자금을 마련하는 것도 한 가지 방법이다.

부동산 임대 사업으로
월세를 받는 것은 어떨까?

누후 대비로 단순히 넌금보험 몇 개 가입했다는 게 중요한 것이 아니라 전반적으로 자산구조를 재편하는 것이 중요하다. 은퇴 후에도 현역 때처럼 월수입이 꾸준히 들어올 수 있도록 자산구조를 갖춰놓을 수 있다면 이보다 더 좋은 방법은 없을 것이다. 매달 월급처럼 받을 방법으로 부동산 쪽에서는 상가·오피스텔·주택 임대용 부동산이 있고, 금융 쪽에서는 주택연금·월 지급형 펀드·즉시연금보험이나 연금저축 등이 있다.

최근 부동산 시장에서 나타난 특징적인 흐름이 하나 있는데, 아파트를 처분하고 다가구주택을 매입해 주택 임대 사업을 하려는 움직임이다. 부동산 공급 과잉으로 임차인을 찾기 힘들다고는 하지만 욕심내지 않으면 월세 임차인을 찾기가 그리 어렵지 않다. 특히 전세제도가 없어지면 자가(自家) 아니면 월세로 살 수밖에 없으므로 앞으로 월세 수요는 지금보다 늘면 늘었지 줄지는 않을 것이다.

많은 사람이 노후에 상가나 주택을 임대하여 수익을 올리는 방법을 생각한다. 생각만큼 임대수익은 괜찮은 걸까. 관리상의 문제는 없는 걸까. 상가와 주택 중 어떤 게 더 나을까. 부동산에서 나온 월세로 노년을 준비하려고 계획했다면 다음 이야기를 들어보자.

부동산 임대로 얻는 수익은 일반적으로 은행에 저축해 얻는 수익보다 훨씬 높다. 예를 들어 5억 원을 가지고 있는 사람이 이를 은행에 예금했을 때와 부동산을 매입해 임대했을 때의 수익률을 비교해보자. 5억 원을 금융기관 중 이자가 가장 높은 저축은행에 연 2.4%의 이자로 예금했을 때, 이자가 연 1,200만 원으로 월 100만 원이 된다. 여기서 이자 관련 세금으로 연 15.4%를 공제해야 한다. 반면 매매가 5억 원, 연 5% 수익률의 상가를 매입했다면 월세수익은 연 2,500만원으로 월 208만 원이 된다(보증금은 고려하지 않았다). 물론 월세수익에 대한 세금은 별도로 납부해야 한다. 은행이자 월 100만원, 상가수익 월 208만원. 다달이 들어오는 돈으로 보면 은행 이자 수익률은 상가 월세수익률과 비교가 안 된다.

그런데 부동산 임대 사업으로 은행 이자보다 더 높은 수익률을 올리고자 할 때는 그만한 노력을 해야 한다. 먼저 부동산은 상당 기간 동안 임차인을 구하지 못할 가능성이 있다. 임차인을 구하지 못하는, 소위 '공실률'은 경기가 좋을 때 5% 정도 잡는다. 예를 들어 20개의 원룸이 있다면 그중 1개 이상의 원룸은 항상 공실이라는 거다. 경기 상황이 좋지 않은 지금은 공실률이 10%를 넘어가고 있다. 단순히 '현재 수익률이 얼마다' 하는 것보다 지역 특성상 공실이 발생할 가능성이 어느 정도인지 고민하는 것이 더 중요하다.

또한 부동산을 관리하는 데는 상당한 비용이 든다. 부동산을 월세로 내놓으려면, 임차인이 정상적인 생활이나 영업을 할 수 있도록 기본 시설을 해줘야 한다. 상가는 영업에 필요한 시설은 임차인이 직접 설치하는 경우가 많지만, 주택은 전부 임대인이 해줘야 한다. 예를 들어 2억 원 하는 아파트를 매입하여 임대사업을 하려면 최초 수리비로 400～500만 원 정도는 들여야 임차인을 쉽게 구할 수 있다. 수리비 400～500만 원이면 월세 50만 원으로 계산했을 때 거의 8～10개월 치에 해당하는 금액이다. 다행히 수리할 필요가 없는 주택을 매입했다면 그만큼 이익이다. 물론 한 번 수리를 해놓으면 그다음부터는 유지·관리비가 많이 줄어든다.

임차인이 만기를 채우고 나가면 그때마다 중개수수료를 내야 하고, 도배 등은 상태가 괜찮다 해도 임차인이 요구하면 다시 해줘야 한다. 임차인과의 관계도 중요하다. 임차인과 원만한 관계를 유지하지 못하면 임대기간 내내 임차인에게 시달리는 일이 발생할 수 있다. 임차인과의 마찰을 잘 해결하는 것도 임대인의 또 다른 업무다.

부동산으로 임대수익을 올려야 한다면 상가와 주택 중 어떤 게 더 유리할까. 상가와 주택은 각각 나름의 장단점이 있는데, 유지·관리 비용은 상가가 더 적게 든다. 상가는 앞서 본바와 같이 임차인이 자신의 영업 목적에 맞게 필요한 시설을 직접 설치하는 관행이 있기 때문이다. 그러나 주택은 손봐야 할 부분이 상당히 많다. 도배, 장판은 기본이고 누수, 수도꼭지, 하수도 막힘, 곰팡이나 습기 등도 해결해줘야 한다. 상가는 이런 문제가 별로 발생하지 않는다.

세금 문제는 상가보다 주택이 더 유리하다. 상가는 부동산임대사업등록을 해야 하고, 주택은 주택임대사업등록을 해야 한다. 상가의 경우 임대사업등록을 하지 않고 월세를 받으면 나중에 세금을 추징 당하는 일이 많지만, 주택의 경우 임대사업등록을 하지 않고 임대하는 경우가 많다. 상가에 비해 세금 탈루가 되고 있다는 의미다. 다가구주택에 대해서는 중요한 특례가 인정되고 있다. 다가구주택 일부에서 임대인, 즉 집주인이 거주하고 나머지를 임대한 경우 사업자등록을 하지 않아도 되고 임대사업에 따른 세금을 내지 않아도 된다. 물론 자신이 거주하고 있는 주택과 임대를 준 주택이 전혀 별개의 주택이라면 주택임대사업등록을 해야 하고, 세금도 내야 한다.

가장 중요한 차이점은 월세의 연체 가능성 유무다. 상가든 주택이든 월세가 연체될 가능성은 항상 있지만, 특히 상가는 경기 변동이나 영업 실적에 따라 월세를 연체하는 경우가 많다. 그러나 주택은 주거 목적으로 가족이 거주하는 공간이므로 상가보다 월세 연체율이 훨씬 낮은 편이다. 여러 가지 사항을 고려해보면 상가보다 주택 임대 사업이 더 유리하다고 할 수 있다.

부동산 임대는 시설물의 유지·관리나 임차인 관리에 여러 가지 변수가 있어 노인이 직접 하기는 쉽지 않은 게 사실이다. 그래서 부동산에서 나오는 월세는 부모가 받고, 관리 문제는 자녀가 맡는 경우가 많다. 어차피 그 부동산은 앞으로 자식 몫이 될 것이기 때문이다. 부동산등기를 부모와 자녀의 공동명의로 해두는 경우도 있다. 이를테면 단독주택이나 단독상가 같은 경우 토지 부분은 자식들 명의로 하고, 건물 부분은 부모 명의로 해두고 월세는 부모가 받는 식이다. 부동산 관리는 자식과 소통이 원만해야 무리 없이 잘 할 수 있다.

노후 돈 문제를 대하는 네 가지 원칙

첫째, 국민연금부터 출발하자 :

은퇴하기 전까지는 최대한 돈을 모아야 하고, 은퇴 후에는 현명한 지출을 해야 한다는 것은 금전 문제에 관한 한 대명제다.

돈을 번다는 것과 돈을 모은다는 것은 완전히 다른 개념이다. 돈을 많이 벌었는데도 모으지 못한 사람이 있는가 하면, 넉넉하게 번 것 같지는 않은데 돈을 제법 모은 사람이 있다. 수입이 일정하다면 지출을 줄이는 것 외에 다른 방법은 없다. 그리고 모은 돈을 이렇게 저렇게 굴리는 거다. 그래서 은퇴 전에는 돈을 잘 모으는 일이, 은퇴 후에는 잘 유지·관리하는 일이 중요한 것이다.

그럼 은퇴 후 경제 문제에 얽매이지 않기 위해서는 은퇴 전에 어떻게 준비하는 게 좋을까. 어떤 이는 3층 보험을 들기도 하고, 어떤 이는 5층 안전장치를 두기도 한다. 그러나 어떤 경우든 알아둬야 할 것

은 '사적연금(개인연금)보다는 공적연금(국민연금)이 더 유리하다'는 점
이다. 그래서 사적연금인 연금저축보험, 연금저축신탁, 연금저축펀드,
변액유니버설보험보다는 공적연금인 국민연금을 먼저 가입해야 한
다. 사적연금은 공적연금에 비해 수익률이 낮다. 사적연금의 경우 사
업비 명목으로 불입금액에서 일정률의 비용을 떼고 나머지 금액을
보험에 편입하기 때문이다.

실제로 사적연금과 공적연금의 수익률을 비교해보면, 국민연금의
수익성이 더 높은 것으로 조사됐다. 다만 국민연금만으로 노후소득
이 충분히 보장되지 않기 때문에 사적연금으로 보완하는 것이다. 국
민연금연구원은 국민연금과 이와 구조가 비슷한 생명보험사의 금리
연동형 연금저축보험을 비교·검토하여 그 결과를 2013년 '국민연금
과 개인연금의 비교분석'이라는 보고서에 발표하였다(전문연구원 한
정림).

이 보고서에 따르면 국민연금 내부 수익률은 소득구간별(가입자 소
득 100~398만 원)로 평균 6.1~10.7%를 보여 개인연금의 공시이율 평
균인 3.6~4.1%보다 월등히 높은 것으로 나타났다. 또 국민연금 수
익비도 소득구간별 1.3~2.6배로, 이는 가입기간에 낸 보험료 총액보
다 추가로 30~160% 정도를 더 받는다는 의미다.

이처럼 국민연금의 수익성이 높은 까닭은 뭘까? 국민연금은 해마
다 물가상승률을 반영해 연금 액수를 올려주지만, 개인연금은 약정
한 명목금액만 지급하기 때문이다. 또 평균수명이 연장되는 상황에

서 약정기간에만 연금을 주는 개인연금과 달리 국민연금은 수급자가 사망할 때까지 연금을 지급한다. 가입 중 장애를 겪거나 사망하면 본인에게는 장애연금을, 배우자 등 유족에게는 유족연금을 지급하므로 훨씬 유리하다.

이런 제반 상황을 고려할 때 국민연금과 개인연금을 경쟁관계가 아니라 보완관계로 인식할 필요가 있다. 공적연금의 부족한 부분을 사적연금으로 보완한다는 뜻이다.

둘째, 젊은 날의 겉치레는 노년을 좀먹는 행위다 :

어느 40대 후반 여성의 하소연을 들어보자. 48평대 아파트를 6억 7,000만 원에 분양받았는데 그중 4억 원은 융자를 받아 메웠다. 이자는 월 200만 원 정도(이 아파트에 입주할 당시만 해도 은행이자가 지금처럼 낮지 않았다)로 남편이 벌어오는 소득의 30% 정도가 이자를 갚는 데 들어갔다. 이번에 아들이 대학에 들어갔는데 어떻게 해야 할지 모르겠다고 말한다. 벌써 5년째 이자만 갚아오고 있고, 금액으로 치면 1억 2,000만 원에 이른다. 원금은 손도 못 대고 있다.

나는 말했다. 지금까지 월 200만 원을 5년간 내왔다면 당신과 배우자가 은퇴 후 5년간 사용할 수 있는 요긴한 생활비를 은행에 헌납한 꼴이다. 당신 부부가 은행을 먹여 살릴 필요가 없으니 지금이라도 살고 있는 아파트를 처분하고 평수를 줄이는 것이 좋다.

그 여성은 내가 해준 말을 남편에게 그대로 전하겠다며 돌아갔다.

며칠 후 그 여성으로부터 전화가 왔다. 아파트를 처분하는 걸 남편이 반대하여 그대로 살기로 했다는 것이다.

이후 그들은 어떻게 됐을까. 그 아파트는 5년이 지나자 매매가가 5억 초반대까지 하락했고, 대형 평형이라서 거래 자체가 없다. 그동안 은행에 낸 이자를 빼고도 부부는 앉아서 1억 7,000만 원을 손해 본 것이다. 아파트를 처분해 빚을 갚고 나면 전세보증금도 되지 않는 상황인데, 그냥 그 평수를 유지하며 살고 있다.

한때의 불필요한 자존심, 큰 것에 대한 부질없는 욕심은 힘없는 노후에 그 대가를 치르게 될 것이다. 지금 겉치레를 위해 지출한 돈은 노년에 사용해야 할 소중한 재원을 가불한 것이라는 점, 가불한 인생에는 남는 게 없다는 점을 기억해야 한다.

셋째, 노후 대비로 가장 중요한 것은 건강이다 ：

나이가 많아짐에 따라 문화비 같은 활동성 지출은 줄어드는 반면 의료비는 증가하게 된다. 은퇴 이후 자산보다 더 신경을 써야 하는 부분이 바로 건강이다. 돈이 많은 사람이 가난한 사람보다 더 건강하고 오래 산다는 것은 여러 조사에서 밝혀졌다. 노후에 돈과 건강 중 어느 게 더 중요하냐는 질문은 그다지 의미가 없겠지만, 굳이 선택해야 한다면 건강이 더 중요하다고 하겠다. 돈이 없으면 구차하긴 해도 살아갈 수는 있지만, 건강을 잃으면 아무리 돈이 많아도 무용지물이기 때문이다.

공원에서 운동하다 자전거를 타시는 연세 지긋한 할머니를 만났다. 이런저런 이야기 끝에 연세에 비해 젊어 보인다는 내 말에 할머니는 이렇게 얘기하셨다. "그러면 뭐하겠수. 먹고살기 힘든데…." 물론 그분 얘기대로 경제적 여건이 좋지 않아 고생스러울 수 있다. 그런데 놀려 생각해보면 그 연세에 벌써 사망했거나 병석에 누워 있는 사람들도 많다.

경제적 여건이 다소 좋지 않아도, 아니 그럴수록 몸에 더 신경을 써야 한다. 경제적으로 힘든 노년에 찾아온 질병은 그나마 있는 재산을 가장 빠르고 확실하게 탕진하는 지름길이다.

실제로 65세 이상 노인 1인당 월평균 의료비는 전체 인구 평균의 3배에 달하는 것으로 나타났다. 질병에 걸리면 병원비만 문제 되는 게 아니고, 일을 해야 하는 입장이라면 일을 못 함으로써 생계 자체가 위협받을 수 있다.

그러니 만약을 위해 의료비는 물론 최소한 6개월 정도의 예비 생활자금을 마련해두는 것이 좋다. 언제 사용할지 모르는 돈이므로 정기예금보다 수시 입출금이 가능하면서도 어느 정도 수익을 낼 수 있는 CMA에 넣어두도록 한다. CMA는 단기간 예치하기에는 아주 적합한 상품이다.

특히 노년에 삶의 질을 현저하게 떨어트리는 치매에 온 신경을 써야 한다. 가정에 한 사람이라도 치매 환자가 발생하면 그 가족의 삶이 어떻게 황폐해지는지 주위에서 많이 보고 있다. 경제적으로도 그렇지만 가족의 개인적 삶이 엉망이 된다. 자녀들을 위한다고 말로만 하지 말고 이런 상황이 오지 않도록 스스로 미리 예방해야 한다. 정신적으로나 육체적으로 자신을 학대하면서 살아온 인생이 아니라면, 치매는 노년에 시작해도 어느 정도 예방이 가능한 질병이다.

나이가 들면 뇌세포가 파괴되지만 다행스럽게도 인간의 뇌는 가소성을 갖고 있다. 쓰면 쓸수록 활성화되는 특징이 있다는 얘기다. 나이가 많더라도 책 읽기를 시작하면 나중에는 책 읽는 속도가 빨라지고, 더듬거리던 계산도 계속 하면 빨라진다. 못 그리던 그림도 자꾸 그리면 잘 그려진다. 운동을 하면 근육이 만들어지듯이 뇌를 쓰면 쓸수록 뇌세포도 활성화된다.

이 말은 나이와 관계없이 뭔가에 호기심을 갖거나 관심 분야에 대해 공부를 한다면 뇌의 노화에 따른 인지적 장애와 치매를 지연시키거나 예방할 수 있다는 의미다. 그런데 이를 하고 있지 않을 뿐이다. 인도 출신의 하버드대학교 대체의학자 디팩 초프라(Deepak Chopra) 교수는 이렇게 말했다. "마음의 성장이 멈추는 순간, 사람은 늙기 시작한다."

넷째, 은퇴 후에는 형편에 맞춰 살아갈 방도를 찾는다 :
만약 보유 자산이 넉넉해 노후생활에 문제가 없는 경우라면, 그 돈을 어떻게 쓰는 것이 의미 있는 지출이 될 수 있는지 한 번쯤 생각해 볼 일이다. 그보다 한결 여유 있는 계층이라면 재산 전부를 자식에게 상속하거나 증여해야 한다는 생각을 바꾸는 것도 가치 있는 일일 것이다.

　반면 보유한 자산이 노후자금으로 충분치 않을 경우 형편에 맞춰 살아갈 방도를 강구해야 한다. 생존과 관련된 문제이므로 다른 사람들의 눈을 의식해서는 안 된다. 허드렛일이라도 해서 한 푼이라도 생활비를 벌겠다는 각오를 해야 한다. 다른 사람에게 손을 벌리는 것보다 이게 훨씬 더 떳떳한 일이다. 인간만큼 주어진 환경에서 잘 견디는 존재도 또 없다. 영하 72°C를 기록하는 그 추운 시베리아 오미야콘에서도 사람은 살고 있고, 그냥 놔둬도 계란 프라이가 될 정도로 뜨거운 이란의 루트 사막에서도 사람은 살고 있다. 어려우면 어려운 대로, 힘들면 힘든 대로 우리는 잘 견뎌왔다.

　인간이 위대한 것은 우주에 인공위성을 쏘아 올리고 달나라에 갔기 때문이 아니라 이런 상황에서도 기죽지 않고 떳떳하게 살아가려는 굳센 의지가 있기 때문이다. 누가 인간을 '참을 수 없는 존재의 가벼움'이라고 했는가.

여유 있는 자녀로부터 용돈 받기

먹고살기 힘든 자녀를 쥐어짜는 부모가 있다. 이런 부모는 돈이 없다기보다는 불필요한 곳에 돈을 사용하는 경우가 많다. 반면 그냥저냥 먹고사는 형편임에도 부모에게 용돈을 주지 않는 자녀도 많다. 돈이 없는 게 아니라 습관이 되어 있지 않아서다.

어느 방송국에서 노인들로 구성된 출연자들에게 물었다. '부모가 경제적 여유가 있는데 굳이 자녀로부터 용돈을 받아야 하는가?' 출연자 절반 이상이 '그렇다'고 대답했다. 부모 입장에서는 그 돈이 크지 않더라도 그런 자잘한 재미가 있어야 한다는 이유다.

부모가 자식에게 용돈을 달라고 할 때는 타이밍이 중요하다. 자식이 취직하기 전에, '네가 취직하면 부모에게 용돈을 줘야 한다'고 평소 교육을 해둬야 한다. 이런 예방주사를 맞힌 다음에 실제로 취직하면 용돈에 대해 다시 한 번 확인한다. 대개 결혼 전에 취직을 하면 반찬값이라고 하여 부모에게 어느 정도 용돈을 주는 자녀들이 많다.

특히 자녀의 지원이 꼭 필요한 입장이라면 더더욱 타이밍을 잘 잡아야 한다. 자녀가 결혼하고 아이를 낳으면 돈이 많이 들어가기 때문에 그런 상황에서 용돈을 달라고 하면 자녀 입장에서는 상당히 부담스럽다.

이렇게 타이밍을 놓친 경우에는 어떻게 해야 할까. 우선 약간 시간적 여유를 둬야 한다. 2~3년 유예기간을 두고 언제부터 부모에게 용돈을 줘야 한다고 말하는 것이 좋다. 예를 들어 은퇴를 2년 정도 남겨놓았다면 2년 후에는 부모가 은퇴하니 그때부터는 용돈을 줘야 한다고 미리 말해놓는 것이다. 어떤 경우든 내가 돈을 벌고 있을 때 자녀에게 용돈 이야기를 꺼내야 한다. 내가 은퇴하고 난 후 정말 생활비가 필요해서 자녀에게 용돈을 달라고 말하면 부모 입장에서는 비참해질 수 있다.

결혼한 자식에게 용돈을 요구할 때는 반드시 사위 또는 며느리에게 직접 말해야 한다. 자식에게 먼저 말하면 자식은 결국 사위나 며느리하고 또 상의를 해야 한다. 자칫 자식 부부 사이에 분쟁만 일으킬 가능성이 있다. 특별한 경우가 아니면 자식이 부모에게 용돈을 주는 것은 항상 힘든 법이다.

변호사 친구에게서 들은 이야기다. 아들을 영국 명문 사립고등학교로 유학을 보내주면서 아들로부터 각서 한 장을 받았는데 지금도 잘 보관 중이란다. 내용이 뭐냐고 물었다. 유학을 보내준 대신 나중에 취직하면 아버지가 아들에게 해주었던 만큼 아버지를 부양해야 한다는 내용이란다. 법을 전공한 그로서는 아들과 정당한 거래였을 것이다.

5장

노후의 취미:

언제부터, 어떻게 시작할까

은퇴 이후의 삶도
내 삶이다

인생 2기에 접어들면 종전보다 시간적으로 여유가 많아진다. 일을 하더라도 그 비중이 종전과 같지 않고, 놀거리의 비중이 높아진다. 네이버 사전을 보면, 취미를 '마음에 끌려 일정한 방향으로 쏠리는 흥미'로 정의하고 있으니 취미는 원래 하고 싶었던 놀이라고 풀이할 수 있다. 그런데도 은퇴 혹은 퇴직 후에 자신의 흥미와 무관한 객관적인 취미생활을 하려는 사람들이 많다. 취미는 이전부터 하고 싶었던 흥미이므로 퇴직 후 생뚱맞은 것에 갑자기 흥미가 생길 리 없다. 급조된 건 오래가지 못하는 법이다.

그러나 분명 은퇴하고 나서 취미생활을 처음 시작하려는 사람들이 있다. 이들은 전부터 취미생활을 해오던 사람들과는 달리 유의해야 할 점이 있다. 피아노처럼 혼자 연주하는 악기보다 기타나 색소폰처럼 여러 명이 같이 모여 합주할 수 있는 악기를 선택하고, 혼자 연습하는 것보다 학원에 등록하여 어울리면서 같이 배우는 것이 좋다. 서예도 그렇고, 그림 그리기도 그렇다. 취미생활은 학연이나 지연보다 훨씬 더 밀착적이어서 모임도 학연이나 지연이 아니라 같은 취미 위주로 이뤄진다. 다행스럽게도 최근에는 나이가 들어서도 나를 발견한다는 의미에서 그림 그리기나 악기 배우기, 나아가 자서전 쓰기 같은 세련된 취미생활을 시작하려는 경향이 나타나고 있다.

취미생활로 직업을 삼겠다거나 전문가다운 실력을 뽐내자는 건 아니지만, 그 결과물을 남들에게 보여줄 수 있을 정도는 해야 하지 않을까.

취미생활이 노년에게 주는 의미와 취미생활에 어떻게 접근해야 하는지 함께 모색해보자. 딱히 정해진 건 없다 하더라도 더 잘할 수 있는 방법을 찾아낼 수 있으니 말이다. 한 은퇴자는 말한다. 신문을 읽고 TV를 보고 마당을 거닐어보지만 시간은 더디 간다. 재미있는 시간, 보람 있는 시간, 즐거운 시간을 좀 가져보고 싶어도 마땅히 떠오르는 게 없다. 대부분 은퇴자가 처한 상황을 단적으로 보여주는 말이다. 사람들은 대개 현재에 충실한 나머지 은퇴 후 어떻게 지낼 것인지는 별생각 없이 지내다 막상 은퇴하고 나면 이런 문제에 봉착한다.

노인들의 일상이 얼마나 무료한 것인지 종로 탑골공원에 가보면 금방 알 수 있다. 그들의 모습을 보면 자신의 방식으로 삶을 살아간다기보다 삶을 무의미하게 소비하고 있다는 느낌마저 든다. 한쪽에서는 소모적이고 불필요하기까지 한, 끝없는 정치논쟁을 이어가는가 하면 그 옆에서는 장기와 바둑판이 벌어진다.

정치논쟁을 벌이거나 장기, 바둑을 두는 것은 내면의 가치를 창조하는 것이 아니라 그저 매일 되풀이되는 무의미한 일상을 보내는 것이다. 주어진 시간을 주체적으로 어떻게 활용해야 한다는 계획적인 행동이 아니라는 뜻이다. 73세 된 한 노인은 여기가 자신의 직업 장소라고 말한다. 이곳이 좋아서 나오는 것이 아니라 매일 습관적으로 출근하고 있다는 말이다. 세월을 보내기 위해서 나온다고 스스로 고백한다. 69세 된 비교적 젊은 할아버지도 있다. 그들은 왜 날마다 이곳으로 출근하는 걸까. 앞으로 수십 년이나 남은 인생을 계속 이렇게 소비할 것인가.

보건복지부는 '노후준비지표'라는 앱을 개발하여 스마트폰에서 사용할 수 있도록 공개했다. 노후준비지표 중 여가생활 분야는 '준비 현황'과 '의지' 등 일곱 가지 세부 항목을 조사해 점수화하게 돼 있다. 한 조사에서 응답자 64.1%가 현재 여가생활을 하고 있지 않거나 이에 대한 인식과 준비도 없는 것으로 나타났다. 현재 여가생활을 하고 있거나 여가 준비를 나름대로 하고 있는 사람은 전체 응답자 중 21.2%에 지나지 않았다.

사정이 이러하니 퇴직하고 TV를 시청하는 일 외에는 할 일이 없는 것이다. 삼성생명 은퇴연구소가 최근 50~70대 은퇴자 3,826명을 대상으로 조사한 결과도 이와 별반 다르지 않다. 이에 따르면 60대 남성의 하루 평균 TV 시청 시간은 약 4시간 17분으로 취미활동 시간의 5배, 운동이나 레저 시간의 2.4배에 달했다.

은퇴 이후의 삶은 신이 의미 없이 덤으로 얹어주는 세월이 아니다. 은퇴 이후의 삶도 내 소중한 삶이다. 경제적 수입이 있는 삶만 가치 있는 것이고, 그렇지 않은 삶은 무가치한 것으로 간주하는 생각은 참으로 몰가치적이다.

취미생활은 효과 높은 자가치유 방법이다

취미생활을 해야 하는 또 하나의 이유가 있는데, 바로 치유기능이다. 2013년 1월 SBS는 '백발의 드러머' 김순자 할머니(당시 68세)를 소개한 바 있다. 할머니의 드럼은 빠른 속도가 일품이고, 비트성 강한 디스코나 셔플을 주로 연주한다. 이 모든 것이 독학으로 닦은 실력이다. 할머니는 노년에 찾아온 우울증을 극복하기 위해 드럼을 시작했다. 실제로 우울증 치료를 할 때도 그림을 그리게 하거나 악기를 연주하게 함으로써 마음속 깊숙이 자리 잡은 불안과 공허함을 깨끗한 감성으로 순화하도록 한다.

사람은 아무리 나이가 들어도 다른 사람에게 관심과 사랑 그리고 인정을 받고자 하는 욕구가 있다. 그중 가장 오래도록 남는 욕구는 인정받으려는 욕구다. 사실 우리가 외로움을 느낀다는 것은 남들에게 인정받지 못하고 있음을 의미하기도 한다. 인정의 욕구가 충족되면 외롭지 않다. 악기를 연주하거나 멋들어진 춤을 추는 건, 그리고 아름다운 그림을 그리는 건 스스로 만족하기 위함이다. 나 스스로 나를 인정하고 사랑했으니 남도 나를 인정하고 사랑할 것이다.

다른 사람에게 인정받는다는 건 다른 사람들을 도울 수 있다는 의미이기도 하다. 사물놀이를 하는 김 할머니를 보자. 김 할머니는 같은 동네에 살고 있는 할머니들로 구성된 사물놀이패의 지휘자다. 연주가 서툰 다른 할머니를 지도하느라 하루가 짧다. 곱게 차려입은 김 할머니는 하루하루가 즐거움으로 넘쳐난다. 자신이 연주하는 것도 재미있지만 잘 못하는 다른 할머니를 이끌어주는 것은 더욱 재밌다. 자신의 존재 의미를 느끼기 때문이다. 내가 이 세상을 살아야 하는 이유가 있기 때문이다.

이처럼 음악으로 자신을 치유하는 노년이 있는가 하면 그림으로 자신을 치유하는 노년도 있다. 2012년 1월 같은 방송국에서 '피카소 오진애 할머니'에 대해 방송했다. 청주시 성화동에 살고 있는 할머니(당시 82세)는 그림을 배운 적이 한 번도 없다. 그런데 12색 사인펜이 할머니 손을 통해 아름다운 그림으로 태어난다. 양쪽 눈 모두 백내장 수술을 받을 정도로 좋지 않았지만 한번 그림을 그리기 시작하면 밤이 늦더라도 기어코 완성해야 하루가 끝난다.

"떠나간 사람보다 남은 사람이 더 불쌍해." 할머니가 남편과 사별한 큰딸을 두고 한 말이다. 할머니는 그림을 그리지 않고 있으면 심란해서 견딜 수 없어 그림을 그리기 시작한 것이다. "그림을 붙잡고 그리기 시작하면 거기에 온 신경을 집중하니 마음이 안정되지."

할머니가 그린 그림은 수천 점이 됐고, 그림은 할머니의 인생이 됐다. 5남매는 할머니에게 자그마한, 그렇지만 무엇에도 비할 수 없는 값진 선물을 했다. '성화동 피카소 오진애 여사 작품전시회'를 연 것이다.

은퇴 때까지 기다리지 말고, 일찍 시작하자

은퇴를 앞둔 사람들과 이야기를 나눠보면, 은퇴하면 바로 취미생활을 시작하겠다고 말한다. 그런데 딱 여기까지다. 이야기를 더 해보면 어떤 취미생활을 할 것인지, 어떻게 시작할 것인지 등에 대한 구체적인 계획이 없다.

간혹 어떤 악기를 다루거나 어떤 분야에서 봉사활동을 하겠다고 좀더 구체적으로 말하는 사람도 있긴 하다. 하지만 문제는 은퇴 후 취미생활이나 봉사활동을 시작하는 게 생각만큼 쉽지 않다는 데 있다. 왜 그럴까? 이 문제는 우리가 취미생활을 언제 시작하는 것이 가장 바람직한가 하는 문제이기도 하므로 자세히 살펴보자.

우리가 하고 싶은 행동을 할 때 우리 뇌에서는 도파민이 방출된다. 도파민은 어떤 행동을 하기 위한 일종의 유혹, 즉 중독성을 의미한다. 기타를 치면 재미있다는 것은 뇌에서 도파민이 분비돼 기타 연주에 이미 중독됐다는 것을 의미한다. 그런데 이 도파민은 나이가 들수록 분비되는 양이 줄어든다. 젊었을 때 취미생활을 시작하면 우리에게 행복감과 만족감을 주는 도파민이 많이 분비돼 그만큼 더 열중할 수 있다. 그러나 나이가 들면 같은 취미생활을 해도 젊었을 때만큼 도파민이 분비되지 않기 때문에 취미생활에 열정을 유지한다는 것이 생체적으로 쉽지 않다. 그래서 젊은 시절에 자신의 성향과 어울리는 취미를 발굴해 오랜 세월 동안 같이 호흡하는 것이 참으로 중요하다.

젊었을 때 통기타나 팝송에 미쳐 음악감상실(지금은 없어졌지만)을 들락거렸던 추억들이, 몸이 근질거려 가만히 있을 수 없어 각종 춤을 추고 다녔던 바로 그 추억들이, 그대로 황혼의 취미로 이어지면서 젊었을 때 그 무모했던 감정들이 새삼 고맙게 느껴지는 것이다.

실제로 은퇴 후 취미생활을 하는 사람들을 조사해보면, 은퇴 전부터 이미 해오던 취미생활을 좀더 여유롭게 하고 있다는 것을 알 수 있다. 봉사활동도 마찬가지다. '행복 전도사'로 불리는 최인철 교수는 말했다. '충동구매'는 있어도 '충동봉사'는 없다. 곁들이자면 '충동취미'도 없다.

그렇다면 은퇴 후에 시작하는 취미생활은 어떤가. 은퇴 후 취미생활을 새롭게 시작할 수는 있지만, 노후에는 에너지 대부분이 생존을 유지하는 데 할당되므로 생각만큼 쉽지 않다. 그러나 돌려 생각해보면 100세까지 살아야 하는 이 시대에 60대 이후에 아무런 일도 없이, 아무런 취미도 없이, 아무런 열정도 없이 빈둥거리며 지낸다고 하면 내 삶이 이처럼 초라할 수도 없을 것이다. 50세나 60세가 된 사람이 자신은 이미 나이가 많아 이제 뭔가를 새롭게 시작하는 것이 어렵다고 말한다. 그럴까? 남아 있는 시간이 오히려 더 많을지도 모른다는 생각은 왜 하지 않을까? 진정한 취미생활은 나이로 하는 것이 아니다. 생각을 바꾸면 인생이 달라진다.

2011년 7월 KBS2에서 〈남자의 자격〉이라는 프로그램을 방영한 적이 있다. 이 프로그램에서 청춘합창단원을 모집하기 위해 공개 오디션을 실시했는데 '75세 소녀'가 등장했다. 양송자 할머니다. 할머니는 최진희의 〈천상재회〉를 열창해 심사위원단 전원의 기립박수를 받았다. 영혼과 감수성 그리고 이를 밖으로 끄집어내려는 열정이 할머니에게 있었다. 그런 열정이 할머니에게 좀더 풍요로운 노후를 보낼 수 있는 원동력이 되었음이 분명하다. 누구나 그럴 수 있는 건 아닐지라도 나이 들어 시작한 일이 삶에 만족을 가져다주는 사례는 셀 수 없을 만큼 많다.

"뭐라고? 나보고 그림을 그리라고?"
노인은 껄껄대며 웃었다.
"나는 여태껏 그림 붓도 구경 못해봤네."
"걱정하실 필요 없어요. 그냥 재미로 한번 해보는 거예요. 재미있을지도 모르잖아요."
— 장셴량·후쭈칭 《5달러 이야기》

노인은 77세에 처음 그림을 그렸고 101세에 22회 전시회를 개최한, 나중에 '미국의 샤갈'이라고 극찬을 받은 해리 리버먼(Harry Lieberman)이다. 리버먼은 22회 전시회 때 400여 명의 내빈에게 이렇게 말했다.

"나는 내가 백한 살이라고 말하지 않겠습니다. (…) 예순, 일흔 혹은 아흔 먹은 사람들에게 저는 이 나이가 아직 인생의 말년이 아니라고 얘기해주고 싶군요. 몇 년이나 더 살 수 있을지 생각하지 말고 내가 어떤 일을 더 할 수 있을지 생각해보세요. 무언가 할 일이 있는 것, 그게 바로 삶입니다."

- 장젠펑·후쭈칭, 《5달러 이야기》

나이를 앞세워 스스로 앞날을 망쳐서는 안 된다. 앞으로 남은 여정이 어디까지 이어질지는 누구도 알 수 없다. '이미 늦었다'고 생각하는가? 아무리 늦게 시작해도 시작하지 않는 것보다 낫다. 게다가 생각보다 훨씬 더 오래 살게 된다면 그동안 놓아버린 시간이 얼마나 안타깝겠는가.

황혼기에 들어선 노인이 "수준 있는 100곡의 레퍼토리를 보유하는 것이 꿈이다"라며 시도 때도 없이 흥얼거리고 다니는 모습을 봤는데, 그토록 아름다워 보일 수 없었다. 예전에 성남의 한 복지관에서 노인에 대한 인식을 개선하고자 축제를 열면서 다음과 같은 슬로건을 사용한 적이 있다. '나이를 지우면 사람이 보인다.' 정말 절묘한 표현 아닌가.

취미생활을 더 잘하게 해주는
다섯 가지 원칙

첫째, 시간은 쪼개는 것이다 :

직업 없이 노는 사람과 하루가 어떻게 지나가는지 모를 정도로 바쁜 직장인 중 누가 매일 헬스클럽에 나갈 수 있을까. 시간이 많은 사람일수록 시간이 없고, 시간이 없는 사람일수록 시간을 낼 수 있다. 24시간을 내 마음대로 쓸 수 있는 사람은 운동할 시간도, 취미생활을 할 시간도 없다. 반면, 시간 활용을 잘 하는 사람은 시간이 없는 사람들이다. 시간이 많은 사람은 언제든지 할 수 있다고 생각하기 때문에 오히려 아무것도 시작할 수 없다.

우리 동네에 초·중생을 대상으로 보습학원을 운영하는 분이 있다. 10여 년 전에 교통사고를 당해 걸을 때는 두 다리를 끌면서 겨우 다닐 정도로 몸 상태가 좋지 않다. 학생들을 가르칠 때는 엄격하지만 평소에는 명랑 쾌활하다. 이분은 자신이 운영하는 학원과 차로 1시간 30분 정도 떨어진, 다른 사람이 운영하는 학원에서 일주일에 5일을 강의하며 학생들을 관리한다. 그 다리를 이끌고 일요일에는 무료 급식소에서 자원봉사를 5년째 하고 있다.

그러니 취미나 봉사활동에 시간을 낼 수 없다는, 몸이 힘들어 할 수 없다는 핑계는 대지 말자.

둘째, 취미는 단순히 시간 보내기가 아니다 :

은퇴를 앞둔 사람이 듣는 조언 중 가장 많은 것이 '취미를 가져라'이
다. 취미는 내가 정말로 하고 싶은 것, 내가 좀더 많은 시간을 내줄
수 있는 놀이를 말한다.

취미가 취미로서 가치를 가지려면 일정 수준에 이르러야 한다. 나
의 내적 가치를 추구하고, 혹시 나도 모르게 내 안에 잠재해 있을지
도 모르는 가벼운 창조성을 계발하는 것이 진정한 취미생활이라고
할 수 있다. 어떤 취미활동을 시작하든 항상 입문 단계에 머물다 끝
나버린다면, 이는 그냥 시간 보내기에 불과한 것이지 제대로 된 취미
활동이라 할 수 없을 것이다.

음악 감상을 취미로 선택했으면 지휘자에 따라 어떻게 곡을 해석
하는지, 오케스트라에 따라 어떻게 음색이 달라지는지 아는 수준이
되어야 음악 감상이 취미생활이라고 말할 수 있다. 그림 감상을 취
미로 가졌다면 그림이 주는 언어에 내 감정선을 기댔을 때 어느 정
도 일치하는지 가늠할 수 있어야 역시 그림 감상이 취미라고 할 수
있다. 사진 촬영을 취미로 삼았다면 하다못해 동네 전시회라도 해야
한다. 그래야 취미생활이 내 삶의 가치를 올려줌은 물론 취미생활에
대한 만족도를 높일 수 있다. 취미생활은 시간 때우기가 아니다.

셋째, 취미가 둘 이상이면 좋다 :

취미는 둘 이상이면 더 좋고, 그것들이 서로 반대되는 것이면 더욱

좋다. 말하자면 혼자 할 수 있는 것과 함께 할 수 있는 것, 내가 정말 좋아하는 것과 내가 싫어하는 것이 조합되어 있으면 좋다.

사진을 찍는 것, 그림을 그리는 것, 음악을 감상하는 것은 대체로 혼자 할 수 있는 취미다. 혼자 할 수 있는 취미가 하나 있다면 다른 사람과 함께 할 수 있는 취미, 이를테면 악기 다루기를 또 다른 취미로 삼는 것이다. 악기는 혼자서도 연주할 수 있지만 동호회원끼리 합주도 가능하므로 좋은 취미다.

내가 좋아하는 취미생활을 하고 있다면, 이제는 별로 좋아하지 않는 것을 취미생활로 정해보자. 몸 움직이기를 정말 싫어하는 사람이 있다. 높은 산을 오르거나 자전거를 오래 타본 적이 없다. 동네 산을 오르거나 자전거로 동네 몇 바퀴 도는 것이 고작이다. 이 사람은 결심했다. 내가 가장 싫어하는 것을 해보자. 그래서 시작한 것이 탭댄스다. 그 얼마나 경망스럽고 땀 흘리는 짓인가. 하지만 그 얼마나 신나고 새로운 세상인가.

일주일에 두세 차례 땀에 흠뻑 젖어 무아지경에 이르는 그 황홀함은 겪어보지 않은 사람은 절대 알 수 없다고 말한다. 싫어하는 것을 취미로 할 때는 절대 혼자 하는 활동을 선택해서는 안 된다. 다른 사람과 같이 하는 것을 골라야 오래 할 수 있다. 같이 하자고 꾸준히 관리해주는 사람이 곁에 있으면 더할 나위가 없다. 싫어하는 데다 혼자 하는 것을 선택했다면 선택한 날 바로 포기할 수도 있다. 싫어하는 것을 취미로 선택했을 때는 바로 수강 등록을 하자.

하나의 취미생활을 하는 경우보다 둘 이상의 취미생활을 할 때 더욱 생동감 있는 삶을 보낼 수 있다. 행동심리학자들은 시간의 자극에 대해 의미 있는 실험을 했다. 청각적 자극과 시각적 자극 중 어느 것이 더 길다고 느끼는지, 같은 자극의 경우 자극을 지속적으로 주는 경우와 단속적으로 주는 경우 중 어느 것이 더 길다고 느끼는지에 관한 실험이었다. 실험 결과 사람은 동일한 시간 동안 받는 자극에 대해 청각적 자극이 시각적 자극보다 10~20% 정도 더 길다고 인지하는 것으로 밝혀졌다. 또한 지속 시간이 동일한 두 사건을 관찰한 결과, 짧은 간격을 두고 반복적으로 자극을 준 경우보다 같은 자극을 지속적으로 준 경우 30% 정도 자극이 더 길다고 느끼는 것으로 나타났다.

말하자면 이렇다. 노년에 하나의 취미나 일을 하는 사람보다 둘 이상의 취미나 일을 하는 사람은 시간이 훨씬 더 빨리 간다고 느낀다는 것이다. 그러니 하나의 취미보다 둘 이상의 취미를 갖는 것이 노후를 훨씬 더 활기차고 생동감 있게 보낼 수 있다.

넷째, 취미는 많은 돈이 들지 않아야 한다 :

취미생활에 돈이 전혀 안 들 수는 없다. 취미생활은 클럽 단위로 하는 경우가 많은데 여러 연령층이 모인 클럽에서는 대체로 나이 든 사람이 경비를 부담하는 경우가 많다. 아무래도 경제적으로 여유가 있기 때문이다. 그런데 이런 지출을 여러 차례 반복하다 보면, 회원들은 다음에도 으레 나이 든 사람이 돈을 낼 것으로 생각한다. 이른바 호의가 권리가 되는 순간이다. 그러므로 경제적 여유가 많다면 모르되, 그렇지 않다면 비슷한 연령층이 모인 클럽에 가입하는 것이 좋다. 물론 젊은 층이 있는 클럽에 가입하면 나 자신도 젊은 분위기에 휩싸이니 좋은 점도 있겠지만 이런 식으로 소요되는 경비를 무시할 수 없다. 잘못하면 야심차게 시작한 취미생활을 중도에 그만두는 일이 발생할 수도 있다.

다섯째, 이제 다른 사람의 눈이 아닌, 나의 눈으로 세상을 보자 :
특히 동양적인 사고방식에 젖어 있는 사람들은 나이에 맞는 옷과 색상, 나이에 맞는 행동, 나이에 맞는 화장, 나이에 맞는 자가용을 요구한다.

언필칭, 한 번뿐인 인생을 남의 눈으로만 살다 죽으면 후회하기 마련이다. 나이에 맞는 자가용이란 건 없다. 돈에 맞는 자가용만 있을 뿐이다. 나이에 맞는 화장이란 없다. 나에게 맞으면 진하게도 옅게도 할 수 있다. 나이에 맞는 취미란 없다. 내 취향에 맞는 취미가 있을 뿐이다.

'내 나이에 이런 짓을⋯'이 아니고, 바로 그 짓을 해야 한다. 바로 그 짓을 취미로 삼아보자. 은퇴하고 나서까지 다른 사람의 시각으로 나의 일상을 재단할 필요가 없다. 사실 다른 사람 눈을 의식할 만큼 시간이 충분히 남아 있는 것도 아니다. 만약 다른 사람의 시각으로

나 자신을 바라본다면 나중에 반드시 후회하게 될 것이다. '그때라도 그 활동, 그 행동, 그 짓을 할걸' 하고 말이다.

잠시 생각해보자. 내가 하고 싶었던 게 뭘까. 그런데 왜 시작하지 못했을까. 그때 내가 내세웠던 이유는 혹시 핑계가 아니었을까. 이제라도 뭔가에 취해보자. 때가 늦으면 취할 수도 없으리.

언제나 취해 있어야 한다.

모든 것은 거기에 있다. 그것이 유일한 문제이다.

그대의 어깨를 짓부수고 땅으로 그대 몸을 기울게 하는

저 '시간'의 무서운 짐을 느끼지 않기 위하여,

쉴 새 없이 취해야 한다.

그러나 무엇에?

술이건 시건 또는 덕이건, 무엇에고 그대 좋도록.

그러나 다만 취하여라.

그리고 때때로 궁전의 섬돌 위에서, 도랑가의 푸른 풀 위에서, 그대 방의 침울한 고독 속에서, 그대가 잠을 깨고 취기가 벌써 줄어지고 사라져 가거들랑, 물어보라. 바람에, 물결에, 별에, 새에, 시계에, 사라져 가는 모든 것에, 울부짖는 모든 것에, 흘러가는 모든 것에, 노래하는 모든 것에, 말하는 모든 것에, 물어보라. 지금은 몇 시인가를.

그러면 바람도, 물결도, 별도, 새도, 시계도, 그대에게 대답하리.

"지금은 취할 시간! '시간'의 학대 받는 노예가 되지 않기 위하여, 끊임

없이 취하여라! 술이건, 시건 또는 덕이건, 무엇에고 그대 좋도록."

— 샤를 보들레르, 〈취하라〉

취미를 은퇴 이후의 직업으로
연결할 수도 있다

취미생활을 빨리 시작할수록 좋은 이유는 그 취미에 집중할 힘이 있다는 것 말고도 중요한 이유가 또 있다. 인간이 가장 활기차게 사회활동을 할 수 있는 시기는 30대와 40대. 좀더 여유 있게 본다면 50대 초반까지다. 만약 이 시기에 취미생활을 시작할 수 있다면 은퇴후 자신의 일거리를 스스로 마련할 수 있다는 현실적인 이점이 있다.

말콤 글래드웰(Malcolm Gladwell)은《아웃라이어》에서 1만 시간의 법칙을 주장했다. 요약하면 이렇다. 아무리 천재라고 하더라도 1만 시간 이상 노력해야 사회에서 인정해주는 전문가 반열에 오를 수 있다. 천재라도 그의 노력이 1만 시간에 이르지 못하면 전문가로 성공할 수 없다. 또한 천재성이 없더라도 1만 시간 이상 노력하면 업계의 전문가로 인정받을 수 있다.

그 사례로 비틀스, 빌 게이츠 등을 들고 있다. 그들이 천재성을 지닌 건 분명하지만, 1만 시간을 채우지 못했다면 그 지위에 도달할 수 없었을 것이라는 게 글래드웰의 생각이다. 이 주장에 대해 비판하는 견해도 많지만 여기서는 논외로 하자.

1만 시간이란 하루 3시간씩 10년, 하루 6시간씩 5년, 하루 10시간씩 3년이 걸리는 시간이다. 만약 우리가 어떤 취미를 선택해 하루 3시간씩 활동한다면 10년 뒤에는 전문가가 되어 다른 사람을 지도할 수 있는 역량을 갖추게 된다는 의미다.

색소폰에 관심이 있어 30세 때부터 색소폰 연주를 배운다고 하자. 하루 3시간씩 꾸준히 연주한다면 40세에는 이쪽 방면에서 전문가가 된다. 그런데 40세가 아니라 60대에 은퇴할 계획이라면 색소폰을 배운 때로부터 30년 후에 은퇴하는 셈이다. 그럴 경우 하루에 1시간씩만 색소폰을 연주해도 은퇴 시점에는 1만 시간이 된다. 다른 사람을 지도할 수 있을 정도로 전문가가 돼 있는 것이다.

어떤 분야에서 독보적인 전문가가 되라는 게 아니고, 다른 사람을 지도할 정도면 된다. 이 정도 실력을 갖추고 은퇴한다면 내가 좋아하는 취미로 인생 2기를 충분히 시작할 수 있다. 그러니 취미생활은 빨리 시작하는 것이 좋다. 인생을 풍부하게 할 뿐 아니라 인생 2기에도 도움이 되기 때문이다.

자, 어떤가. 1만 시간의 법칙이 아니라도 충분히 계산이 나오는 셈법 아닌가. 전직 고등학교 생물 교사 출신으로 현재는 제주 나비박물

관(프시케월드) 관장으로 있는 김용식 씨의 경우도 그렇다. 김용식 관장은 학교에 재직할 때 나비를 채집하는 것이 취미였다. 40년간 채집한 나비표본으로 나비가 지역에 따라 어떤 변이를 보이는지 최초로 밝혔고, 이를 기초로《원색 한국나비도감》도 펴냈다. 취미생활이 결국 이 분야 최고 전문가로 그를 우뚝 서게 한 것이다.

6장

노후의 부부 사이:

놀라운 지각변동, 어떻게 받아들일까

날개 단 여성,
위축되는 남성

서양과 우리나라의 문화적 차이는 가족관계에서 극명하게 나타난다. 서양의 경우 퇴근이 우리보다 빠르기도 하지만 특별한 일이 없으면 남자는 바로 집으로 가 집안일을 하거나 아이들을 돌본다. 예정에 없이 퇴근길에 술 한잔 하는 것은 생각할 수 없다. 회식을 하더라도 며칠 전부터 약속을 잡는다. 회사 동료 관계든 친구 사이든 마찬가지다. 반면 우리나라는 OECD 국가 중 근무 시간이 가장 긴 데다, 습관적으로 회사 동료 또는 친구들과 늦게까지 어울리다 집에 들어간다. 24시간 영업하는 음식점이나 술집이 즐비하니 술 마시는 사람에게 이보다 더 좋은 환경은 없다. 또한 아빠가 아들의 학예회라고 회사를 빠지는 것이 서양에선 당연한 일이지만, 우리로서는 상상도 할 수 없는 일이다.

이런 문화적 차이는 이후 삶의 궤적도 달라지게 한다. 아버지가 가족들의 마음속에 깊숙이 들어가 있는 서양과는 달리 우리나라 아버지들은 자녀들의 마음 밖에서 맴돈다. 경제적 지원 외에는 별다른 역할을 해오지 않은 까닭이다. 사정이 이러한 터라 퇴직 후 경제적 지원도 하지 못할 상황이 되면 가족 내에서 아버지가 설 자리는 없어지고 만다. 이제나마 가족 안에서 자신의 자리를 잡고 싶어 하는 아버지로서는 가슴 아픈 일이다.

오늘날 은퇴한 아버지들이 가족관계에서 이처럼 힘들어하는 이유가 뭘까. 사회는 아버지로 하여금 하숙생으로 살기를 강요하고, 그게 성공이라고 부추긴다. 기업은 이런저런 이유를 붙여 끊임없이 야근하라고, 서로 경쟁하라고 요구한다. 그 결과로 받은 스트레스를 밤늦게까지 술로 푼다. '인간적'이라고 포장된 이런 후진적 문화는 기업과 사회 풍토에서 출발한다. 아이들을 자상하게 돌보던 젊은 아버지들도 시간이 지나면 그 아버지들이 해왔던 것처럼 정글 속에 매몰된다. 어떤 정치인이 말한 '저녁이 있는 삶'이 주어졌더라면 이 땅의 아버지들도 가족에게 좀더 떳떳했을 것이다.

아버지가, 남자가 이처럼 위축되고 있을 때 한쪽에서는 대변혁이 일어나고 있다. 4:70, 어느 초등학교 남녀 교사 수다. 교사를 배출하는 교대는 아예 처음부터 남학생과 여학생의 비율을 조정해 학생을 선발하지만 여교사 수가 절대적으로 많다. 일반대학 진학생 중 여학생 비율이 남학생 비율을 넘어선 지 오래됐고, 수업 태도나 학업 성취도도 여학생이 남학생보다 훨씬 낫다. 각종 고시에서도 여성 합격자가 비약적으로 증가했다.

그 이유로는 무엇보다 부모 세대의 경제력 증대를 들 수 있다. 예전 가난했던 부모 세대는 자식들 중 가문을 일으켜 세울 수 있는 아들에게 모든 자원을 집중했지만, 경제력이 증대함에 따라 딸에게도 교육의 기회를 제공하게 됐다. 그리고 부모의 기대에 부응하는 자식은 대개 아들이 아니라 딸이었다. 아들에 비해 소외당하던 딸은 주어진 기회를 놓치지 않고 억척같이 공부하고, 일했다.

강도 높은 육체적 노동력이 필요했던 농경사회는 거의 사라졌고, 기계 중심의 산업사회마저도 저물어가고 있다. 육체 노동력이 크게 요구되지 않는 서비스 산업이 현대 사회의 주력 산업이 됨에 따라 여성이 재능을 발휘할 수 있는 영역이 확대됐다. 이로써 여성의 경제력이 증가하게 됐고, 덩달아 사회적 지위와 권리도 높아졌다. 이처럼 여성의 지위가 향상된 데에는 우리나라의 경우 할머니의 유전자가 지대한 공헌을 했다.

남자의 지위가 흔들린 것은 가정에서 남자가 응당 해야 할 일을 하지 않아서가 아니다. 남자는 지금도 밖에서 열심히 일하고 있지만, 집에 들어오면 맞벌이 여부를 떠나 저자세가 됐다. 남자와 여자의 역할이 변했기 때문에 이런 상황이 왔다고 단정할 순 없다. 남녀 역할이 종전에 비해 다소 변했더라도 남자 역할은 의연히 그대로 유지되고 있다. 그런데도 남자는 왜 저자세가 됐을까.

1970년대 먹을 게 넉넉지 않아 보리와 눈물을 섞어 겨우 춘궁기를 보냈던 그 힘든 시절을 '보릿고개'라고 불렀다. 이런 보릿고개를 넘기는 일이 어찌 남자의 힘만으로 가능했겠는가. 당시 여성의 인고와 헌신 그리고 억척이 없었다면 불가능했을 일이다. 당시 온몸으로 보릿고개를 견뎌온, 지금은 할머니가 된 이들의 유전자는 오늘날의 아줌마들에게 그대로 이어졌다. 그런 점에서 오늘날 (할머니와 아줌마를 합친) '할줌마'는 자신들의 역할에 상응하는 사회적 지위와 대우를 받아야 마땅하다. 그 보답은 전통적인 가치관의 붕괴와 결합하면서 여성의 발언권 강화로 나타났고, 그 강해진 발언권은 그들 후대인 젊은 여성들에게 이어졌다.

이런 시대적 흐름은 젊은이들의 결혼관에서도 엿볼 수 있다. 신혼집을 시집 쪽보다 처가 쪽과 가까운 곳에 구하고, 결혼 후 인척간의 유대관계에서도 고모 쪽보다 이모 쪽의 연결고리가 더 강하다. 남자는 친가보다 처가 쪽 가족과 더 자주 어울리고, 아이들도 친가 쪽보다 외가 쪽 조부모를 더 편하게 생각한다는 보고서도 있다. 이는 접촉의 빈도와 일치한다.

프랑스 소설가 베르나르 베르베르는 지구상에서 여러 번에 걸쳐 어떤 종(種)이 도태된 적이 있지만 그래도 살아남은 종의 특징은 규모가 작고, 여성성을 지니고 있으며, 사회성이 발달한 종이라고 말했다. 여자는 당연히 여성성을 가지고 있고, 남자보다 작으며, 사회성이 훨씬 더 강하다. 그러니 어찌 보면 지금까지 남성이 누려온 우월한 지위는 긴 세월의 한순간에 불과했던 일인지도 모른다.

금성으로 가는 남자, 화성으로 가는 여자

일본 작가 마쓰다 미치코는 40대 남자가 여고생을 납치해 '사육'했던 실제 사건을 모티브로 1994년 《여고생 유괴 사육사건》이란 소설을 발표했다. 1999년에는 이 소설이 〈완전한 사육〉으로 이름을 바꿔 영화로 제작됐다. 중년의 남성이 여고생을 납치해 감금하고선 애완동물을 키우듯 사육했다. 자신을 납치했다는 것 말고는 최선을 다해주는 중년 남성에게 마침내 마음을 열고 그 남자를 사랑하게 됐다는 다소 신파적인 내용이지만, 당시 일본 열도를 들끓게 한 문제의 작품이었다. 납치된 여고생은 그런 상황에서 두려움과 연민이 뒤섞인 혼란스러운 감정을 사랑이라는 감정으로 포장해 자기 합리화를 꾀했을 것이다.

그런데 이와 같은 사육이 우리 주변에서 일상적으로 일어난다면 어떨까. 부모, 특히 어머니는 자식을 사랑으로 보살핀다고 하지만 자신의 욕망을 투영하여 자식을 사육하고 있지는 않은지 생각해봐야 한다.

어머니는 하나밖에 없는 아들을 자신의 분신으로 여긴다. 아들을 자신의 의도대로 양육하고, 교육한다. 때로 아들은 어머니의 명예와 욕망을 실현하기 위한 도구로 사용되기도 한다. 아들의 의견은 중요하지 않다. 어머니의 계획대로 교육하고, 대학 선택도 어머니의 희망에 따른다. 아들이 좋은 대학에 진학하면 아들의 명예가 아니라 어머니의 명예가 드높아진다. 정작 아들은 간데없고, 어머니만 보인다. 외견상 양육이나 교육처럼 보이지만 실상은 어머니가 아들을 사육하고 있는 것이다. 아들은 자신이 삶의 주체인지 객체인지 정체성에 혼란을 겪고, 이로써 마마보이가 탄생한다. 아들은 자신에 대한 어머니의 욕망에 찬 관심을 사랑으로 포장해 받아들인다.

마마보이는 어린 여자보다 어머니같이 포근한 나이 든 여자를 좋아한다. 그래서 결혼 상대도 자신보다 나이가 더 많은 여성을 선택한다. 이 마마보이와 결혼한 여자는 시어머니로부터 마마보이를 그대로 인수해 시어머니 역할을 대신하면 된다. 마마보이는 그대로 공처가가 된다. 공처가는 실용적이다. 모든 것을 부인에게 맡기고 자신은 뒤로 빠진다. 자신의 주장을 내세우지도 않지만 책임질 일도 없다. 한 가정을 온전히 책임지겠다거나 사회의 중추가 되겠다는 야무진 생각은 애당초 어머니에 의해 거세당했다.

또한 정신적·경제적으로 어머니에게 사육당한 남자는, 치고 들어

오는 당찬 여자를 감당할 만큼 정신력이 강하지도 않다 남자는 차라리 아버지 세대의 패권을 포기하는 대신, 여자와 공동으로 책임을 지거나 아니면 여자 뒤로 숨는 것이 더 실리적이라고 생각한다. 가정에서도 사회에서도 물 흐르는 대로 살면 된다. 그러니 아내에 대해 순종적이다.

흔히들 '늙으면 남편은 집으로 들어오려 하고, 아내는 밖으로 나가려 한다'고 말한다. 카를 구스타프 융(Carl Gustav Jung)은 남성의 정신에 내재해 있는 여성성을 아니마(anima)라 불렀고, 여성의 정신에 내재해 있는 남성성을 아니무스(animus)라 불렀다. 그런데 사람은 중년이 되면 남자 정신 속에 있던 여성성이, 여자 정신 속에 있던 남성성이 활성화돼 남성은 여성화되고 여성은 남성화된다. 그 원인에 대해서는 여러 가지 견해가 있다. 생물학적으로는 남성과 여성의 호르몬이 변하기 때문에 나타나는 현상으로 설명한다. 사회학적으로는 남자는 늙으면 밖에서는 더 이상 설 자리가 없다는 것을 깨닫고 집으로 들어온다거나 그동안 가족들에게 소홀한 데 대해 참회하는 마음으로 가족에 귀의한다고 설명하기도 한다.

일면 타당한 점도 있지만 전체를 설명하지는 못한다. 남자가 늙으면 여성 호르몬이 더 많이 분비되고, 여자가 늙으면 남성 호르몬이 더 많이 분비된다는 것은 근래에 와서 나타나는 현상이 아니다. 다만 근래에 와서 과학적으로 밝혀졌을 뿐이다.

그렇다면 남자는 왜 나이가 들면 안으로 침잠하려 들까.

코미디언은 집에서 우스갯소리를 하지 않는다. 말을 많이 하는 업종에 종사하는 사람은 집에서 말을 잘 하지 않는다. 머리를 만지는 직업에 종사하는 사람은 자신의 머리를 만지지 않는다. 일상이 경쟁인 사람은 항상 경쟁 없는 세상을 꿈꾼다. 그래서 남자는 은퇴 후에 경쟁이 없는 집으로 돌아오고 싶어 하고, 다른 사람과 부딪힐 일이 없는 시골 외진 곳에 내려가 살고자 한다. 그리고 조용히 아내의 견해를 따르고자 한다. 그렇게 하는 것이 자신을 해방하고 가정의 평화를 지키는 길이라고 생각하는 것이다. 아내와 다퉈 긴장관계가 형성되면 누구에게도 도움이 되지 않는다는 것을 그동안 경험으로 깨달은 결과이기도 하다. 그런 까닭에 아내와 다투는 동갑내기 남자를 아직도 덜 컸다고 가볍게 여기기도 한다.

올곧은 성격이 선친과 똑 닮아 존경하는 이웃 어르신께서 매양 하시던 말씀도 같다. "내가 이 나이에 집사람을 이겨 뭐하겠나. 부부란 이겨야 하는 상대가 아니라 서로 맞춰가는 관계라네."

남자는 여자를 지배하는 존재가 아니라 여자와 공존하는 존재다. 이걸 깨닫는 데 왜 이다지도 오랜 세월이 걸렸을까. 서양은 부부가 은퇴하면 같이하는 시간이 많아지고, 그래서 행복도가 높아진다고 한다. 반면 우리나라에서는 이와 반대로 남편이 은퇴하면 거추장스러운 존재가 된다. 왜일까. 공유할 수 있는 부분이 적거나 아예 없기 때문이다.

'화성에서 온 남자, 금성에서 온 여자'가 은퇴와 함께 '금성으로 간 남자, 화성으로 간 여자'로 바뀐다는 건 우리 모두 알고 있다. 그 이유도 중요하지만 더 중요한 건 이런 현상을 이해하고, 부부가 서로 행복해지도록 능력을 키워가는 일이다. 융은 남성적인 특성과 여성적인 특성을 모두 가진 사람일수록 심리적으로 건강하고 행복할 가능성이 크다고 말한다. 어느 하나의 특성만 더 활성화된 사람은 상대방에 대한 이해가 부족해 서로에게 상처를 안기기 쉽다. 남성은 여성화되고, 여성은 남성화되었으니 이제 남편은 그동안 아팠던 아내의 마음을 위로하고, 아내는 남편의 처지를 가슴으로 이해한다면 갈등 없는 노후를 지낼 수 있을 것이다.

아내가 곰국을 끓이면 남편이 긴장한다거나 이사를 할 때 남편이 가장 먼저 이사 트럭에 올라탄다는 투의 농담은 이제 그만두어야 한다. 다분히 몰이해적이고, 배반적이다. 나아가 냉소적이기까지 하다.

신 모계 사회에서 남자 노인이 살아남는 방법

남자 노인과 여자 노인의 사고방식과 행동양식은 왜 다른가. 남자와 여자의 차이점에 대해 두 가지 관점이 있다. 표준사회과학모델은 남자와 여자는 아무것도 쓰여 있지 않은 '빈 서판(書板)'과 같은 상태로 태어나지만, 태어날 때부터 차별적 교육을 받아 남자와 여자로 분화된다고 주장한다. 이에 따르면 남자와 여자는 태생적으로는 차이가 없지만 남자는 남자로, 여자는 여자로 키워졌을 뿐이라고 한다. 이런 견해는 특히 페미니즘에 영향을 미쳐 여성해방운동에 지대한 영향을 주었다.

그러나 진화심리학자들은 이 두 호모사피엔스 사피엔스는 태어날 때부터 차이가 있다고 본다. 남자 신생아는 움직이는 모빌에 관심을 갖는 반면, 여자 신생아는 여성의 사진에 더 많은 관심을 보인다는 실험 결과를 제시했다. 남자와 여자는 태어나면서부터 사물과 사안을 차별적으로 인식한다는 것이다. 존 그레이(John Gray)의 《화성에서 온 남자, 금성에서 온 여자》도 이런 진화심리학에 기초한 바 크다.

그동안의 연구자들에 따르면 남자와 여자는 태생적 차이에 영향을 받는 것은 물론, 자라온 환경과 그들이 속해 있는 문화에도 영향을 받는다고 한다. 남자 노인과 여자 노인의 성향이나 관심은 기본적으로 남자와 여자라는 속성의 차이를 벗어나지 않는다.

남자는 사람과 사물을 종적으로 인식한다. 남자는 상대를 만나면 나이가 어떻게 되는지, 현재 직함이 뭔지가 궁금하다. 다 서열과 관련된 것이다. 자신보다 나이가 적거나 아래 직급인 경우 둘 사이의 서열은 이미 결정된다. 이런 서열 의식 혹은 종적인 사고방식은 집에서도 그대로 나타난다. 명령적이고, 권위적이다. 그래서 고립적이다. 반면 여자는 사람과 사물을 횡적으로 인식한다. 여자들은 나이를 묻지 않는다. 상대의 직책도 궁금하지 않다. 그래서 여자는 관계지향적이다. 처음 만난 사람과도 대화가 잘 통한다. 대화의 소재도 자녀, 가사, 건강, 연예, 가십 등 무궁무진하다. 그래서 여자는 친화적이다.

이런 사고와 행동 패턴은 늙어서도 그대로 이어진다. 동네에 모여 있는 할아버지들과 할머니들을 보면 그 차이를 알 수 있다. 남자 노인은 자신의 지위, 명예, 신분, 취향, 정치 성향과 같거나 유사한 사람을 친구로 삼는다. 그래서 평소 알고 지내는 사이이거나 관심사가 같으면 모르되, 그렇지 않으면 서로 말을 잘 섞지 않는다. 그냥 서로 떨어져 앉아 멀뚱거리다 하루를 보낸다. 게다가 남자 노인은 자신의 무력한 모습을 다른 사람에게 보이지 않으려는 심리도 깔고 있다. 남자들은 살아온 과정이 일과 연관돼 있기 때문에 일과 관련되지 않은 사람들과는 별로 할 말이 없다.

이렇게 남자 노인은 동질성을 중시하므로 늙을수록 친구를 만들기가 쉽지 않다. 이런 점에서 남자 노인의 친구 맺기는 여자 노인의 친구 맺기보다 훨씬 중요한 의미가 있다. 남자는 노인이 되기 전에 친구를 만들어놓아야 서로의 말이 겉돌지 않는다. 반면 여자 노인은 늙어서도 친구를 사귀는 게 남자 노인처럼 어렵지 않다. 여자 노인은 처음 보는 사람이라도 바로 말을 건넨다. 한 시간 정도 지나면 벌써 십년지기가 무색해질 정도다. 사회적 체면과 조건을 그리 따지지 않기 때문이다.

이쯤 해서 은퇴한 두 남자의 하소연을 들어보자.

사례 1

남자는 70세를 바라보고 있고, 부인은 이제 60세를 넘겼다. 남자는 58세에 정년퇴직을 한 후 조금 쉬다 건물 관리인으로 지금까지 근무하고 있다. 남자는 이 나이에 직장도 있고, 전보다는 적지만 월급도 받고 있기에 나름 잘 지내고 있다. 남자 입장에서 볼 때 문제는 아내의 태도 변화였다. 정년퇴직 전에는 아무 소리 없던 부인이 이제는 집안 살림 이것저것을 하라고 요구한다.

남자는 왜 갑자기 집안일을 시키느냐고 항변하지만 부인은 다른 집은 벌써부터 남자들이 다 하고 있다며 오히려 역정이다.

아들과 딸은 아내 편에 서서 어머니에게 잘 하라고 틈만 나면 아버지를 훈계한다. 남자는 그냥 다 정리하고 혼자 살고 싶지만 차마 그러지도 못하고 있다. 행복한 노후를 기대했지만 이제 물거품이 된 것 같다고 하소연이다.

사례 2

5년 전에 퇴직한 61세 남자로 아내, 두 딸과 함께 살고 있다. 그동안 열심히 일해 재산도 조금 모았다. 그런데 퇴직하면서 모든 게 달라졌다. 집에서는 투명인간 취급을 받고, 아내와 각방을 쓴 지 한참이다. 혼자

식사하고 혼자 잠자리에 드는 일이 많다. 밖에서 친구를 만나면 기분이 좀 나아졌다가 집에 돌아오면 다시 숨이 막힌다.

이 땅의 남자들이 은퇴하고 느끼는 일반적인 소회일 것이다. 무엇이 문제일까. 뒤에서 다시 자세히 보겠지만 부부는 은퇴 전의 관계와 은퇴 후의 관계가 다르다. 남자는 자신이 은퇴와 상관없이 집에서 종전의 위치가 그대로 인정될 것으로 생각해, 그동안 해왔던 대로 가족을 대하려 한다. 그렇지만 아내와 자식들에게 남자는 은퇴한 사람이다.

어쩌면 이런 남자의 사고에는 이기심이 깔려 있는지도 모른다. 남자는 평생 직장생활을 하면서 가족을 부양해왔다는 사실만 인정할 뿐, 자신이 아무 걱정 없이 밖에서 일할 수 있도록 내조하고 아이들을 돌본 아내의 노고에 대해서는 무심한 것이다. 집안일과 자녀 양육에 지친 아내도 은퇴를 꿈꾸고 있다는 사실을 남자는 미처 생각하지 못한다. 그건 가족의 틀을 경제적 관점에서만 바라보기 때문이다. 자신의 경제력으로 가정을 꾸려왔으니 가정은 돈만 있으면 굴러가는 것으로 생각하기 마련이다.

그러나 가정은 돈만으로 돌아가는 단순한 집단이 아니다. 일테면, 식탁 위에 밥만 있는 건 가족에게 돈만 있는 것과 같다. 건강한 신체를 유지하기 위해서는 밥 외에 맛있는 국과 반찬도 필요하다. 이처럼 행복한 가정을 위해서는 돈 말고도 가족 간의 사랑, 형제간의 우애

등이 더 필요하다. 그릇에 돈만 가득 담겨 있다면 더 소중한 사랑과 우애를 넣을 공간이 없어진다.

돈을 번다는 단 하나의 이유로 자녀와 함께하지 못한다면, 자녀는 아버지에 대한 추억도 없이 훌쩍 커버리고 그 빈 곳을 어머니로 채운다. 그래서 어머니와 자녀는 밀착적이다. 은퇴하고 나서야 어머니로 가득 찬 자녀의 마음속에 발을 들이고자 애쓰지만, 참으로 어려운 일이다. 차라리 돈을 적게 벌더라도 가족과의 관계를 유지하려는 노력이 더 중요한 이유다.

남편이 은퇴해 경제력이 없어졌다는 사실만으로 아내의 반란이 시작됐다고 생각하면 본질을 놓치게 된다. 내가 은퇴하고 싶었던 것처럼 아내 역시 은퇴하고 싶어 한다는 사실을 알아줘야 한다. 집안일을 같이 하는 것은 남녀평등과 무관하게 평생 나와 가족을 위해 헌신한 아내에 대한 배려이고, 현실이기도 하다. 쉽지 않겠지만, 이제 습관을 들여야 한다.

세탁기에 빨래를 넣고, 빨래를 털어 건조대에 너는 것이 무슨 대순가. 청소기로 바닥을 쓱쓱 미는 것이 무슨 큰일인가. 아내 없을 때 내가 밥 차려 먹는 게 무슨 자존심 상할 일인가 말이다. 쓰레기 분리수거하고, 음식물 쓰레기를 내다 버리는 것도 하다 보면 재밌다. 내 손을 거쳐 집 안이 얼마나 정갈해지는지를 보면 기분도 좋아진다.

가족관계에 문제가 있을 때 밖에서 취미나 사교로 자신을 추스르라고 조언하지만 도움 되는 얘기는 아니다. 집에 들어가면 마음 둘

곳이 없는데 취미생활을 하거나 사교활동을 하는 것이 무슨 의미가 있겠는가. 모든 것은 가족의 안락함에서 출발한다.

변화는 나부터 시작된다. 나를 바꾸기가 힘들다고 말하지만, 바꾸지 않음으로써 힘들어지는 것보다는 낫지 않을까. 아내 역시 그동안 가족을 위해 헌신한 남편의 노고를 보듬어줘야 한다. 갑자기 내 영역을 침범한 이방인 정도로 생각한다면 앞으로 30년을 어떻게 같이 살 것인가. 그렇게 홀대하던 남편이 죽자 한없이 울던 여인이 있었다는 사실도, 그림자라도 좋으니 옆에 있으면 좋겠다는 어느 여인의 후회도 기억해두자.

부부 동반 모임에 자주 참석해보면 부부의 은근함이 살아난다. 부부끼리 가시버시해서 자주 다니는 것도 습관이다. 그래야 남은 인생 2기가 괴롭지 않고 아름다운 여생으로 빛날 것이다. 진부하지만 진기한 말, 가화만사성(家和萬事成)을 다시 한 번 상기해보자. 가족에게서 행복을 얻을 수 없다면, 어디에서도 행복을 얻을 수 없다.

가정은
완전체가 아니다

당신에게 가정 혹은 가족이란 어떤 의미인가. 한 사회가 앞으로 나아가기 위해서는 힘들지만 묵묵히 일하는 사람이 필요하다. 단란한 가정이 존재하기 위해서는 가족이라는 이름 때문에 희생하는 '어떤 이'가 있어야 한다. 누구의 양보도, 아무런 희생도 없다면 단란한 가정은 없다.

아흔이 넘은 부모를 모시면서 그 뜻을 받들고, 아침저녁으로 운동을 시키는 형제가 있어야 나머지 형제들은 단란하다. 부양의무를 헌신적으로 다하는 누군가가 있어야 나머지 가족이 유지된다. 96세 된 노모를 그동안 큰아들이 모셨다. 5남매가 있지만 맏이인 데다 노모의 바람이기도 했다. 노모는 사위들이 오는 날은 다시없는 교양인이 된다. 그런데 사위들이 가고 나면 아들과 며느리에게 온갖 악담을 퍼붓고 불평불만으로 날을 지새운다. 딸들은 이 노모를 자신들이 시집가기 전의 교양 있는 어머니로만 기억할 뿐, 시어머니에 대한 올케의 힘겨운 하소연은 들리지 않는다. 오히려 오빠와 올케가 어머니에게 얼마나 큰 잘못을 했길래 어머니가 매일같이 못 살겠다고 하소연하겠느냐며 오빠와 올케에 대한 원망이 한 보따리다.

하루는 큰아들이 어머니의 불평불만으로 가득 찬 말을 끝내 참지 못하고 큰 소리를 냈고, 노모는 발끈하여 큰딸 집으로 가버렸다. 며칠이 지난 뒤 큰딸의 남편, 그러니까 노모의 사위가 큰아들에게 전화를 했다. "두 분 그동안 고생 참 많으셨습니다." 그동안 몰랐던 장모의 민낯을 보게 된 까닭이다. 부모는 다른 사람 앞에서 자신과 같이 살고 있는 자식 흉을 봐선 안 된다. 다른 자식, 다른 사람은 같이 살 사람들이 아니다. 같이 살고 있는 자식을 흉보는 부모는 종국엔 갈 곳이 없다.

당신은 어떤 입장인가. 누구의 희생으로 안락함을 누리고 있는가. 그렇다면 그 희생자에게 감사해야 한다. 설령 내가 얼마간의 비용을 내고 있더라도 말이다.

2013년 부산국제영화제에서 〈폭력녀(Miss Violence)〉라는 제목으로 상영됐던 영화가 〈은밀한 가족〉이라는 제목으로 바뀌 국내 개봉됐다. 열한 번째 생일을 축하받는 안젤리키가 알 수 없는 옅은 웃음을 거두며, 베란다에서 뛰어내려 자살하는 장면으로 영화는 시작된다. 평온을 가장한 한 가족의 역겨운 이면에는 가족의 권력자 할아버지가 있다. 한 가족을 책임진다는 위선으로 가득 찬 이 권력자는 한 가족 구성원들의 행동양식은 물론 의식까지 지배한다. 자신들이 사육당하고 있다는 사실을 알고 있음에도 권력자가 주는 빵과 폭력에 어쩔 수 없이 침묵한다. 그 침묵은 평온처럼 느껴져도 불행을 잉태한다. 가족이라는 이름으로 행해진 폭력과 일탈은 어린아이를 자살로 내몰았고, 결국에는 권력자 할아버지도 살해당한다. 영화이다 보니 다소 극단적인 설정일 수 있지만 인간의 내면을 꼬집는 데는 부족함이 없다.

혹시 우리 내면에는 자신의 책임과 그에 걸맞은 권력을 탐색하려는 본능이 잠재해 있지 않을까? 전적으로 가족의 생계를 책임지고 있다는 생각은 한 가정의 권력자가 되고도 남는다. 권력자가 되려는 생각은 다른 가족과 단절을 가져온다. 가족과 단절된 가장은 고독하고 슬프다. 그 무거운 어깨를 누가 볼까 봐 혼자서 숨죽이고 울먹이며 왔지만, 그를 위로할 가족은 곁에 없다. 그동안 울타리를 너무 높게 세워놓았기 때문이다.

서울 동작구에 사는 어느 부인의 이야기다. 그 부인의 남편은 회사원으로 일했는데 그런대로 능력을 인정받아 나중에는 지점 책임자로 근무했다. 책임자로 나가기 전에는 부인에게 일상적으로 폭력을 행사했고, 아이들(딸과 아들)도 아버지의 폭력에 시달렸다. 가족들은 그 남자가 같은 공간에 있지 않다는 것만으로도 행복했고, 그 남자가 집에 오는 날이면 아이들은 일부러 약속을 만들어 밖으로 나가버렸다. 남편이, 아버지가 집에 오면 이방인이 자신들의 공간에 들어오는 것처럼 불편하고도 어색한 감정을 숨길 수 없었다. 남편은, 아버지는 돈만 벌어다 주는 이방인에 불과했다. 이 책을 읽는 당신은 이런 부류의 이방인은 아닐 것이다. 그런데 혹시 폭력 없는 이방인은 아닐까.

가족들이 아버지와 같이 있는 것이 거북하고 불편하다고 느낀다면, 그들이 당신에게 내어줄 공간은 없다. 지금은 모든 것을 다 틀어쥔 듯하지만, 당신도 언젠가 버거운 짐을 내려놓고 싶을 때가 올 것이다. 가족들이 그 짐을 나눠 져주기를 바라지만, 이제라도 가족의 일원으로 받아주기를 바라지만 가족들에겐 이것이 익숙하지 않다.

아버지는 돈만 벌어다 주면 책임을 다한다는 생각, 자녀들이 알아서 아버지의 노고를 이해해주리라는 생각, 그래서 오늘도 어제 했던 그대로 해도 무방하다는 생각은 매우 위험하다. 가정의 행복은 온 가족의 노력이 있어야 얻을 수 있는 노력의 집합체와 같다. 이 점을 깨닫고 가족의 마음속에 남아 있는 나의 부정적인 모습을 하나씩 지워나가야 한다. 그래야만 당신을 옭아맸던 울타리가 없어지고 진정한 가족의 일원으로 받아들여질 것이다.

어색한 순간이 올 수도 있다. 그 어색한 순간을 두려워한다면 당신의 울타리는 더욱 쌓여갈 것이고, 그만큼 힘든 상황은 길어질 것이다. 가족들이 먼저 나서서 그 울타리를 허물지 않는다. 당신이 세웠으니 당신이 허물어야 한다.

생각해보자. 아이들 마음속에 당신의 자리가 있는지, 당신의 울타리가 너무 높지는 않은지.

가족이 아버지에게 원하는 것, 따뜻함

심리학자들에 따르면, 사람들은 5~10가지 정도의 중심특성을 가지고 있다고 한다. 따뜻함, 영리함, 예민함 등이 그 예다. 이 중 다른 사람에게 가장 많은 영향을 미치는 중심특성은 뭘까? 바로 '따뜻함'이다. '말 한마디로 천 냥 빚을 갚는다'는 말을 굳이 인용하지 않더라도 우리는 다른 사람의 진심 어린 따뜻함으로 위로를 받는다. 가족에게 아무리 많은 것을 주어도 이 따뜻함을 주지 않으면 아무것도 주지 않는 것과 같다.

심리학자 해리 할로(Harry Harlow)는 잔인하지만 의미 있는 실험을 했다. 새끼 원숭이에게 두 종류의 엄마 모형을 제공하고 어떤 반응을 보이는지 관찰했다. 하나는 가슴에 우유병을 달고 먹을 것을 주는 철사 엄마 모형이고, 다른 하나는 먹을 것은 주지 않지만 부드러운 감촉을 주는 헝겊 엄마 모형이다. 새끼 원숭이는 젖을 먹을 때만 철사 엄마에게 갔고, 남은 시간은 헝겊 엄마와 시간을 보냈다. 새끼 원숭이에게 위협적 환경을 만들었을 때도 새끼 원숭이는 젖을 주었던 철사 엄마가 아니라 젖을 줄 수 없었지만 포근함을 주는 헝겊 엄마에게 안겼다.

가족에게 따스함과 관심이 얼마나 중요한지 하나의 사례를 더 보

자. 이번 실험은 서로 상반된 환경에 놓인 고아원 아이들을 대상으로 했다. 위생적이고 청결하지만 그 대신 보모의 보살핌을 상대적으로 덜 받은 고아원 아이들과 위생적으로는 다소 문제가 있지만 보모의 보살핌을 상대적으로 더 받은 고아원 아이들을 관찰했다. 환경은 위생적이지만 보모의 보살핌을 덜 받은 아이들은 자폐증 증상을 보이거나 또래에 비해 키가 덜 자라는 반면, 보모의 보살핌을 더 받은 아이들은 특별한 문제 없이 잘 자랐다.

첫 번째 실험은 원숭이를 대상으로 한 실험이었지만 결국 인간과 같은 영장류에게 따뜻함과 포근함이 얼마나 소중한지, 두 번째 실험은 인간 상호 간의 교감과 관심이 얼마나 소중한지 각각 알려주는 사례다.

나는 배우자에게, 아이들에게 따뜻함을 주고 있는 걸까. 우리 가족끼리 얼마나 교감하고 있을까.

아버지는 가족의 생계를 책임지는 것도 부족해 가족들의 마음에 공간 하나씩을 만들어야 하는, 어쩌면 숙명 같은 것을 타고난 존재다. 학교나 회사에서 돌아온 자녀에게 그동안 무덤덤한 표정을 지었다면 오늘 바로 이렇게 말해보자.

"아들, 공부하느라 수고했어."

"딸, 오늘은 더 예쁘네."

이로써 아들과 딸의 마음속에 아버지의 공간을 만들기 위해 벽돌 한 장 쌓았다.

자녀의 마음속에 아버지의 공간을 만들자. 요즘 젊은 아빠들은 아이들과 잘 어울린다. 엄마보다 아빠를 더 좋아하는 아이들도 많다. 아빠가 출근할 때 같이 가겠다고 떼를 쓰기도 한다. 이런 모습을 보면 참 좋아 보이면서도 생경하다 나에게 이런 기억이 없기 때문이다. 엄격하시기로 으뜸이었던 아버지는 범접할 수 없는 어려운 존재였다. 매를 드신 적은 한 번도 없었지만 아버지라는 존재 자체가 태산과 같았다. 내가 어렸을 때 아버지는 한 번도 과자나 먹을거리를 사 오신 적이 없었다. 우리 형제들은 모두 아버지를 어려워했고, 어느 자식도 쉽게 가까이 가지 못했다.

약주를 좋아하시는 아버지께서 어느 날 어머니께 술상을 차리게 하고 아들 둘을 부르셨다. 아버지는 아들놈들과 술 한 잔 나누고 싶으신 거였다. 태산과 같은 아버지인데, 그 마음속에 자식들과 같이하고 싶은 마음이 있다는 것을 그때 처음 알았다. 그 깊은 속마음을 헤아리지 못했던 자식들은 아버지가 연세 드실수록 애잔한 마음으로 속죄하고 또 속죄했다. 내 마음속에 아버지가 자리할 수 있는 공간을 왜 진즉 만들어드리지 못했을까. 지금은 작고하셨다. 그 시대의 아버지는 다 그랬던 걸까.

애처롭다 못해 처연한 이웃도 있다. 김 노인의 이야기다. 김 노인은 부천에 거주하면서 평생 철물점과 페인트공으로 일해왔다. 이 노인과 이런저런 이야기를 몇 번 나눈 적이 있는데, 하루는 그가 모처럼 자신의 속내를 꺼냈다.

너무 가난하고 배운 게 없어 염전에서 소금 만드는 일을 하거나 다른 집 날품팔이를 했다. 겨울이면 추워서 오줌으로 손을 녹이며 일을 했다. 돈을 조금 모아 부천으로 이사를 왔다. 상가 딸린 방 한 칸에 네 식구가 살았고, 그 상가에서 철물점을 해 돈을 좀 모았다. 아이들이 이것을 다 보고 자랐으니 이 아비의 심정을 헤아려주리라 생각했다.

노인은 결혼한 아들과 술 한잔 하고 싶어 어느 날 아들을 불렀다. 아들은 아버지의 이런 청이 익숙하지 않아 거북해했다. 모처럼 마음을 열고 아들과 술 한잔 하려던 아버지는, 아무 말도 없이 술만 마시는 아들을 보고 만감이 교차해 서운한 소리를 해댔다.

아들은 아버지가 힘겹고 불쌍하게 살아왔다는 것을 잘 안다. 부모가 자신들을 어떻게 키웠는지도 잘 안다. 아들이 아버지의 노고를 인정해주는 것은 여기까지다. 아들의 마음속에 아버지의 공간이 없기 때문이다. 그 공간은 풍선에 바람 넣듯이 그렇게 만들어지지 않는다. 그 공간은 수십 년을 같이 살아가면서 서서히 만들어지는 것이고, 그것도 아버지가 만들려고 노력했을 때만 가능하다. 다 큰 아들의 마음에 그런 공간이 들어설 자리는 이제 없다. 이미 다른 사람들이 그 공간을 몽땅 차지하고 있기 때문이다.

아버지는 생각한다. 내가 무엇을 위해서 이토록 열심히 살아왔을까. 난 열심히 살아왔고 그 지긋지긋한 가난을 자식들에게 대물림하지 않았고, 아이들만큼은 풍족하게 살게 해줬다. 열심히 살아온 내게 무슨 잘못이 있는가. 가족도 이해해주지 못하는데 무엇하러 그렇게 열심히 살아왔을까. 열심히 살아왔으되 가족들의 이해를 받지 못한 아버지. 오늘날 늙은 아버지들의 허허로운 모습이다.

부부, 서로 독립된 공간이 필요하다

100세 시대를 살고 있는 우리가 30세에 결혼한다면 70년을 같이 살아야 한다. 넉넉잡아 65세에 은퇴한다고 해도 은퇴 후 35년을 같이 살게 된다. 이처럼 부부가 같이 살아야 하는 세월이 길어지니 부부 간에 깊은 갈등이 있으면 지옥 같은 노후를 보내게 된다. 젊었을 때는 자녀나 부부관계 때문에 화해할 수 있는 여지라도 있었지만, 노후가 되면 자녀는 출가했고, 부부관계도 없으니 한 번 생긴 갈등을 해결하는 게 쉽지 않다. 같이 보내는 시간이 길면 길수록 갈등이 생길 여지가 많아지는 법이다. 원래 갈등이란 크고 중요한 데서 생기는 게 아니라 사소한 데서 생기기 때문이다. 그래서 은퇴 후에는 부부가 잘 지내는 방법이 그 이전보다 훨씬 더 중요하다.

　한 할머니는 서울 혜화동에서 남편과 음식점을 운영했다. 부인이 새벽같이 나가 먼저 장사를 시작하고, 오후가 되면 남편이 부인에 이어 새벽까지 장사를 했다. 맞교대인 셈이다. 남편이 67세가 넘어서야 장사를 그만두었으니 부부는 25년 동안이나 같이 음식점을 운영한 것이다. 부부가 싸울 시간도 없이 고생했고, 돈도 제법 벌었다. 서로 고생한 것에 대한 이해도 깊었고, 부부 사이도 원만한 편이었다.

그런데 어느 날 그 할머니가 놀라운 말을 했다. "남편이 밖에서 75세까지 일했으면 좋겠다." 같이 고생하면서 열심히 살았지만, 부부가 특별한 일 없이 같은 공간에 있기가 이토록 쉽지 않은 모양이다.

날마다 대하는 부부라도 퇴직 전의 관계와 퇴직 후의 관계는 서로 다르다. 부부간에도 퇴직 후에는 그에 맞는 새로운 관계가 형성돼야 한다. 많은 은퇴자가 은퇴 후 부부 갈등을 빚는 것은 매일 마주 보는 사이라서 은퇴 후에도 이전과 동일한 관계일 것으로 착각하기 때문이다. 새로운 시기에는 거기에 맞는 새로운 관계를 정립해야 하고, 부부 사이도 예외가 아니다.

부부가 늙으면 부부 이상의 의미를 가진다. 동지적 관계, 나아가 죽을 때까지 상대방에 대한 보호자 역할을 한다. 부부는 존재해도 그 존재를 느끼지 못할 정도로 친밀하다. 그렇더라도 부부라는 관계도 기본적으로 인간관계다. 너무 소원해서도, 너무 밀착해도 좋지 않다. 다음 두 가지 사례를 보자.

먼저 친구 부모님 이야기부터 시작해보자. 친구 부모님은 전주에 사셨고, 자녀들은 서울과 경기도에 살고 있었다. 아버지가 지병으로 고생하셨는데 하루는 급하게 연락이 와서 친구가 바로 고향으로 내려갔다. 친구가 도착한 후 이틀이 지나 아버지는 결국 돌아가셨다. 삼일장을 마치고 집안을 정리하는데, 어머니도 갑자기 돌아가셨다. 두 분만 시골에 계셨으니 서로에게 의지하는 바가 남달랐을 것이다. 만약 아버지와 어머니의 생활공간이 어느 정도 분리돼 있고 각자에게 독립된 영역이 있었더라면 이런 기막힌 일은 일어나지 않았을 것이다.

　다음은 학교에서 교편을 잡다 퇴직한 어느 부부의 이야기다. 남편은 대학에서 학생들을 지도하다 은퇴한 교수 출신이고, 부인은 고등학교에서 미술 과목을 가르치다 은퇴한 교사 출신이다. 부부는 퇴직하면서 신사협정 같은 것을 맺었다. 같은 집에 거주하더라도 서로에게 지나친 간섭은 하지 않는다. 식사 준비는 필요한 사람이 한다, 거실은 부인의 미술 작업 공간으로 하고 작은방은 남편의 서재로 각각 사용하기로 한다 등이다. 부인은 미술 교사 출신이었기 때문에 퇴직 후 아이들과 동네 엄마들을 상대로 미술 취미반을 운영했다. 남편은 책을 읽거나 여러 가지 악기를 섭렵하면서 나이가 들어도 그 지평을 넓혀갔다. 누굴 만났느냐, 어디 가느냐 하고 서로 묻지 않는다. 무관심한 게 아니라 서로의 영역을 존중해주는 것이다. 정년퇴직을 하거나 은퇴할 나이쯤에는 서로 인정할 수 있는 공간이 필요하다.

친구 부모님처럼 참으로 딱한 경우가 있는가 하면, 세련되면서도 건설적인 관계를 형성하는 경우도 있다. 부부의 공간은 겹치는 부분과 독립된 부분이 있어야 한다. 부부가 모든 것을 같이하거나 늘 같은 공간에 있으면 서로에게 집중할 수밖에 없다. 그러다 보면 때로는 서로에게 상처를 주기도 하고, 때로는 배우자의 빈자리를 견딜 수 없게 된다.

은퇴 후 바람직한 부부 관계의 모델이 있는 것은 아니지만, 위 두 사례를 비교해보면 부부 사이의 관계를 어떻게 설정하는 것이 바람직한지 실마리를 찾을 수 있을 것이다.

새로운 선택, 황혼이혼

'황혼이혼'이라는 말은 1990년대 초반 일본에서 처음 등장했다. 20년 이상 결혼생활을 한 부부가 이혼하는 것을 가리키며 신혼이혼에 빗대어 만든 신조어다. 일본의 경제 상황이 장기간에 걸쳐 악화되자 직장인들은 조기 퇴직에 내몰리게 되었다. 남자가 경제력을 상실한 데다 집에서 사사건건 부인을 간섭하려 들자 갈등이 커졌고, 급기야 부인이 이혼을 요구하는 사례가 빈발하게 됐다.

우리나라에서 황혼이혼 문제는 1998년에 사회적 이슈로 등장했다. 70대 할머니가 남편과 더는 같이 살 수 없다며 90대 남편을 상대로 이혼소송과 함께 재산분할청구, 위자료청구를 법원에 제기하면서부터다.

서울의 경우 2014년 기준 황혼이혼율(32.3%)이 결혼 4년 차 미만인 신혼이혼율(22.5%)을 이미 넘어섰고, 그 연령층도 자녀들이 출가한 이후인 60대에서 자녀들의 대학 입학 이후인 50대로 내려가는 추세다.

신혼이혼은 다른 환경에서 살던 두 사람이 같은 환경에 서로 적응해가는 과정에서 갈등을 겪느라 생겨난다. 그래서 이혼 결정이 대개 격정적이고, 그 격정이 사라지면 이혼 의사도 같이 사라진다. 이에 비해 황혼이혼은 같은 환경에서 20년 이상 살아온 사람이 마침내 인내하길 포기하고 모든 것을 정리하면서 내리는 결정이다. 그래서 그 결정은 대단히 만성적이다. 이 '만성적'이라는 점은 중요한 의미를 가진다. 신혼이혼처럼 단순한 감정싸움이 아니고, 오랜 세월 쌓여왔지만 인내라는 미덕으로 포장해온 갈등이기 때문이다. 그래서 조정이나 설득의 여지가 무척 적다.

황혼이혼은 다분히 문화적이기도 하다. 서양, 중국, 일본, 우리나라 중 황혼에 이혼하는 것이 사회적 문제가 되는 나라는 일본과 우리나라뿐이다. 이혼율이 높은 미국을 비롯한 서양에서는 왜 황혼이혼이라는 말이 없을까. 중국은 왜 황혼이혼이 별로 문제가 되지 않을까. 그 원인을 알 수 있다면 일본과 우리나라 황혼이혼의 해법도 찾을 수 있을 것이다.

서양 사람들은 일차적으로 동거를 거치면서 그대로 끝낼 사람과 결혼할 사람을 결정한다. 이차적으로 중년기가 되면 그대로 결혼생활을 유지할 것인지 이혼할 것인지 결정한다. 그리고 노년기를 맞이한다. 이를테면 서양에서는 중년기가 하나의 변곡점이 되는데, 중년기에 가닥을 잘 잡으면 노년기의 결혼생활 만족도는 중년기의 그것보다 훨씬 높아진다. 그러니 황혼이혼이 사회적으로 이슈가 될 일이 없다.

중국은 사회주의를 채택하고 문화대혁명을 거치면서 가정과 사회에서 남녀평등 사상이 확고하게 자리를 잡은 나라다. 우리나라처럼 여성이 남성에게 헌신을 다하거나 인내하며 산다는 개념 자체가 희박하다. 그래서 황혼이혼 역시 문제가 되지 않는 것이다.

우리나라는 현재 심각한 가치관의 혼란을 겪고 있다. 전통적인 가치관에서 벗어나지 못한 남성과 남녀는 평등하다는 새로운 가치관을 접한 여성, 이 둘 사이에서는 필연적으로 갈등을 겪기 마련이다. 우리나라도 서양이나 중국처럼 개인주의적 가치관과 남녀가 상호 보완적이라는 사고를 갖고 있었더라면 인내의 끝을 보지 않았을 것이다.

우리나라에서 황혼이혼이 급증하는 이유는 뭘까

우리나라에서 황혼이혼이 증가하는 데에는 여러 가지 이유가 있겠지만, 결국 더는 참고 살 이유가 없다는 것이다. 황혼이혼의 전제조건이 지금보다 더 잘 갖춰진 때는 없었다. 그 이유를 좀더 관찰해보자.

첫째, 여자 또는 여자 노인의 가치관이 변하고 있다 ：

한쪽의 가치관이 변하면 서로 충돌하게 된다. 아직도 전통적인 가치관에 갇혀 있는 남자 노인이, 현대 시민사회 의식에 눈뜬 여자 노인의 수준을 이해하지 못하고 있다. 혹은 그 가치관의 변화가 얼마나 중요한지 인식하지 못한 결과다. 남자 혹은 남자 노인은 자신의 인생관이 무엇인가와 무관하게 여자 또는 여자 노인을 나와 같은 인격체로 대하는 힘을 길러야 한다. 그렇지 않으면 나도 모르는 사이에 서서히 이혼을 향해 나가게 된다. 한쪽 가치관이 변하면 결국에는 변화하는 가치관 쪽으로 수렴하게 돼 있다.

둘째, 이혼에 대한 사회의 시선이 달라지고 있다 ：

가정 내 폭력이 있어도 아이들 때문에 참고 살았고, 이혼녀라는 꼬리표가 싫어 참고 살았다. 아이들이 성인이 되거나 출가하고 나면 나 외에 다른 고려사항은 없다. 이런 경우 사회는 차라리 이혼하라고 권한다. 이제 이혼남 혹은 이혼녀라고 뒤에서 손가락질하는 사람은 없다. 이혼하려는 노인에게 좀더 참지 왜 뒤늦게 이혼하려고 하느냐고 묻는 사람도 없다. 또 다른 선택이 잘되길 바랄 뿐이다.

셋째, 행복의 근원은 가족에 있는 게 아니라 나에게 있다는 것을 서서히 깨달아가고 있다 :

전에는 가족의 행복이 곧 나의 행복이라고 생각했다. 그러나 '빈 둥지 증후군(empty nest syndrome)'이라는 말이 생겨날 정도로 가정은 사실상 해체되고 빈껍데기만 남아 있는 경우가 많다. 이제 가정은 나의 행복을 보장해주는 가치체가 아니라 그냥 가정인 것이다. 가정 혹은 가족이란 집단체는 원래 행복과 무관하다. 가정 혹은 가족이 행복을 위해 구성된 집단이 아니라 사랑 혹은 끌림의 결과물인 까닭이다. 가정은 안락함과 행복을 주지만 때로는 번민과 고통의 근원이되기도 하다. 그러니 한쪽 다리는 가정에, 한쪽 다리는 나에게 걸치고 있어야 한다. 이게 가능해지려면 집단주의적 사고방식에서 벗어나야 한다. 집단주의적 사고는 사람을 객체화하지만, 개인주의적 사고는 사람을 주체화하기 때문이다. 여기서 비로소 나는 '누구의 나'가 아니라 '나의 나'가 된다. 삶의 가치도, 행복도 여기서 출발한다.

넷째, 남편의 유효기간은 생각보다 짧다 :

세상에 유효기간이 없는 존재가 어디 있을까. 2013년 초 미래에셋 은퇴연구소는 30~40대 부부에게 물었다. '당신은 배우자와 하루 6~10시간을 같이 보낼 수 있는가?'라는 질문이었는데, '그렇다'고 대답한 남편은 56%인 반면, 아내는 28%밖에 안 됐다. 노후 세대의 대답이 아니라 30~40대 젊은 부부의 대답이다. 남자에게 일이 전부라고 한다면, 여자에게는 자녀가 전부다.

이는 생각보다 중요한 결과를 가져온다. 남자는 일을 놓으면 모든 걸 놓게 된다. 일을 놓으면 지금껏 형성해온 인맥도 같이 놓게 된다. 그러나 여자는 일과 관련된 관계를 맺는 것이 아니라 일상생활과 관련된 관계를 맺는다. 자녀의 양육과 교육을 위해 또래 엄마들과 형성한 관계는 생활 밀착형 관계라는 점에서 평생 유지되는 경우가 많다. 이렇게 형성된 유대관계는 남편보다 편하고 좋다. 그러니 남편의 효용 혹은 유효기간이 얼마나 되겠는가. 남자의 유효기간은 경제적 능력과 무관하다. 경제적 능력이 있음에도 무시당하는 남자가 얼마나 많은가. 그런데 남자에게는 여자의 유효기간이 따로 없다. 육아에서, 살림살이에서, 노후에는 친구 역할까지 버릴 게 없는 좋은 생선과 같다.

다섯째, 여자의 경제력이 비약적으로 향상되었다 :

여성이 이혼하고자 할 때 가장 걸림돌이 되어온 것은 경제 문제였는

데, 이 문제가 많이 해소됐다. 아니, 경제력에 문제가 없는 사람들이 이혼을 한다. 여자 스스로 경제활동을 함으로써 경제력을 향상시킨 점도 있지만, 이혼 시 남편의 재산에 대해 분할을 청구할 수 있게 된 것도 중요한 이유가 된다. 민법이 개정되기 전에는 상속이 남편의 돈이 아내에게 온전히 갈 수 있는 유일한 길이었다. 그러니 남편이 죽을 때까지 같이 살 수밖에 없었던 것이다. 그러나 지금은 맞벌이는 물론 남편 외벌이의 경우에도 여자의 가사 노동력을 인정하고 있으며, 재산 형성에 부인이 기여한 바가 있으면 남편의 재산을 최대 절반까지 분할하여 가져갈 수 있다. 사실 배우자, 특히 남편에 대한 아내의 재산분할청구권은 이혼, 특히 황혼이혼에 결정적으로 영향을 미쳤다고 할 수 있다. 이혼이 늦어지면 늦어질수록 남편으로부터 찾아갈 수 있는 재산은 많아진다. 심지어 국민연금이나 공무원연금, 퇴직연금에 대해서도 분할을 청구할 수 있지 않은가 말이다.

여섯째, 100세 시대에 진입하면서 살아온 시간이 너무 길다는 인식이다 : 30세에 결혼하여 100세까지 같이 산다면 70년을 같이 사는 거다. 70년이면 상대방에 대해 어떤 의미를 부여하는 것이 힘들 정도로 긴 세월이다. 옆에 자고 있는 남편의 숨소리조차 듣기 싫다는 부인, 남편의 목소리가 듣기 싫어 다른 방으로 피신한다는 부인들도 있다. 이런 권태감 혹은 피로감은 남자 쪽보다 여자 쪽이 훨씬 더 높다.

통계를 보면 더 분명히 알 수 있다. 2013년 10월 인구보건복지협회는 956명(남자 120명, 여자 836명)에게 두 가지 질문을 했다. '다시 태어나도 지금의 배우자와 결혼할 것인가?', '결혼 전과 비교해 당신의 삶은 더 행복해졌는가?'. 두 질문은 동전의 양면과 같다. 앞의 질문은 결과에 해당하고, 뒤의 질문은 원인쯤 되겠다. 첫 번째 질문에서 남성의 45%가 '꼭 다시 결혼하겠다'고 답한 반면, 여성은 19.4%만 그렇다고 응답했다. 결혼 이후 행복하냐는 두 번째 질문에서 '아주 그렇다'며 강한 긍정을 한 여성의 비율은 19.4%로, 남성 39.2%의 절반에 불과했다. '행복하지 않다'는 응답도 남성(2.5%)보다 여성(6.7%)에게서 더 많이 나왔다. 결혼생활이 행복하지 않다고 생각했으니 다시 태어나도 그 사람과 결혼할 생각이 없는 건 당연한 일이다.

평균수명이 60세였던 시절에는 결혼 후 길어야 30~40년을 같이 살았지만 지금은 60년 이상을 같이 살아야 하니, 길기는 긴 세월이다.

모든 걸 만족시켜주는 결혼은 없다

'행복한 가정은 모두 엇비슷하고, 불행한 가정은 불행한 이유가 제각기 다르다.'

잘 알려진 대로 톨스토이(Leo Tolstoy)가 쓴 《안나 카레니나》의 첫 구절이다. 이 구절과 관련해 진화생물학자 제레드 다이아몬드(Jared Diamond)는 이렇게 언급했다.

> 이 문장에서 톨스토이가 말하려고 했던 것은, 결혼 생활이 행복해지려면 수많은 요소들이 성공적이어야 한다는 것이었다. 서로 성적 매력을 느껴야 하고 돈, 자녀 교육, 종교, 인척 등등의 중요한 문제들에 대해 합의할 수 있어야 한다. 행복에 필요한 이 중요한 요소들 중에서 한 가지라도 어긋난다면 그 나머지 요소들이 모두 성립하더라도 그 결혼은 실패할 수밖에 없다.
>
> – 제레드 다이아몬드, 《총, 균, 쇠》

《안나 카레니나》와 《총, 균, 쇠》에 나온 글귀 중 가장 많이 인용되는 부분이다. 제레드 다이아몬드는 《안나 카레니나》의 첫 문장을 빗대 "가축화할 수 있는 동물은 비슷하고 가축화할 수 없는 동물은 그 이유가 제각기 다르다"고 주장하고 이를 '안나 카레니나 법칙'이라고 불렀다. 부부 관계에서도 행복을 유지하기 위해서는 모든 것이 다 갖춰져야 한다고 주장하기에 이르렀다.

부부 사이에는 문제가 없지만 자녀 때문에 번민하는 가정이 있는가 하면, 돈·명예·자녀 모든 것을 갖췄지만 건강 때문에 고통받는 가정도 있다. 사람들은 여러 요소 중 하나만 빠져도 불행하다고 생각한다. 그렇다면 다이아몬드의 말이 맞는다.

관점을 달리하여 생각해보자. 행복한 결혼생활을 위해 필요하다고 생각하는 것을 다 갖추고 결혼하는 사람이 얼마나 될까. 설령 다 가지고 결혼했더라도 그 요소들이 결혼생활 내내 그대로 유지되는 부부는 또 얼마나 될까. 상대방에 대한 나의 요구조건은 세련돼야 하며, 나에 대한 상대방의 요구 또한 들어줄 준비가 돼 있어야 한다.

그렇다면 해결책은 없을까? 모든 게 그렇듯이 모든 요소가 똑같은 정도로 중요성을 갖는 게 아니다. 결혼생활을 원만하게 유지하기 위해 돈·건강·자녀·교감 등 필요한 요소가 많지만, 그 요소들의 무게감이 모두 같은 건 아니라는 것이다.

서로 교감하는 부부는 강하다 :

경찰서에서 형사로 복무하다 퇴직한 어느 노인의 이야기다. 형사로 근무하면서 봉사활동을 많이 했다. 특히 청소년을 위해서 야학까지 열고 직접 강의도 했다. 여기에 그치지 않고 집안의 먼 동생뻘 되는 정신지체 여성도 돌보고 있다. 자신이 돈을 버는 이유는, 자신이 죽고 없을 때 이 동생이 혼자 살아갈 수 있도록 준비해두기 위해서라고 말한다. 사정이 이러하니 월급의 상당 부분을 야학 운영에 쓰거나 동생을 위해 적립하는 데 사용했다. 그 부인은 말한다. "나도 남편의 그런 활동이 의미 있다고 생각한다. 그래서 월급을 가져오지 않거나 적게 가져오더라도 남편을 타박해본 일이 한 번도 없다."

두 사람은 결혼생활 중 가장 소중한 가치가 무엇인가에 대해 이미 같은 생각을 갖고 있다. 부부간 교감이 있고, 그래서 공감대가 형성된 것이다. 그리고 그들은 그럴 수 있는 충분한 능력도 갖추고 있었다. 요즘 한창 유행하는 소통이 상대방을 이해하는 것이라고 한다면, 교감 혹은 공감은 그보다 더 우월한 정서적 유대관계를 형성한다. 많은 부부가 이혼, 특히 황혼이혼으로 치닫는 이유는 부부간에 교감 혹은 공감할 수 있는 영역이 좁거나 없기 때문이다. 이런 영역이 넓을수록 부부는 강하다. 부부가 같은 소명의식을 가진다면 더할 나위 없겠지만, 배우자의 사회적 역할이나 가정 내 역할에 대해 동의하고 교감할 수 있다면 여타의 요건은 가벼운 것이 된다.

돈과 건강은 결혼생활에 중요한 요소이긴 하지만 부부간 교감이 잘 형성되어 있다면 경제적으로 다소 힘들거나 건강상 문제가 있더라도 잘 헤쳐나갈 수 있다. 주위를 잘 관찰해보면 건강을 잃은 배우자를 지극 정성으로 간호하는 사람들을 많이 볼 수 있다. 부부 사이에 평소 형성된 신뢰와 그 신뢰에 터 잡은 교감이 그렇게 할 수 있는 힘의 원천이 됐을 것이다.

오로지 성공 혹은 출세에만 가치를 두거나 회사 일을 신성한 의무 정도로 여기는 남자들은 그것으로 자신의 소명을 다한 것이라고 생각하기 때문에 아내와 교감할 수 있는 여지가 거의 없다. 이런 남자 노인은 많은 돈을 벌어다 주었으되 황혼이혼의 첫 번째 대상이 될 것이다.

교감 혹은 공감으로 부족한 부분을 메울 수 있다 :

교감에는 빅 이벤트가 필요하지 않다. 교감은 가슴 속 깊이 흐르는 정서이기 때문이다. 아내의 말에 귀를 기울여라. 그리고 공감하라. 자신의 고집을 관철한 사람은 앞에서 이기고 뒤에서 지는 우둔한 사람이다.

이렇게 중요한 요소가 갖춰졌다면, 다른 요소가 다소 마음에 들지 않아도 맞춰갈 수 있다. 결혼생활에 실패를 가져올 요인을 하나씩 제거해가다 보면 누군들 남아날 수 있을까. 배우자가 본질적이고 가치 있는 요소를 가지고 있다면, 다른 부분에 다소 문제가 있더라도 그것들을 다 덮을 수 있는 가치가 있는 것이다.

결혼생활을 영위하는 데 가장 중요하다고 생각하는 요소가 빠져있다면, 그것 없는 결혼생활이 무의미하게 여겨진다면, 이제 최종 선택만 남았다.

객관적으로 볼 때 안나 카레니나는 결혼생활에 필요한 모든 조건을 완벽하게 갖췄다고 할 만하다. 잘생긴 데다 명예와 부를 함께 갖춘 남편과 사랑스러운 아들, 안나를 부러워하는 수많은 귀족과 이웃들이 있다. 다만 그녀가 얻지 못한 단 하나, 바로 남편의 진정한 사랑이었다. 남편은 그녀를 사랑한다고 말했지만 그 사랑은 다른 사람들에게 보여주기 위한 절제된 사랑이었다. 그녀가 간절히 원했던 것은 남편의 부와 명예가 아니라 진정한 사랑, 그리고 속에서 끓어오르는 안나의 열정을 안아줄 수 있는 사랑이었다. 모든 걸 가지고 있으면서도 삶의 본질인 그 한 가지가 부족했기 때문에 안나 카레니나는 결국 파멸한다. 본질이 없으면 아무것도 없다는 안나 카레니나를 그 점에서 동정할 수 있다. 그러니 본질을 훼손하지 마라.

7장

꽃노후를 위한
몸과 마음 챙기기

'노친네'를
누가 좋아하랴

우리는 어떤 사람 또는 집단이 사리에 맞지 않는 행동을 할 때 그들을 깎아내리는 뜻으로 속어를 사용해 비난한다. 그래서 어느 집단에 든 비칭이 있다. 벼슬아치, 장사치, 직돌이, 땡중… 하다못해 선생님도 선생질(노릇)이라고 말한다. 그렇다면, '노친네'는 어떨까?

노친네: 노파(老婆)의 경상도, 평안도 방언
- 인터넷 포털 다음의 어학사전에서 -

다음의 어학사전을 보면 노친네는 경상도와 평안도 방언으로 '노파'를 일컫는다고 풀이하고 있다. 노친네는 사전적 의미로는 '늙은 여자'를 지칭하는 말이지만 실제로는 남녀를 불문하고 늙은 사람을 비아냥거리는 뜻으로 쓰인다. 말하자면 노친네에는 곱지 않은 세간의 정서가 묻어 있는 것이다.

버스나 전철에서 젊은이에게 자리를 양보하지 않는다는 이유로 짚고 있던 지팡이로 바닥을 내리치며 버릇없는 놈이라고 호통을 치는 할아버지. 젊은이는 나이에 눌려 결국 자리에서 일어나지만 이내 젊은이의 마음이 어떠냐고 물어볼 필요는 없다. 같은 말을 계속해서 내뱉으며 상대방을 힐난하는 노인, 불평불만으로 말을 시작해 결국 불평불만으로 끝내는 노인, 산에서 술 먹고 놀다 귀가하는 전철에서도 계속 술을 마시는 노인, 지하철에서 라디오를 크게 틀어놓고 노래를 따라 부르는 노인, 출퇴근 시간에 자전거 칸도 아닌데 자전거를 끌고 마구잡이로 승하차하는 노인 등 이해할 수 없는 언동을 하는 노친네들이 많다. 전철에서, 상점에서, 비행기에서, 엘리베이터에서 다른 사람의 눈을 찌푸리게 하는 사람들 중에 유독 노인들이 많다. 그래서 그랬을까, 제주 민요의 가사는 서글프기조차 하다. '호박은 늙으면 맛이나 좋구요. 사람이 늙으면 무엇에 쓰나.'

어른은 간데없고 노친네만 가득하다. 아이들이나 젊은이들은 이런 노인들을 노인 전체로 오버랩하여 바라본다. 노인들은 아직도 자신들을 존경의 대상으로 인식하거나 세상 경험이 많아 그만큼 가치가 있는 존재라고 여기지만, 하다못해 너희보다 나이가 더 많으니 어른 대접이라도 받아야 한다고 생각하지만, 이들을 바라보는 세간의 눈에 존경심이나 경외심은 이미 없다. 누가 오늘날의 노인들을 존재감 없는 존재로 만들었을까.

노인들이 갈 곳 없어 삼삼오오 무리를 지어 시간을 죽이듯이 보낼 수밖에 없는 이유는, 거친 언사만으로 자신의 존재를 드러내려는 이유는 1960~80년대를 거치며 치열한 경쟁사회를 살아왔기 때문이다. 그들에게 중요한 것은 가치 있는 삶이 아니라, 격조 높은 담론이 아니라 그냥 그날을 살아내는 것이었다. '가장은 가족에 대해 무한책임을 져야 한다'는 아버지의 계율은 그들에게 그대로 묵시록이 되었다. 가족만 존재할 뿐 '나'라는 존재는 어디에도 없던 시절이었다.

그들에게 인내란 경쟁을 포기하는 것과 같았고, 격조 높은 삶이란 내일을 담보할 수 없는 일이었다. 나는 곧 경쟁이었고, 나는 곧 가족이었다. 그들에게 교양이란 거추장스러운 연미복 같은 거였다. 나를 돌아보는 것은 어쭙잖은 사치였다.

그렇지만 교양과 새로운 세계관으로 무장한 젊은이들에게 노인은 그냥 거친 노친네에 불과할 뿐이다. 오늘을 그런 모습으로 사는 노친네를 좋아할 사람은 없다. 젊은이는 과거 그들의 헌신과 땀을 기억하지 않는다.

노인을 바라보는
부정적인 시선들

아름다운 노년을 보내기 위해서는 경제력, 취미, 인간관계, 신상 등이 필요하다. 그러나 우리가 인식하지 못한 더 중요한 요소가 있다. 노인을 바라보는 사회적 시각 또는 분위기다.

건강이 아름다운 노년을 위한 출발점이라고 한다면, 노인을 바라보는 시각 또는 분위기는 노년의 아름다움을 완성하는 요소가 된다.

일본의 3대 테마파크 중 하나인 하우스텐보스는 17세기 네덜란드 왕궁의 거리를 재현하였다 하여 '일본 속의 작은 네덜란드'라 불린다. 나가사키 현 사세보 시에 있으며 관람하는 데만 하루가 걸릴 정도로 대단히 큰 테마파크다. 우리나라로 치면 에버랜드, 서울랜드, 롯데월드와 성격이 비슷한 곳이다. 이곳에 가보면 우리나라와 일본의 노인 문화가 얼마나 다른지 금방 알 수 있다. 우리나라에서는 이런 유원지에는 아이들이나 젊은 사람이 대부분이고, 노인은 아예 없거나 말 그대로 가뭄에 콩 나는 정도로 간간이 보일 뿐이다. 반면 일본의 하우스텐보스에는 아이들보다 노인들이 더 많다.

일본의 오래된 술집이나 유곽에 가보면 여지없이 나이 든 할머니가 손님을 맞는다. 손님이나 손님을 맞는 할머니나 아무 거리낌 없이 자연스럽다. 이처럼 60대 이상의 노인들이 활발하게 사회에 참여하는 것을 보면 상당히 부럽다. 우리나라에서는 노인이 홀로 지키는 슈퍼마켓에는 손님들이 들어가지 않는다. 매장이 지저분하거나 가격이 비싸서가 아니다. 노인이기 때문이다.

두 나라 문화가 유사한 점도 많지만 노인을 바라보는 사회적 시각은 많이 다르다. 일본에서는 나이가 들었다는 것을 자연스럽게 받아들이고, 사회 구성원은 저마다 자신에게 걸맞은 역할이 있다고 생각한다. 반면 한국에서는 늙으면 용도가 끝났다고 생각한다. 노인은 경비원이나 하는 사람으로 치부한다. 나이 든 사람에 대한 용도폐지가 지금처럼 빠르고 확실한 적은 없었다.

노인 전문가인 미국의 카우길(D. O. Cowgill)과 홈즈(L. D. Holmes)는 노인들만이 가지고 있던 지혜와 지식이 정보화사회에서는 더 이상 종전과 같은 가치를 갖지 않는다고 주장했다. 그 결과 사회가 현대화될수록 노인의 지위가 낮아진다는 현대화 이론을 구축했다. 카우길과 홈즈의 말이 타당하다면 똑같이 현대화된 사회에서는 노인의 지위가 똑같이 하락해야 한다. 그러나 우리보다 훨씬 더 현대화된 일본이나 미국, 영국에 비해 우리나라 노인의 사회적 지위가 훨씬 더 낮다.

이처럼 한국의 노년 생활이 추레해 보이는 이유는 뭘까. 그 이유를 사회적 분위기에서 찾을 수 있다. 한국 특유의 빨리빨리 문화, 신속한 자본주의, 외모지상주의, 성숙한 노인상(老人像)의 부재, 그리고 노인을 위한 분위기 조성에 무관심한 사회 등에 터 잡는다고 본다. 본질과 현상이 분리된 데에도 그 원인이 있다.

빨리빨리 문화와 신속한 자본주의는 근대 산업화 시대를 거치면서 형성된 우리나라의 독특한 정서 혹은 분위기다. 세칭 보릿고개를 넘기 위해서 우리 부모 세대는 쉴 새 없이 일했고, 그만큼 결과도 빨리 나와야 했다. 결과가 나왔으니 부실한 것은 중요하지 않았다. 이런 문화는 어느 정도 살 만한 이 시기에도 우리 몸속에 유전자로 내재해 우리를 옥죄고 있다. 기업은 대학교 졸업생들을 현장에 바로 투입할 수 없다고 아우성이다. 직업 교육이 필요하면 그건 기업의 몫이다. 앞서가는 차가 조금만 꾸물거려도, 전철 도착 시각이 조금만 지연돼도 참을 수 없다. 빨리빨리 문화에 익숙해진 사람들은 노인들의 느릿한 몸동작을 참을 수 없다.

근대 산업화 시대를 거치면서 우리 사회는 절름발이가 되었다. 경제는 성장했지만 그에 걸맞은 문화적 소양이나 성숙한 사회 구성원으로서의 교육은 실패했다. 만약 경제성장이 완만하게 이뤄졌고, 그래서 사회 구성원이 사회적이나 문화적으로 성숙해질 시간적 여유가 주어졌더라면 지금 우리가 안고 있는 모든 사회 문제가 이토록 심각해지진 않았을 것이다.

노화에 대한 부정적인 시각은 외모지상주의와 연결돼 한국은 세계적으로 성형을 많이 하는 나라로 손꼽히고 있다. 기형적인 모습을 바로잡기 위해서는 성형수술이 필요하겠지만, 현재 만연한 성형 붐은 그런 게 아니다. 부모는 자녀의 대학 입학 선물로 성형 수술을 약속하고, 자녀는 모델을 정해놓고 자신을 그 모습에 맞춰달라고 요구한다. 가장 개성적인 젊은 세대가 가장 몰개성적인 성향을 보여주고 있는 것이다. 이렇게 외모에서 모든 가치를 찾는 세대는 그렇지 못한 외모를 헐뜯을 수밖에 없다. 그 가운데 노인들이 자리 잡고 있다. 얼굴에 피어난 검버섯, 깊게 팬 주름, 굼뜬 행동을 바라보는 젊은 세대의 속내는 분명하다.

젊은이들이 모이면 성형 이야기, 중년들이 모이면 건강 이야기 식으로, 이렇게 단순화된 성향은 다양한 모습을 인정하는 데 인색하다. 좀 더 풍요로운 생각이 가득해지면 노인들에 대한 시각이 달라질까.

올바른 노인상이 존재하지 않는 것도 노인에 대한 긍정적인 시각을 형성하는 데 지장을 준다. 현재 노인들 대부분이 어려운 시대를 살아왔기 때문에 교양을 갖추거나 나이에 맞는 성숙한 사고를 형성한다는 것 자체가 참으로 어려웠다. 의심과 분노와 상실감으로 가득 채워진 노년은 본인도 힘들지만 바라보는 이도 힘들다.

정부와 사회는 노인을 위한 사회적 분위기를 만드는 데 전혀 무관심하다. 일본은 매년 9월 15일을 '경로의 날'로 정해 오늘의 일본이 있게 한 노인을 경애하고 장수를 기원한다. 미국도 1978년 9월 첫 월요일을 할아버지·할머니 날로 정해 이날을 기리고 있다. 이런 나라에서는 식당에서, 카페에서, 관광지에서, 극장에서, 서점에서 젊은 사람과 똑같이 문화를 즐기고 인생은 끝까지 달리는 마라톤임을 입증하듯 의욕적으로 사는 모습이 낯설지도, 이상하지도 않다. 우리처럼 용도가 다한 존재라는 인식이 자리 잡을 여지가 없다.

우리나라도 이런 모습이 일상적이어서 누가 봐도 더는 생경하지 않은 시대가 어서 오기를 소원한다. 그러려면 먼저 노인 스스로 존경받을 수 있도록 행동거지를 조심해야 하고, 사회적으로도 노인을 보는 시각을 달리할 수 있도록 제도적·문화적 뒷받침을 하려는 노력이 필요하다.

자녀로부터의 독립이 꽃노후의 첫걸음이다

늙으면 하고 싶은 말이 많아진다. 젊은 엄마를 보면, 그쪽에서 묻지 않아도 아이들 양육에 대한 노하우를 전수하려 한다. 경험했기 때문이다. 젊은 사람을 보면 어떻게 해야 인생을 잘 사는지 일장 훈시를 하려 한다. 인생을 더 오래 살았기 때문이다.

아들과 함께 여수로 여행을 갔을 때 일이다. 날씨는 몹시 추웠는데 젊은 부부가 딸아이를 데리고 공원에서 사진을 찍고 있었다. 아빠가 엄마와 아이를 찍어주고, 엄마가 아빠와 아이를 찍어주었다. 이제 가족이 함께 사진을 찍을 차례다. 추웠지만, 나는 가던 길을 멈추고 사진 촬영을 부탁할 때까지 기다렸다. 시간이 지나도 부부는 그런 부탁을 할 생각이 없는 듯했다. 답답한 나머지 내가 먼저 물었다. "사진 찍어줄까요?" 부부는 동시에 대답했다. "괜찮아요." 아들은 아까부터 부탁도 하지 않는데 왜 이렇게 기다리고 있느냐고 타박이었다.

이처럼 나이가 들면 늘 다른 사람의 일에 간섭하거나 관여하려 한다. 일단 시작하면 여간해서는 끝내주지도 않는다. 상대방은 이 상황을 벗어날 궁리를 한다. 그런데 어떻게 해도 그런 상황을 벗어날 수 없는 경우가 있다. 같이 사는 경우다. 시어머니는 베란다를 기웃거리고 냉장고를 여닫는다. 베란다와 냉장고는 오롯이 며느리의 영역이다. 영역을 침범당한 며느리가 좋아할 리 없다. 거기에는 며느리의 약점이 있기 때문이다. 무질서한 베란다, 상했거나 상해가는 음식은 며느리에게는 약점이다. 시어머니는 이 상황을 그대로 넘기지 않는다.

이때 잔소리는 아들이 벌어다 준 돈을 그런 식으로 허비하느냐는, 어쩌면 아들에 대한 짠한 마음의 표시일 수 있다. 하지만 아들이 벌어다 준 돈을 어떻게 사용하느냐 하는 문제는 아들 내외의 일이지 시어머니의 일이 아니다. 자신의 영역을 벗어난 관심은 불화를 부른다. 늙으면 소소한 것에 집착하지만, 그 집착을 끊어내야만 불화가 생기지 않는다. 자신이 세상의 모든 사람, 모든 사건에 대한 관여자가 되고자 해서는 안 된다.

행복한 노후를 보내기 위해서는 여러 가지 여건이 필요하지만 중요한 것 중의 하나가 '자녀로부터 독립하는 것'이다. 부모가 자녀로부터 경제적 독립과 심리적 독립을 이루지 못하면 불우한 노년을 보낼 개연성이 높다.

평생 모은 돈을 자녀들 양육비, 학비, 결혼비용으로 다 소비하고 정작 나를 위해서는 남겨진 게 없는 부모들은 이제 나를 걱정해야 하는 현실과 직면하게 됐다. 한때 절대적 소비 주체였지만, 이제 소득 주체가 된 자녀는 부모에게 아무 말이 없다.

자녀로부터 경제적으로 독립하는 것은 자신의 생존은 물론 자존감 있는 노후를 보내기 위해서도 중요한 일이다. 하지만 이것만으로는 행복한 노후를 기대할 수 없다. 어떤 면에서는 경제적 독립보다 더 중요한 것이 심리적 독립이다. 심리적으로 독립하지 못하면 자녀에게 종속적일 수밖에 없다.

자녀로부터 심리적으로 독립되지 않으면 분리불안증으로 이어지고, 이 분리불안증은 자신과 주위를 황폐화시킨다. 자녀의 일에 사사건건 간섭하는 것은 어쩌면 자녀에 대한 심리적 종속을 의미하는지도 모른다. 결혼해서 따로 사는 아들딸에게 수시로 전화를 하거나 시도 때도 없이 찾아오라고 하는, 오지 않으면 올 때까지 전화를 해대는 부모는 자녀에게 의존적일 수밖에 없다. 부모가 자녀에게 의존하면 할수록 자녀는 부모를 부담스러워하거나 피하려 한다.

젊었을 때 남편이 죽자 행상을 꾸려 아들딸을 성공시킨 강인한 어머니는, 자녀들이 다 자라 독립할 즈음 오히려 그 강인함이 자녀를 힘들게 한다. 너무 강한 부모는, 아무리 자식이라도 좋아하지 않는다. 그 강인한 어머니는 평생을 바친 대가를 자녀와 그 배우자에게 요구한다.

지금은 경기도 어느 중소도시로 이사 간 김 씨의 어머니는 일찍 남편을 여의고 아들과 딸을 키웠다. 어머니는 모진 고생을 했고, 아들과 딸도 열심히 살았다. 딸은 미장원을 운영했고, 아들은 슈퍼마켓을 운영해 큰 부자는 아니지만 먹고살 만했다. 그런데 어머니를 모시고 사는 아들은 사사건건 어머니와 부딪혔다. 어머니의 완고함 때문이다. 나이가 들어도 젊었을 때 그 억척이 조금도 누그러지지 않은 것이다. 아들이 50세가 넘었건만 아들이 하는 모든 일을 미더워하지 않아 일일이 간섭하려 든다.

아들은 이런 어머니가 부담스러워 같은 공간에 있는 것 자체를 피한다. 이들은 아들이 운영하는 슈퍼마켓 건물 3층에 거주하는데 식사 시간이 돼 아들이 3층에 올라가면 어머니가 득달같이 나와 아들의 식사를 챙긴다. 아들은 이런 어머니가 마뜩잖다. 아들의 식사를 차려주는 자상한 어머니가 아니라, 자신을 관리의 대상으로 보는 그런 시각이 싫은 것이다. 그렇게 챙겨주지 않아도 좋으니 자신의 일에 간섭 좀 안 했으면 좋겠다고 고백한다.

어머니는 아직도 아들에 대한 분리불안증을 겪고 있는 것은 물론,

그동안 누려왔던 주도권을 놓고 싶지도 않은 것이다. 따로 사는 것에 대해 어머니가 강하게 거부하고 있어, 아무런 해결책도 없이 힘든 동거는 계속되고 있다. 자신을 양육했던 그 억척스러움이 이제 아들에겐 부담스럽기만 하다.

이와 같은 분리불안증의 끝에는 어떤 일이 도사리고 있는지 다음 두 가지 사례를 보자.

〈피아노 치는 여자〉, 2001년 칸 영화제 사상 최초로 그랑프리와 남녀 주연상을 모두 석권한 영화다. 제목 그대로 '피아노 치는 여자'는 히스테리로 가득 찬 노처녀 교수다. 이 여교수는 자신의 피아노 지도를 받는 젊은 공대생과 광기 서린 성관계를 갖는다. 여교수에게는 어머니가 있는데, 이 어머니는 젊어서 남편을 떠나보내고 딸에게서 남편과 자신의 인생을 찾는다. 당연히 딸에게 집착하게 되고, 딸의 모든 행동은 간섭과 통제의 대상이 된다. 이 숨 막히는 현실을 벗어날 수 없는 여교수는 이상 성애에 집착하게 된다. 강렬한 마조히즘을 탐닉하게 되고, 젊은 남자 제자에게 부탁하여 피가 날 정도로 채찍질을 요구하며 성관계를 가진다.

이 영화에서 노처녀 교수, 딸에게 집착하는 그의 어머니, 그의 성적 희생자가 된 젊은 제자는 모두 피해자다. 무엇이 잘못됐을까. 이 처참한 몰골의 첫 단추는 딸에게 집착하는 어머니로부터 시작된다.

이런 유형의 일은 그 형태를 달리하면서 우리 주위에서도 일상적으로 일어나고 있다. 2011년 서울 광진구에서 발생한 사건도 자녀에 대한 어머니의 지나친 간섭과 이에 따른 종속성 때문에 일어난, 가슴 아픈 사건이다.

어머니는 고3인 아들의 성적이 떨어지면 그때마다 야구방망이나 골프채로 아들을 때려 혹독하게 공부를 시켰다. 공부에 대한 중압감과 어머니의 기대를 견디지 못한 아들은 급기야 자고 있던 어머니를 살해하고 말았다. 자녀에 대한 과도한 간섭은 필연적으로 자녀에 대한 의존성을 키울 수밖에 없다. 이 학생의 어머니는 일찍이 남편과 이혼한 후 홀로 아들을 키워왔고 아들 외에는 희망이 없는 세상을 살아왔다. 오로지 아들만이 이 힘든 세상에서 빠져나올 수 있는 유일한 돌파구였다. 결국 그런 심리 상태는 자신을 아들에게 의존하도록 만들었고, 이 의존성이 결국 아들을 숨 막히게 한 것이다.

위 두 가지 사례는 외형만 다를 뿐 그 본질은 같다. 여교수의 어머니는 남편의 사망으로 인한 빈자리를 딸로 대체하고, 모든 희망을 딸에게 걸었다. 마찬가지로, 남편과 이혼한 어머니는 모든 희망을 고3인 아들에게 걸었다. 그러면서 이들의 불행이 시작됐다.

자녀에 대한 부모의 집착은 모든 이의 영혼을 황폐화시키고, 끝내는 파국으로 치닫게 한다. 자녀로부터 심리적으로 독립하는 일이 경제적 독립 못지않게 중요하다는 것을 알 수 있게 해준 사례다. 당신은 자녀로부터 독립했는지, 그래서 정신적으로 건강한지, 자못 궁금하다.

비우고,
내려놓자

사람은 가지고 있는 권리에 비례해 의무를 부담한다. 특별한 경우가 아니면 60세 전후로 자녀에 대한 의무는 일단락되고, 이제 나 자신과 배우자에 대한 의무만 존재한다. 의무에 합당한 권리도 중요하지만 '권리가 없으므로 의무도 없는' 상태도 홀가분해서 좋다.

가수 최백호는 나이 60이 넘으니 이렇게 좋을 수 없다고 말한다. 물론 60세에 그런 결과를 얻기 위해서는 '나이에 맞는 건강 상태'를 유지해야 하고, '먹고사는 문제'가 발목을 잡아서는 안 된다.

이 두 가지는 행복한 노후를 위한 가로축과 같다. 이 두 전제가 어긋나면 그 외 어떤 요소도 행복을 보장해줄 수 없다. 그 위에 풍성한 삶을 위한 세로축을 쌓으면 된다. 다른 사람을 배려하는 이타심, 유연한 대인관계, 의미 있는 취미생활, 원하는 주거형태 등은 세로축의 중요한 요소가 된다.

늙어서 좋을 것은 없다. 그 가운데 숨겨진 가치를 하나씩 찾아낼 뿐이다. 삶의 가치를 찾는 데는 심미안이 필요한 게 아니라 늙어감을 인정하는 것, 넉넉한 마음을 갖는 것이 필요하다.

우리가 늙어가는 것을 쉽게 인정하지 못하는 이유는 '늙는 것은 추한 것이다'라는 사고의 틀에 갇혀 있기 때문이다. 늙는 것 자체가 추할 수는 없다. 추하게 늙어가는 사람이 있을 뿐이다. '추(醜)하다'는 사전적 의미로야 '흉하게 여겨질 정도로 못생기다'라는 뜻이지만, 우리는 못생긴 사람에게 추하다고 말하지 않는다. '추한 행동'을 하는 사람들을 추하다고 말한다. 추하다는 것은 상대방을 배려하지 않고 자신의 이익이나 기준대로 행동하는 것을 말한다. 자신의 주장을 굽히지 않는 것을 소신이라 포장하는 사람들이 있지만, 그 역시 추한 모습이다.

선한 모습과 관대한 마음을 갖고 있거나 그렇게 되려고 노력하는 이웃들이 많다. 세상에 아름다운 사람과 추한 사람이 항상 같은 비율로 존재할지라도 내 이웃에 아름다운 사람들로 가득 차 있으면 나의 세상도 아름답다. 이웃에 추하게 늙어가는 사람들로만 가득하다면 세상은 추하게 보인다. 당신의 세상이 아름답게 보인다면 당신 주위에 그런 사람이 많기 때문이고, 당신은 축복받은 사람이다.

아름답게 나이 들기 위해서는 내려놓을 것이 많다. 늙으면 명예나 지위보다 친절한 이웃으로 기억되는 것이 아름답다. 필요 없는 명예를 지키기 위해서 늙어서까지 마음 졸이고 살 필요는 없다. 없어도 그만인 친구 역시 덜어내도 좋다. 친구는 나와 격이 맞아야 한다. 돈도 나만큼 있는 게 좋고, 생각도 나와 비슷한 게 좋다. 종교도, 정치적 신념도 같은 게 좋다. 늙어서 종교나 정치를 놓고 싸우는 것은 보기 좋지 않다.

많은 것을 내려놓으면 우리에게 넓은 시야가 주어진다. 그래서 시인 고은은 그 심오한 뜻을 단 3행으로 전한다.

> 내려갈 때 보았네
>
> 올라갈 때 못 본
>
> 그 꽃

- 고은, 〈그 꽃〉

아마도 시인은 '그 꽃'을 통해 우리 삶을 성찰하고 다른 삶을 포용하라고 가르치고 있는 것 같다. 집착하면 집착한 것만 보인다. 그러면서 소중한 것을 잃는다.

인생 1기가 성공이라는 목표를 향해 땀을 흘리며 산을 오른 시기였다면, 인생 2기는 삶의 의미를 찾으며 산을 내려가는 여정이다. 내림 인생이 훨씬 더 멋질 수 있다.

시인 이형기가 우리에게 전해주는 말 또한 같다.

> 가야 할 때가 언제인가를
>
> 분명히 알고 가는 이의
>
> 뒷모습은 얼마나 아름다운가.

- 이형기, 〈낙화〉

동양화에서 여백의 미는 대단히 중요하다. 먹의 농담으로 살아나는 여백은 우리에게 여운을 준다. 보는 사람에게 안정감을 주고, 무언가 더 생각할 여지를 주기도 한다. 여백은 그리다가 만 종이의 흰 부분이 아니라 화가가 의식적으로 남겨놓은 공간이다. 화선지와 그림의 크기에 따라 여백이 정해지고, 상하좌우의 여백이 조화를 이룬다. 그림은 화폭에만 있는 게 아니라 화폭 너머의 공간까지 확대된다. 하늘은 화폭에만 있는 것이 아니라 화폭 밖에도 한없이 이어진다.

동양화의 여백은 이렇게 끝없는 상상을 불러일으킨다. 이어 우리의 삶에서도 이렇게 여백을 만들어보라고 말한다. 이제 짐을 내려놓고 마음의 여유를 가져보라고 말한다. 그렇다면 동양화는 포용적이다. 그래서 동양화는 젊은이보다 노년에 더 가깝게 느껴지는 건지도 모른다.

서양화는 진취적이다. 화면에 가득 찬 그림은 모든 걸 이뤄내야 한다는 의지의 반영이고, 완벽해야 한다는 강박관념이 깃들어 있다. 모든 걸 담아야 한다. 그래서 서양화는 포괄적이다. 옆을 볼 수도, 뒤를 돌아볼 수도 없다. 그렇다면 서양화는 직선적이다. 그래서 젊은이에게 더 가까울 것이다.

동양화의 여백은 단순히 남겨진 공간이 아니라 화가의 철학과 사유가 외면화된 공간이다. 노년의 여백이란 무엇일까. 생각과 가진 것을 무조건 덜어낸다고 여백이 되지는 않을 것이다. 노년의 여백은 더하고 빼는 것이 아니라 동양화의 여백처럼 깊은 사유의 결과물이어야 한다. 만약 태어나면서부터 고통 속으로 던져진 인간에 대해 이해할 수 있다면, 파렴치한 인간이라고 치부했던 이들의 속사정을 헤아릴 수 있게 됐다면, 그래서 가슴 속 깊이 침잠해 있던 불순물을 한 움큼 덜어낼 수 있다면, 우리는 예쁜 여백을 만든 것이다.

노년은 자신의 그림을 그렇게 서서히 지워가는 과정일 거다. 그래서 종국에는 아무것도 남기지 않는 투명한 그림일 거다. 그렇더라도 노년에 어울릴 것 같지 않은 빨갛고, 노랗고, 파란 색깔로 물든 점을 하나, 둘, 셋 찍어보자. 그래서 밋밋한 노년에 소소한 즐거움을 줘보자.

인생의 하프타임이 필요하다. 삶의 전반부에서는 산의 정상을 다른 사람보다 먼저 오르기 위해 매진한다. 좌우를 바라보고 뒤를 내려다보는 것은 정상에 오르는 시간을 늦추게 할 뿐, 이 사나운 경쟁 사회에서 낙오하게 한다. 그러니 전반부의 삶은 이기적이 될 수밖에 없다. 아군과 적군의 구분이 명확하다. 정상에서 내려오는 우리는 뭔가 이뤄야 한다는 강박관념에서 훨씬 자유로워진다. 시인 고은의 가르침대로 올라갈 때 보이지 않던 꽃이 내려오는 길에는 보인다. 그러니 전반부와 후반부 삶의 목표, 삶의 방식, 삶이 지향하는 바가 다르고 또 달라야 한다.

인생 전반부에 성공과 성취를 위해 그렇게 노력했던 사람이 인생 후반부에 실패하는 경우가 많다. 나이 들수록 자신이 가치 있다고 느끼는 것에 더 집착하는 사람들이다. 자신이 그동안 일궈놓은 성과를 어떤 일이 있어도 지켜야 한다고 생각하는 사람들이다. 돈이 중요하다고 생각하면 돈에, 가족이 중요하다고 생각하면 가족에 집착한다. 일이 전부인 사람들은 일을 놓지 못한다. 여기에 노인의 지혜와 여유, 그리고 다른 사람을 배려하는 공간은 없다. 이유는 간단하다. 성취적이고 이기적인 전반부 삶의 방식이 후반부에도 그대로 이어지고 있기 때문이다.

아름다운 후반부를 맞이하려면 삶에 대한 '종전의 태도를 깨는 아픔'을 겪어야 한다. '종전의 태도를 깨는 아픔', 이는 단순한 수사적 표현이 아니다. 깨닫기도 어렵지만 이를 실천하기는 더 어렵기 때문이다. 돈만 아는 사람이 노후에 다른 사람을 위해 돈을 쓰기로 마음먹었다고 해서 바로 그렇게 되지는 않는다. 세상에 연습 없이 하루아침에 이루어지는 일은 없다. 돈을 제대로 써본 적이 없으니 돈을 알차게 쓰는 방법도, 이로써 얻는 즐거움이 어떤 것인지도 알지 못한다. 어떻게 사는 것이 아름다운 노년을 맞이하는 길인지 알 도리가 없다. 그래서 '종전의 태도를 깨는 아픔'이 필요하다는 얘기다.

밥 버포드(Bob Buford)는 《하프타임》에서 축구경기 중 전반전 45분, 후반전 45분 사이에 낀 하프타임 15분의 중요성을 역설했다. 그는 하프타임 때 전반전의 성공과 실패를 분석해 후반전을 대비하라고 권한다. 그러나 우리의 하프타임은 전반전 승패의 원인을 분석하고 그 대책을 세우는 것이 아니라, 지나온 과거를 되돌아보고 앞으로 다가올 노년의 얼개를 구상하는 기회가 되어야 한다. 50대에 들어선 사람은 자신의 지난 삶의 방식을 성찰하고 노후에 맞는 삶의 방식으로 전환하는 작전타임을 가져야 한다. 그래서 돈만 지키려는 마음, 오직 가족만이 유일하게 가치 있는 존재라는 생각, 일에 매몰된 정신 상태를 깨는 아픔이 필요하다. 세상에는 돈, 가족, 일 외에도 소중한 것이 있다는 사실을 알아야 한다. 그래야 그나마 남아 있는 시간을 아름답게 가꿀 수 있다.

노년의 아름다움은 인격에서 나온다

사람의 성격은 쉽게 변하지 않는다. 사람을 처음 보면 그 사람에 대해 알고 싶어 한다. 따뜻한 사람인지 차가운 사람인지, 다른 사람을 배려하는 사람인지 다른 사람에게 상처를 주는 사람인지, 내향적 성격인지 외향적 성격인지 알고 싶어 한다. 그 사람의 성격에 대해 알게 되면 그가 앞으로 어떤 행동을 취할지 예측할 수 있고, 나아가 내가 그 사람에게 어떤 태도를 취해야 할지 결정할 수 있기 때문이다.

이처럼 인간의 성격은 다음 행동의 준거가 된다. 심리학에서는 사람의 이런 특성을 성격이라고 부른다. 성격(personality)이라는 단어는 라틴어 페르소나레(personare)에서 유래했다고 한다. '통하여 (through)'라는 의미의 'per'와 '말하다(speak or sound)'라는 의미의

'sonare'가 합쳐진 단어다. 페르소나레는 원래 배우들이 무대에서 사용하는, 일종의 메가폰 같은 것이 달린 가면을 뜻한다. 그러니까 성격은 그 사람의 내면을 진실하게 드러낸 것이 아니라 세상을 살아가기 위해 자신을 위장하는 눈속임 같은 것이다. 이를 '공적인 나'라고 부른다. 심리학자들은 성격은 태어나면서부터 생물학적으로 결정되며, 이후 자라면서 환경이나 학습 등에 의하여 수정·보완된다고 본다.

배우가 무대 위에서 썼던 가면이 오늘날 성격의 기원이라고 해서, 무대 위에서 가면을 바꿔 쓰듯 현실에서 성격을 쉽게 그리고 완전히 바꿀 수 있는 건 아니다. 유순한 사람이 특공대나 해병대에 갔다 오면 강인한 성격으로 바뀔까? 극한 훈련을 받으면 다른 사람을 대할 때 대범해질까? 그렇지 않다. 사람의 본래 성격은 쉽게 변하지 않는다. 군에 있을 때 그 환경에 적응할 수 있도록 잠시 다른 가면을 썼을 뿐, 일정한 제약조건이 해제되면 원래의 성격으로 돌아간다. 생존을 위해 표면상 성격만 변한 것이지 본래 성격이 변한 것은 아니라는 거다.

이처럼 성격이 세상을 살아가기 위해 세상에 최적화된 것이라고 한다면, 그 최적화된 것을 변화시키기는 쉽지 않다. 그동안 형성된 사고, 살아온 환경, 크고 작은 자신만의 경험들이 '시간'을 매개로 하여 그만의 성격으로 형성돼왔기 때문이다. 성격이란 이렇게 여러 가지 요소에 의해 형성되므로 어느 하나의 요소가 변했다고 해서 쉽게 변할 수 있는 게 아니다. 특히 불가역성을 갖는 시간을 매개로 했기 때문에 더더욱 어렵다.

만약 40세가 된 누군가가 성격을 완벽하게 바꾸고 싶다면, 새로운 환경에서 새로운 생각으로 적어도 40년을 더 살아야 할 것이다. 그러니 이제 와서 대인관계에 문제가 있는 까칠한 노인에게 성격을 바꾸라고 말하는 것은 참으로 난망한 일이다. 차라리 현재의 성격을 인정하고 인격을 갖추는 것이 더 현실적이다.

그래서 작가 김은주는 이렇게 말했다.

> 당신의 표정,
> 당신의 말,
> 당신의 행동…
> 스스로 선택하지 못한다면
> 그것은 성격이고,
> 선택할 수 있다면
> 그것은 인격이다.
>
> – 김은주,《1cm art》

노년의 인격을 살짝 올려보자. 한 번 형성된 성격을 바꾸기는 쉽지 않으니, 원만한 대인관계를 위해 어떻게 하면 인격을 높일 수 있는지 같이 고민해보자.

흔히들 '저 사람은 성격이 좋다'라고 말하지만, 좋은 것은 성격이 아니라 인간의 격, 곧 인격이다. 예를 들어 성격이 '빠르다 또는 느리다', '부지런하다 또는 게으르다'라고 하는 것은 그 사람이 타고난 기질과 긴 세월 동안 환경과의 상호작용을 통해 형성된 개인적 특성일 뿐 옳고 그름의 문제가 아니다. 윤리적 혹은 도덕적 가치평가를 담고 있는 것은 인격이다.

성격이 가치중립적이라고 한다면, 인격은 대단히 가치지향적이다. 그래서 성격과 달리 인격에는 높은 인격과 저급한 인격이 있기 마련이다. 나이를 먹으면 모두 노인으로 취급받지만, 노인들 중에는 성숙한 인격체로서 존경스러운 어른들도 많다. 인격이 높은 사람에게서 향기가 나는 것은 당연한 일이다.

그렇다면 인격을 향상시키기 위해 가장 중요한 것은 뭘까. 인격은 관계망에서 비롯하기 때문에 혼자 산다면 인격은 필요 없는 개념이다. 사람은 홀로 살 수 없고 여럿이 기대며 살기 때문에 인격이 필요하다. 사람은 말과 행동으로 자신의 생각을 표현하니, 그 사람의 말과 행동을 보면 그 사람의 인격을 짐작할 수 있다.

얼마 전 전철을 타고 집에 가는 길이었다. 중간에 60대 중반 정도로 보이는 한 남자가 타자마자 큰 소리로 불만을 늘어놓기 시작했다. "어, 사람 무지 많네. 휴일인데 사람이 왜 이렇게 많은 거냐. 거기 젊은이, 당신 저기 밑에 ○○도 출신이지?" 이런 말을 수없이 되풀이하니 옆에 있던 사람들이 다들 그를 피했다. 나도 더는 듣고 싶지 않아 다른 칸으로 옮겨버리고 말았다. 이런 사람이 그동안 어떻게 살아왔느지 보지 않아도 알 수 있다. 사람은 그 사람이 하는 말과 행동에 의해서 평가되기 때문이다.

말과 행동은 과거의 반영이기도 하다. 과거가 순탄하지 않았던 사람은 말과 행동 역시 순탄하지 않다. 다른 사람을 '겸손'으로 대해본 적도 없고, 다른 사람에게 '양보'를 해본 적도 없는 까닭이다. 자기 역시 다른 사람으로부터 겸손한 대우를 받았거나 양보를 받아본 적이 없는 까닭이다. "겸손과 양보의 빈자리에 교만과 비굴함이 자리한다." 영국의 문학평론가 존 러스킨(John Ruskin)의 말이다.

다른 사람에게 겸손하고 양보하기 위해서 필요한 것은 '상대방을 인정하고 배려하는 것'이다. 새삼 새로울 것도 없는 말이지만 실천하기 가장 어려운 말이기도 하다. 상대방을 인정하면 상대방이 하는 말에 꼬리를 잡을 일이 없다. 상대방의 생각이 나와 '다른' 것을 '틀린' 것이라고 우길 일이 없다. 상대방을 비난하거나 불평할 일도 없다. 상대방을 배려하면 그에 대한 내 행동이 달라지고, 그 행동이 쌓이면 습관이 된다. 그 습관이 결국 내 인격을 만든다. 그러니 내 인격은 상대방을 인정하는 데서 출발한다. 그래야 나도 인정받을 수 있고 배려받을 수 있다.

이 땅에는 염치, 체면, 부끄러움을 모르는 노친네가 너무 많다. 줄을 밀치고 들어가면서도 아주 떳떳하다. 앞사람이 문을 잡아줘도 고맙다는 말이 없다. 동네 놀이터에서 손주를 한 시간 동안 봐줘도 할머니는 고맙다는 눈인사도 없이 가버린다. 호의를 권리로 인식하고,

나이가 벼슬인 양 앞세운 결과다. 이제라도 다른 사람을 인정해보자. 가족과 이웃을 위해서가 아니라 외롭게 살다 가기 싫은, 바로 나 자신을 위해서다.

그래서 미국인 마음속에 살아 있는 영원한 퍼스트레이디 애너 엘리노어 루스벨트(Anna Eleanor Roosevelt)는 말했다. "아름다운 젊음은 우연이지만, 아름다운 노년은 작품이다."

나는 오늘 다른 사람을 인정해줬을까. 그래서 다른 사람에게 겸손했을까. 그렇다면 오늘 내 인격은 살짝 올라갔다.

성숙한 노인에게선 그윽한 향기가 난다

나이에 맞는 아름다움이란 게 있을까. 젊은이에게 기품이 있는 모습은 어쩐지 생소하다. 노인이 팔팔하게 움직이면 눈에 띌 일이다. 젊은이는 젊은이답게 싱그러우며, 노인은 나이 든 만큼 기품을 유지한다면 참으로 아름다운 일이다.

나이 들수록 마음속에 다른 사람을 따뜻한 마음으로 바라볼 수 있는 공간 하나를 만들면 좋지 않을까. A/S 센터에 전화하면서 "수고

하시네요"라고 먼저 인사를 건네는 게 그렇게도 어려울까. 길을 알려준 사람에게 진심으로 고맙다는 표정을 짓는 게 그렇게도 힘든 일일까. 노년의 아름다움이란 건 별거 아니다. 대단한 것을 원하는 게 아니다. 다른 사람보다 조금 더 따뜻한 마음을 가지면 된다. 그뿐이다. 그 따뜻한 마음은 그 사람의 기품으로 나타난다. 그래서 우리는 상대방이 불편해할까 봐 자신의 선행을 애써 감추고 누구에게도 드러내지 않는 척 피니(Chuck Feeney)의 어머니와 그 영향을 받은 척 피니에게 진심으로 감사한다.

그런데 그런 공간 하나를 만들고 싶다고 해서 어느 날 갑자기 만들 수 있는 건 아니다. 어느 날 갑자기 착하게 살고 싶다고 해서 그렇게 살아지는 게 아니다. 착하게 사는 것도, 따뜻한 마음을 갖는 것도 연습이 필요하다. 평생을 연습해야 노후에 기품 있는 삶을 살 수 있는 것이지 늙어서 기품 있게 살겠다는 다짐만으로 그렇게 할 수는 없다.

오페라 〈마농 레스코〉의 토대를 제공한 18세기 프랑스 작가 앙투안 프랑수아 프레보(Antoine François Prévost)는 우리에게 좋은 관계를 유지하는 방법을 일러준다. "부부를 맺고 있는 고무줄이 오래가려면 탄력이 좋은 고무로 만들어야 한다." 탄력성 좋은 고무줄은 부부간에만 필요한 것이 아니라 대인관계에서도 필요하다. 자신의 주장만 고집하는 이를 좋아할 사람은 없다. 내 생각과 다르더라도 다른 사람의 의견을 끝까지 경청하는, 귀찮거나 손해가 나는 일이라도 기꺼이 감수하는, 그런 성숙한 사고가 기품 있는 노년을 만든다. 이런 사람에게는 언제나 그윽한 향기가 난다. 그런 향기가 나는 사람을 이웃으로 둔 사람한테도 역시 같은 향기가 난다.

나무는 갖은 풍상으로 만들어진 나이테로, '자라나는 돌'로 유명한 루마니아 시골 마을의 트로반트(trovant)는 예쁜 나잇결로 자신의 과거를 우리에게 알려준다. 사람도 말과 행동을 통해, 영광과 상처로 버무려진 과거를 우리에게 내보인다. 아름답게 성숙해서.

> 인생의 목적은 감성적인 행복이 아니라 성숙이다. 성숙한다는 말에 붙
> 어 있는 말은 통증이다. 통증 없는 성숙은 불가능하다.

서울대학교 윤대현 교수가 《하루 3분, 나만 생각하는 시간》에서 말한, '통증의 결과로서 얻어지는 성숙'에 진정으로 동의한다. 진주 없는 조개의 아픔이 무슨 의미가 있겠는가.

> 송년모임이 있었다.
> 좌석이 파하기 전에 조금 일찍 나왔다.
> 약령시장에서 706번 버스를 탔다.
> 시간이 늦어서일까? (밤 10시쯤)
>
> 버스 안이 많이 복잡했다.
> 뒤편에 가서 기둥을 잡고 섰다.

그런데 본의 아니게 문제가 생겼다.

창가에 남학생은 그냥 고개를 들고 앉아 있는데,

내 바로 앞에 여학생은 머리를 무릎에 파묻고 있었다.

정류소를 지날 때마다 사람들은 타고 내리곤 하는데…

학생의 머리는 그대로 파묻힌 채 가고 있었다.

미안해지기 시작했다.

이제 그만 고개를 들어도 되는데…

나는 서서 가도 괜찮은데.

내 나이 일흔 살.

요즘 세상에 뭐 그리 많은 나이도 아닌데.

등산도 곧잘 다니는데,

야경도 보고, 좋기만 한데.

학생은 매일 힘들게 공부하고,

나는 매일 먹고 노는데.

학생이 훨씬 피곤할 텐데,

나는 정말 괜찮은데.

괜찮다고 말할 수도 없고,

이제 그만 고개를 들라고 하지도 못하고…

자꾸자꾸 미안해졌다.

옆에 앉은 남학생에게도 미안해졌다.

나이 많은 게 미안해졌다.

- 권춘경, 〈귀갓길〉

예뻐 보이려는 노력이 비난을 받아서는 안 된다. 30년 전만 해도 남자 나이 30세가 넘어도 결혼을 못 하고 있으면 집안에서는 거의 포기하다시피 했다. 50세가 되면 완전히 아저씨였고, 나이 60세가 되면 할아버지였다. 지금과 같은 100세 시대에 과거 60세 기준의 패턴이 그대로 적용될 수 없는 건 당연하다. 종전 60대는 죽음을 목전에 두고 있을 나이지만 지금 60대는 앞으로도 40년은 더 살 수 있는 나이다. 그러니 지금 60대가 종전 60대와 똑같은 생각이나 행동을 해서는 안 된다는 것은 자명하다. 중년 또는 노년이 젊게 생각하고 건강이나 외모에 신경을 쓰는 것은 지극히 자연스럽다. 그러니까 60세를 넘겼다고 추레하게 살아서는 안 된다는 것이다.

노년이 되면 내면의 아름다움을 키우라고 말한다. 얼마나 멋있는 말인가. '내면의 아름다움.'

사람은 다른 사람에게 인정받고, 드러나 보이고 싶다는 기본적인 욕망이 있다. 이 욕망은 첫인상을 매개로 구현된다. 인지심리학자들에 따르면, 모르는 사람에 대한 첫인상은 5초 안에 결정된다고 한다.

5초 안에 저 여성 혹은 남성에게 애프터를 신청할 것인지 말 것인지 결정한다는 의미다.

캘리포니아대학교 로스앤젤레스 캠퍼스(UCLA) 심리학과 앨버트 메라비언(Albert Mehrabian) 교수는 《침묵의 메시지(Silent Messages)》에서 상대방의 인상을 판단하는 데 시각이 55%, 청각이 38%, 언어가 7%를 차지한다고 했다. 그러니까 옷차림이나 표정, 자세, 몸짓, 헤어스타일, 목소리의 톤이나 음색, 말의 내용 등으로 상대방에 대한 첫인상이 결정된다는 것이다(이에 대하여 논란이 있지만 우리 주제가 아니다). 이를 '메라비언의 법칙(The Law of Mehrabian)'이라고 한다. 시각과 청각으로 첫인상의 90% 이상이 결정된다고 하니 첫인상이란 대단히 직관적이다.

직관적 첫인상은 선택으로 보상받는다. 시각적 우월성은 외모지상주의와 결합했고, 이 시각적 우월성에 대한 선호는 외모를 중요한 경쟁력의 하나가 되게 했다. 이로써 내면의 아름다움이란 말은 공허한 메아리가 돼버렸다.

이처럼 시각적 또는 청각적 감각에 의한 판단은 직관적이어서 시간과 노력이 그다지 필요하지 않다. 이에 비해 내면의 아름다움은 밖으로 잘 드러나지 않는 법이니 이를 판단하는 데는 많은 시간과 노력이 필요하다. 사람들이 외향적인 것에 더 집중하는 이유다.

그렇다면 이런 외향적인 것에 대한 선호는 어떻게 나타날까. 젊은이에게 주어진 과제는 '선택의 문제'이고, 중년 이후의 세대에게 주어진 과제는 '지속의 문제'다. 예를 들어 젊은이는 배우자를 선택하거나 배우자로 선택받는 문제가 있다. 젊은이에게 선택의 문제는 시각과 청각의 우월성에 근거한 경우가 많다는 점을 고려하면 메라비언의 법칙은 그대로 들어맞는다.

반면 중년 또는 노년에는 특별한 경우가 아니면 선택의 문제는 줄어들고, 종전의 결과물을 유지·보수하는 데 초점이 맞춰진다. 그러니까 지속의 문제가 관심사다. 이 지속의 문제는 자신의 젊은 모습을 그대로 유지하고 싶어 하는 욕망으로 표출된다. 선택보다는 지속이더 어렵고 간절한 법이다. 그래서 주름을 펴기 위해 보톡스 시술을 받거나 옷과 머리 모양을 최대한 젊어 보이게 하려고 애쓴다. 과거 노인보다 30~40년을 더 살아야 하는 지금의 중년으로서는 어찌 보면당연한 일이다. 뒷모습도 나이를 먹는다고 했으니.

그런데 노년에 겪는 유지의 문제는 천천히 내면화한다. 중년과 노년에는 젊음은 줄어들지만, 그 빈자리에 젊은 사람들은 가질 수 없는 성숙한 아름다움이 자리한다. 세상을 살아온 연륜과 그 안에 잘 다져진 인품이 밖으로 드러나는 거다. 젊은이가 돈을 들여 몸치장을 함으로써 멋을 한껏 뽐낸다고 하면 노년에는 감출 수 없는 성숙한 아름다움이 있다. 젊어도 자신감 없는 말투나 힘없는 걸음걸이가 있는가 하면, 나이가 들어도 활기찬 목소리와 경쾌한 걸음걸이를 보여주는 신사·숙녀가 있다. 그러니 밝고, 호감 가며, 단정한 외모를 하고 있으면 좋겠다. 비로소 내면의 아름다움이 발현된 것이다. 'anti ageing'에서 'well ageing'으로 아름답게 성숙한 것이다.

　예쁘게 화장하고 단아하게 차려입은 옷 그리고 감출 수 없는 인품을 기긴 그린 중년과 노년, 어디 없소? 매화는 스스로 고개를 들지 않아도 지나가는 사람들이 쳐다본다는데.

행복해지려면
스토리에 돈을 써라

돈은 두 가지 관점에서 우리에게 만족감을 준다. 돈을 모으는 것 자체에서 만족감을 얻을 수 있고, 모은 돈으로 뭔가를 위해 사용할 때도 만족감을 얻는다. 돈을 모으는 데서 얻는 만족감을 일차적 행복감이라고 하면, 모은 돈을 사용하는 데서 얻는 만족감을 이차적 행복감이라 할 수 있다. 돈이 주는 행복감은 일차적 행복감보다 이차적 행복감이 더 높다는 것이 그간의 연구 결과다. 그래서 돈과 관련된 행복감의 연구는 이차적 행복감에 집중돼왔다.

　그러나 어떤 사람은 돈을 모으는 만족감에서 벗어나지 못해 이차적 행복감을 얻지 못하기도 한다. 돈으로 얻을 수 있는 더 큰 만족감을 놓치는 것이다.

이와 같이 이차적 행복감이 더 중요하다면, 같은 금액의 돈이라도 어떻게 사용하는 것이 행복감을 극대화할 수 있을까? 돈이 없으면 행복하지 않다고 여기는 사람들이 많고, 실제로 소득이 일정 수준에 오르기 전까지는 돈과 행복이 중요한 상관관계가 있다는 것이 여러 연구로 밝혀졌다. 돈으로 행복을 살 수 있다고 하면 거부감이 드는 사람도 있겠지만, 일정 부분 사실이다. 돈이 있으면 여러 가지 상품을 구입하거나 다른 사람의 서비스를 받을 수 있다. 심지어 돈으로 시간과 경험까지도 살 수 있다. 그래서 돈이 일정 수준 이상이 되면 돈을 버는 것보다 사는 방식이 더 중요해진다.

예를 들어보자. 편의점 주인은 아르바이트 직원을 고용해 자신을 위해 일하도록 한다. 주인은 여유 있는 시간으로 자신이 하고 싶은 일을 할 수 있다. 결국 편의점 주인은 아르바이트 직원에게 노동으로 환산된 '시간'을 산 것이다. 돈으로 물리적 시간은 살 수 없겠지만, 이처럼 경제적 또는 사회적 시간을 사는 것은 가능하다.

돈의 효용은 여기서 끝나는 게 아니다. 돈이 있으면 경험을 사는 것도 가능하다. 돈으로 시계·자동차·주택 같은 상품을 살 수도 있고, 여행 같은 경험을 살 수도 있다. 심리학자들의 연구에 따르면 돈으로 시계나 자동차처럼 물질적인 것을 샀을 때보다 여행을 하거나 공연장에 가는 것과 같은 경험을 사는 것이 훨씬 더 높은 행복감을 준다고 한다.

미국 콜로라도대학교의 리프 반 보벤(Leaf Van Boven) 교수와 미국

코넬대학교의 토머스 길로비치(Thomas Gilovich) 교수는 100달러 이상을 소비한 두 집단 중 어느 집단이 더 높은 행복감을 느끼는지에 대해 조사했다. 한 집단은 100달러 이상의 양복·텔레비전·컴퓨터 같은 물품을 구입한 집단이고, 다른 한 집단은 100달러 이상의 콘서트나 스키 여행 같은 체험적 소비를 한 집단이다.

조사 결과 체험적 소비활동을 한 집단이 단순히 상품을 구입한 집단보다 자신의 지출행위에 더 만족한 것으로 나타났다. '더 높은 행복감을 느끼고, 돈을 슬기롭게 사용했다'고 생각한 것이다.

그렇다면 상품을 구입한 경우와 경험을 한 경우의 차이점은 무엇일까? 이 둘의 결정적 차이점은 동질성 여부에 있다. 동일한 상품은 많지만, 동일한 여행은 없다. 자신이 감당할 수 있는 수준 이상으로 과다한 상품을 구입했을 때는 오히려 합리적 소비를 하지 못했다는 자괴감을 느낄 수 있다. 그러나 여행에는 다른 사람에게 들려줄 수 있는 자신만의 스토리가 있다. 그 스토리를 다른 사람에게 전해주거나 여행을 좋아하는 사람들에게 공감을 불러일으킬 수 있다. 경험을 사면 그 효과는 크면서도 오래간다. 그러니 자녀들이 어떤 물건을 사준다고 하거든 물건 대신 돈으로 달라고 하라. 그 돈으로 여행을 가는 게 더 행복해지는 방법이다.

이제 자녀들이 모아준 500만 원으로 여행을 떠나자. 그런데 그 돈으로 한 번의 해외여행을 가는 게 좋을까, 아니면 국내여행을 여러 번 가는 게 더 좋을까? 혹시 예전에 이런 생각 해본 적 없는가? 좋은 대학에 가면, 괜찮은 직장에 취직하면, 고시에 합격하면 얼마나 좋을까 하고 말이다. 그런데 이처럼 기분 좋고 행복감을 가져다주는 일들이 시간이 지나 일상이 되면 더는 특별함을 느끼지 못하게 된다. 이런 심리 상태를 심리학에서는 '쾌락적응(hedonic adaptation)'이라 한다.

500만 원을 가지고 한 번의 해외여행을 하고 나면 당시에는 행복감이 높았겠지만, 그 행복감은 시간이 지남에 따라 쾌락적응에 의해 서서히 사라지게 된다. 그러니 소소하지만 여러 차례 국내여행을 다녀오는 것이 더 좋다. 행복감을 일정 수준으로 계속 유지할 수 있기 때문이다.

이제부터는 돈을 모으는 데 집중하지 말고, 돈을 쓰는 데서 행복을 찾자. 돈을 쓰더라도 명품 TV를 사지 말고, 여행을 가자. 비싼 여행 말고 저렴한 여행으로 여러 번.

그렇다면 물건을 사거나 여행을 할 정도의 여유가 없는 노년이 행복감을 높일 수 있는 방법은 없을까? 와튼 경영대학원의 캐시 모길너(Cassie Mogilner) 교수와 아미트 바타샤르지(Amit Bhattacharjee) 교수의 공동연구에서 해답을 얻을 수 있다.

사람들이 어떤 물건을 사는 것보다 경험을 사는 데서 더 큰 행복감을 느낀다는 것은 앞서 본 바와 같이 많은 연구에서 입증됐다. 그렇다면 '어떤 종류의 경험'이 사람들을 행복하게 할까? 우리가 여기서 관심을 갖는 것은 해외여행이나 국내여행을 다녀올 수도 없는 노년층이 행복감을 느낄 수 있는 대안적 경험은 무엇인가 하는 문제다.

두 연구자는 참여자들에게 자신들을 행복하게 만들었던 경험을 말하도록 하고, 이 사람들이 페이스북에 어떤 글이나 사진을 올리는지 조사했다. 페이스북에 어떤 내용을 많이 올리는지 그 발생 빈도에 따라 피실험자들의 경험을 소소한 경험과 특별한 경험으로 나눴다.

연구 결과 해외여행과 같은 특별한 경험은 모든 연령대에 걸쳐 커다란 행복을 주는 것으로 나타났다. 그런데 젊은 사람들과는 달리 노년에는 해외여행과 같은 큰 이벤트가 아니라 일상의 소소한 경험에서도 같은 행복감을 느낀다는 사실을 알아냈다. 이러한 내용을 보도한 〈뉴욕타임스〉에 따르면, 이 결과는 연구자 중의 한 명인 아미트 교수의 개인적 경험에 기인한다고 한다. 아미트 교수는 부모님에게 영화를 보거나 좋은 식당에 갈 수 있는 표를 드렸지만, 부모님은 별다른 관심을 보이지 않았다. 부모님은 오히려 동네를 매일 산책하는 데서 더 큰 행복을 느끼고 있었던 것이다.

왜 젊은이들은 해외여행과 같은 특별한 여행을 좋아하고, 노년에는 소소한 경험에서도 행복감을 느낄까. 〈뉴욕타임스〉는 젊은이들이 새로운 세상에 대해 호기심을 갖고 이를 탐구, 도전함으로써 자신을 찾아가는 과정으로 인식하기 때문인 것으로 분석했다. 물론 노년에도 자기 자신에 대해 알아가는 것이 중요하겠지만 경제적 여유가 없다면 굳이 특별한 경험을 하려고 애쓸 필요가 없다는 것이다. 정리하자면 배우자와 산책하거나 인근 도서관에서 책을 읽거나 정원을 가꾸는 일과 같이 비용이 적게 드는 일상적인 경험을 통해서도 특별한 경험에서 얻는 정도의 행복을 얻을 수 있다는 얘기다.

'여행을 하거나 콘서트에 갈 돈이 없다', 이런 생각이 점차 '돈이 없어 아무것도 할 수 없다'로 확대돼 스스로를 틀에 갇혀 살게 한다. 노년에게 소소한 즐거움을 줄 수 있는 것들은 주위에 많다. 그동안 그런 생각을 미처 하지 못한 채 그냥 지나쳤을 뿐이다. 비싸지 않은 카메라 한 대도 우리를 충분히 행복하게 할 수 있다. 어느 73세 할머니는 깜찍한 카메라 한 대 메고 마을을 이 잡듯 뒤진다. 살고 있는 동네에서 그동안 보이지 않았던 모습이 보이기 시작하고, 그냥 지나쳤던 시멘트 틈바구니에 살며시 고개를 내민 이름 모를 꽃이 그렇게 예쁠 수가 없다고 한다. 평소에는 멀어서 가보려고 생각조차 못 한 거리까지 카메라 한 대 메고 다녀온다. 아무 데나 카메라를 들이대지만, 찍고 나면 할머니만의 작품이 된다.

이렇듯 값싼 카메라 한 대로도 인생이 달라질 수 있다. 달라진 인생은 우리에게 행복을 선물한다. 소소한.

8장

죽음도 삶의 일부다

죽음이란 어떤 의미를
갖는 것일까

우리는 왜 사는가, 어떻게 살아야 하는가. 이런 물음에 대해서는 우리 나름대로 답할 수 있지만, 언제까지 살 것인가에 대해서는 아무도 답할 수 없다. 누구에게는 단 하루만 인정된 삶이, 누구에게는 100년이 허락된다. 나이를 많이 먹었으니 이제 죽어도 여한이 없다고 생각하는 사람은 없다. 늙었으니 충분히 살았다고 하는 인생도 없다. 라이너 마리아 릴케(Rainer Maria Rilke)는 "우리는 각자 안에 커다란 죽음을 지니고 있다. 한 인간은 태어나면서부터 죽기에 충분할 만큼 늙었다"고 말했지만, 여전히 죽음은 친숙하지 않다.

언제까지 살지 알 수 없는 우리에게 죽음이란 어떤 의미를 갖는 것일까. '죽음'이라는 단어를 들을 때 본능적으로 드는 감정은 두려움, 고통, 슬픔, 분노, 절망 등일 것이다. 죽음이란 인간의 두려움을 가장 잘 대변하는 개념이다. 우리가 죽음에 대해 두려움을 갖는 이유는 이 세상에서 내가 사라진다는 사실 때문만이 아니라 죽음 이후의 세계를 알 수도, 예측할 수도 없다는 사실 때문이다. 오죽했으면 대철학자 하이데거(Martin Heidegger)도 죽음 앞에서 느끼는 인간의 두려움은 원초적인 것이며 누구도 이것을 피할 순 없다고 말했을까.

공포심이 인간의 무력감에서 오고 불안감이 장래 불확실한 것에 대한 두려움에서 오는 심리 상태라면, 죽음은 이 두 가지 모두와 연결되어 있다. 우리의 관심사는 이거다. 죽음을 공포로 받아들이는 이유는 무엇이고, 이를 극복할 수 있는 방법은 무엇인가. 죽음을 생각하는 사람은 그렇지 않은 사람에 비해 삶에 대한 태도가 긍정적으로 바뀔 수 있는가. 그렇다면 죽음을 앞둔 우리는 어떤 태도를 취해야 하는가. 마지막으로, 행복하고 아름다운 죽음이란 과연 가능하기는 한 것인가.

죽음이란 무엇인가. 어느 때 사람이 죽었다고 하는가, 이 문제는 의학과 법학의 영역이다. 죽음이란 무엇인가, 이는 철학의 문제다.

의학계에서는 뇌와 척수를 연결하는 '뇌간'이 손상되면 사망했다고 진단하는데 이를 뇌사(brain death)설이라고 한다. 뇌사는 뇌간에 이상이 있다는 점에서 대뇌피질의 이상으로 의식을 잃은 식물인간 상태와 구별된다. 뇌사상태에 들어가면 현대 의학으로서는 치유할 방법이 없다. 뇌간이 죽더라도 폐는 호흡하고 심장은 뛰고 있으니 장기를 필요로 하는 사람에게 이식할 수 있다는 이점이 있다. 실용적이고 합리적이다. 당연히 무의미한 연명치료를 거부한다.

법학계에서는 심장이 정지되면 사망했다고 판단하는데 이를 심장 정지(cardiac arrest)설이라고 한다. 심장이 정지되면 모든 게 정지된다. 객관적이고 완벽하다. 뇌사설처럼 일부는 살아 있고 일부는 죽은, 그런 어중간한 상황은 없다. 이때부터 상속이 시작된다.

지금 우리가 갖는 관심은 죽음의 시기에 대한 의학계나 법학계 입장이 아니라 죽음이 우리에게 어떤 의미가 있는가 하는 철학적 문제다. 우리가 생물학적 죽음에만 매달린다면 여타 동물과 같은 방식의 죽음을 맞이하게 된다. 인간 외 동물에게 죽음은 곧 소멸을 의미하지만, 인간은 영혼에 대한 사유 공간이 있으므로 여타 동물과는 다른 죽음의 개념이 필요하다. 종교인들에게 죽음은 육신과 결별한 영혼이 안식처를 찾아 다음 세상으로 가는 과정이겠지만, 종교가 없는 사람들에게도 죽음은 살아 있는 동안 삶의 가치를 증진시킬 방안을 모색할 기회를 제공한다. 어떤 동물은 사람처럼 자신의 죽음을 예견한다고 하지만, 그렇다고 해서 자신들의 생활방식을 바꾸지는 않는다. 그래서 사람과 여타의 동물은 다르다.

전체로서의 자연은 영원하지만, 개체로서의 인간은 유한하다. 원천적으로 죽음을 극복할 수 없는 우리로서는 죽음을 공포가 아니라 필연적인 자연법칙으로 받아들이는 넓은 마음이 필요하다.

우리는 왜 죽음을
두려워하는가

사람이 죽음을 생각하면 어떤 반응을 보일까. 하루는 퇴근해서 집에 와보니 손녀와 할머니가 다퉜는지 서로 냉랭하다. 집사람이 말하길, 큰딸이 다니던 복지관에서 종이 찰흙으로 과자 바구니를 만들어 왔는데, 어머니가 그걸 보시더니 왜 이런 것을 만들어왔느냐고 역정을 내시더란다.

집사람에게 물었다. "혹시 그 바구니가 검은색이던가?" 집사람은 어떻게 알았냐며 깜짝 놀란다. 어머니는 왜 검은색 바구니에 대해 그렇게까지 민감했을까. 그 '검은색'에서 죽음을 연상했기 때문이다.

저승사자는 검은색 도포와 갓을 쓰고 망자의 혼을 데리러 온다. 적어도 백의민족에게 흰옷은 삶을 의미하지만, 검은색은 죽음을 의미한다. 검은색은 모든 것을 포용하고 가장 아름다운 색이기도 하지만 가장 부정(不淨)한 색이기도 하다.

우리가 죽음을 터부시하고 공포의 눈으로 바라보는 이유는 뭘까. 죽음에 대한 공포는 인간의 생명이 유한하다고 인식하는 데서 출발한다. 영생을 얻지 못한 인간으로서 죽음에 대한 공포를 느끼는 건 당연한 일이다. 게다가 살아오면서 많은 것을 소유하거나 관계를 맺으면서 일정한 결과물을 형성했으니, 그 결과물에 투여된 노력이 크면 클수록 그에 대한 집착도 같이 커진다.

그래서 자수성가한 사람은 자신이 일군 결과물에, 자신의 일생을 바쳐 자녀를 키웠다고 생각하는 부모는 자녀에 집착한다. 진시황은 중국 최초로 황제가 되었으니 이를 지키려 영생에 집착했다. 세상에 집착할 게 많으면 당연히 잃는 것에 대한 두려움도 커진다. 죽음은 그 모든 것을 잃게 하니 두려울 수밖에 없다.

한국인의 죽음에 대한 공포는 한국인 특유의 사유방식과 연관돼 있다. 한국인의 사유세계에는 특별히 내세관이라고 할 만한 것은 없다. 해탈하지 않는 한 윤회를 거듭한다고 가르치는 불교가 오랫동안 우리의 의식세계를 지배해왔지만, 정작 한국인의 마음속에 윤회사상을 남겨놓진 못했다. 현실기복을 믿음으로 한 뿌리 깊은 토속신앙이 한국인의 정신세계를 지배해왔기 때문이다. 한국의 기독교도 언제부턴가 기복신앙화하고 있는데, 이는 기독교 자체의 문제라기보다 우리 문화의 특징으로 볼 수 있다.

한국인의 이런 특징은 통계적으로도 확인되고 있으니, 로이터통신과 시장조사기관 입소스(Ipsos)의 조사 결과가 그렇다. 이 두 기관은 2011년 4월 23개국 1만 8,829명을 대상으로 사후세계는 있는지, 신은 존재하는지에 대해 설문조사를 했다. 전 세계적으로 51%에 이르는 사람들이 사후세계와 신의 존재를 믿는다고 답했지만, 한국과 스페인 사람들은 한 번 죽고 나면 '그냥 없어질 뿐(simply cease to exit)'

이라고 응답한 비율이 특히 높았다. 사람이 죽으면 단순히 없어질 뿐이라는 생각은 종교적 사유가 아니라 현세 가치를 추구하는 성향임을 나타낸다. '개똥밭에 굴리도 이승이 낫다'는 속담은 한국인의 이런 성향을 단적으로 보여준다.

죽음에 대한 두려움을 이기기 위해 인간은 다음 세상을 만들어 부활을 기원했다. 이집트인은 미라나 피라미드를 통해 사후세계에 다시 태어날 수 있기를 소원했고, 티베트인은 '사자(死者)의 서(書)'에 제시된 가르침대로 현세를 사후세계로 가는 과정으로 인식했다. 힌두교인은 이승에서 행한 업(業)으로 다음 생에서 보(報)를 받을 수 있다는 일념으로 고통스러운 현실세계를 감내했다. 죽음을 원하진 않지만 사후에 더 나은 세상을 볼 수 있다는 일념으로 죽음에 대한 경외심을 갖고 있다. 그들은 죽음을 우리만큼 예민하거나 공포의 눈으로 바라보지 않는다.

우리가 할 일은 죽음을 회피하지만 말고 정면으로 바라보는 것이다. 어떻게 죽는 것이 아름다운 죽음이 될 것인가, 죽음을 앞두고 어떻게 하는 것이 가치 있는 삶인가에 대해 고민해봐야 한다. 그렇게 하면 죽음에 대한 공포를 조금이라도 줄일 수 있을 것이다.

죽음에 대한 불안을 걷어내고, 삶에 대한 집착만 끊어낼 수 있다면 죽음은 그냥 죽음일 뿐이다.

살면서 죽음을
생각해야 하는 이유

2년 전쯤, 여성지인 〈퀸〉의 인터뷰 기사 중에 참 인상 깊은 구절이 있었다. 정확한 문장은 기억이 안 나지만 이런 내용이었다.

> 어느 봄, 머리가 하얗게 센 할머니가 길가에 쭈그리고 앉아 갓 피어난 꽃들과 하늘을 천천히 번갈아보며 중얼거렸다. '이 꽃들, 이 공기를 언제 또 다시 만날꼬.'

오늘날만큼 죽음에 대한 논의가 활발했던 적도 없다. 잘 사는 것 못지않게 죽음을 제대로 맞이하는 것이 중요하다고 생각하게 됐기 때문이다. 죽음을 연구하는 학자들은 죽음을 진지하게 받아들이면 삶을 주체적이고도 가치 있게 사는 데 도움이 된다고 말한다. 죽음이 생의 마지막 단계인 것은 분명한 만큼 죽음도 삶의 일부라는 점을 전제로 한다. 말하자면 삶이란 뫼비우스 띠처럼 끊임없이 순환하는 것이 아니라 일회성으로 주어지는 것이므로, 그 유한성으로 말미암아 삶의 가치가 있다는 것이다.

매일 숨 쉬는 공기를 소중히 여기는 사람은 없다. 무한한 것에는 가치를 두지 않기 때문이다. 어떤 측면에서는 에오스의 연인 티토노스의 형벌과 같은 영생보다는 인간의 죽음이 훨씬 고결해 보인다. 거기에 가치가 있기 때문이다.

우리에게 삶이 한 달만 허락된다면, 일수일만 허락된다면, 아니 단 하루의 삶만 허락된다면 어떻게 할까. 암을 이겨낸 사람들, 깊은 갱도에 묻혔다가 살아난 사람들과 같이 죽을 고비를 넘긴 사람들은 그후 삶이 어떻게 달라졌을까. 이 점을 알 수 있다면 우리는 나머지 삶을 어떻게 대해야 하는지, 그 실마리를 얻을 수 있을 것이다.

1849년 영하 50°C를 기록하는 시베리아의 추운 겨울, 스물여덟 살의 한 젊은이는 반체제 혐의로 검거돼 형장에 섰다. 형이 집행되던 날 젊은이에게 최후의 5분이 주어졌다. 젊은이는 무엇을 생각했을까. 바로 그 젊은 날의 도스토옙스키는 당시의 심정을 자전적 소설 《백치》에서 이렇게 표현하고 있다.

"이 세상에서 숨 쉴 수 있는 시간은 5분뿐이다. 그중 2분은 동지들과 작별하는 데, 2분은 삶을 되돌아보는 데, 나머지 1분은 이 세상을 마지막으로 한 번 보는 데 쓰고 싶다."

누구에게는 바닷가의 모래알처럼 무의미한 그 짧은 5분이, 누군가에게는 가장 소중하고 절실한 순간이 되기도 한다. 서서히 다가오는 죽음은 끔찍할 수밖에 없지만, 누구는 그 끔찍하다는 생각 때문에 남은 인생을 허비하는가 하면, 누구는 아무런 희망도 없고 기댈 곳도 없다는 데서 오히려 마음의 평정을 얻기도 한다. 간암에 걸렸지만 치료를 거부한 작가 복거일은 "순간순간을 강렬하게 산다. 보통의 날들이라면 흘려보내던 일들도 이 일이 마지막이라는 생각이 들면 다르다"고 말한다. 그는 이런 절망스러운 상황을 (그의 표현에 따르면) '스테이블(stable)'하게, 곧 안정적으로 바라본다. 그래서 복거일에게 남은 날은 불안한 날이 아니라 점점 더 소중해지는 날들이다.

우리가 죽음을 생각해야 하는 이유는 죽음으로 인한 절망에 머무르지 않고 이를 뛰어넘어 새로운 탄생의 계기로 삼아야 하기 때문이다.

삶과 죽음의 한가운데서 줄타기를 하고 있는 우리로서는, 죽음에 의연해지기가 참으로 어렵다. 경쟁이 치열한, 그러나 얕은 삶에서 죽음이라는 가장 원초적이고 철학적인 사유를 한다는 게 애당초 어려운 까닭이다.

죽음 자체에 대한 사유가 부족한 상황이니 여유 있는 죽음이나 아름다운 죽음에 대한 개념 자체가 형성되기 어렵다. 그래서는 아름다운 죽음도, 여유 있는 죽음도 없다.

스스로 마음을 닦고 또 닦으면 그 두려움을 조금이라도 무디게 할 수 있을까? 나아가, '우리는 아름답게 죽을 수 있을까?'

아들을 남편이라 부르고, 자신이 싼 똥으로 개떡을 만들어 먹고, 산소 호흡기를 떼면 바로 죽음을 맞이할 수밖에 없는, 그래서 인간으로서의 존엄성이라고는 찾아볼 수 없는 상황이 이어진다면, 그런 삶에 무슨 의미가 있을까.

'인간의 생명'은 그 자체로 고귀하고 가치가 있지만, '인간의 존엄성'은 고귀한 생명과는 다른 가치를 가진다. 그래서 누구나 아름답게 죽을 권리가 있고, 죽음에도 격이 있는 것이다.

우리가 죽음을 정확하게 이해할 수 있다면 '당하는 죽음'이 아니라 '맞이하는 죽음'을 대할 수 있고, 그리할 수만 있다면 죽음에 대한 두려움에서 벗어나 아름다운 죽음을 맞이할 수 있을 것이다.

호스피스 병동에서 수많은 임종을 지켜본 최화숙 박사는 우리에게 이렇게 묻고 있다.

"정직하고 성실하게 보편적 진리에 따라 인생을 살아온 사람, 내세가 있다고 확신하는 사람의 마지막은 눈물겹도록 아름다웠다. 어떤 이들은 죽음이 어떻게 건강하고 아름다울 수 있느냐고 반문하지만, 미리 생각해보고 준비한다면 '죽음'은 더 이상 두려운 것이 아닐 수 있음을 알아야 한다. 건강할 때, 잘나갈 때, 한 번쯤 멈춰 서서 삶이 영원한 것이 아님을 생각해보는 지혜가 필요하지 않을까? 나는 어떤 모습으로 죽음을 맞이할 것인가?"
- 〈월간중앙〉 2005년 10월, "호스피스 간호사가 본 '인생의 마지막 종착역'"

시인 박소담의 경쾌한 장례식에서 아름다운 죽음의 모습을 엿볼 수 있다. 시인 박소담은 담도암으로 2년간 투병하면서 '죽음맞이'의 모든 과정을 기록으로 남겼다. '축제와 같은 장례식'을 만들고 싶다는 박 시인의 뜻에 따라 장례식장에선 색소폰이 연주되고, 시 낭송회가 열렸다. 고인이 생전에 그렸던 그림으로 시화전도 열었다. 그의 부인 이지선 시인은 박 시인의 유지에 따라 화려한 장례식을 마련했고, 고인의 생전 활동 모습을 담은 영상물을 제작해 장례식장에서 상영했다. '열심히 산 그대, 천국에서도 파이팅!'

이 시인이 남편의 영전에 바친 화환 리본의 문구다. 이 시인도 남편과 같은 생각이었던가 보다. '사랑하는 아들, 딸! 너희가 있어 나는 참 행복했다. 누구나 살아간다는 것은 죽음을 향해 가는 여정이다. 나는 아름다운 모습으로 떠나고 싶다. 내가 의식하지 못한 죽음이 찾아왔을 때 너희가 당황하지 않도록 이 글을 써 놓는다. 이 시인의 안방 거울에 붙어 있는 글이란다.

> 나 하늘로 돌아가리라
> 아름다운 이 세상 소풍 끝내는 날,
> 가서, 아름다웠더라고 말하리라
>
> — 천상병, 〈귀천〉

시인 천상병도 어쩌면 박소담 시인 부부와 같은 생각이었을 것이다. 어느 날 당신이 죽음을 맞이할 때, 당신이 생각하는 가장 이상적인 모습은 어떤 것인가.

죽음에 대한 태도가 바뀌면
삶이 바뀐다

죽음을 생각하는 것만으로도 나 자신의 행동을 변화시킬 수 있을까. 죽음에 대한 옅은 생각은 죽음을 공포의 눈으로 바라보게 한다. 그러나 여러 실험의 결과 죽음을 진지하게 생각하는 사람들은 죽음에 대해 그렇게까지 두려워하거나 불쾌해하지 않는다는 사실이 밝혀졌다. 죽음에 대한 생각만으로 오히려 행복감을 느낄 수 있고, 다른 사람을 배려하며 자신의 장래에 대한 생각이 적극적으로 변한다는 사실을 입증했다.

한 걸음 더 나아가 끔찍한 죽음의 이미지를, 자신이 맞이하고 싶은 이상적인 죽음의 이미지로 바꾸는 것만으로도 삶에 대한 태도가 달라질 수 있다. 가만히 눈을 감고 상상해보자. 울부짖는 유족들이 바라보는 가운데 죽음을 거부하며 임종을 맞는 내 모습과 죽음을 선선히 받아들이고 친지들에 둘러싸여 편안하게 임종하는 내 모습을. 당신이 바라는 마지막 모습은 어느 쪽인가. 우리는 죽음에 대한 태도의 변화로 그 밖에 많은 변화를 가져올 수 있다.

EBS 다큐멘터리 기획팀(생사탐구 대기획: Death)과 중앙대학교 심리학과 김재휘 교수가 공동으로 행한 하나의 실험을 주목할 필요가 있다.

가족이 임종을 지켜보는 편안한 이미지와 '당신이 맞이하고 싶은 죽음에 대해 생각해보셨나요'라는 문구가 있는 포스터를 벽에 붙이고, 그 앞을 지나가는 사람들이 이를 보도록 했다. 이어 그들이 기부단체 옆을 지나가도록 유도했다. 그 이미지를 봤다는 것이 중요하고, 실제로 죽음의 의미를 되새길 필요는 없다.

그 결과는 어땠을까. 죽음은 불쾌하고 피하고 싶은 것이라는, 전통적인 죽음에 대한 이미지와 전혀 다른 결과가 나왔다. 모금 캠페인은 약 6시간 동안 진행됐는데 죽음에 대한 포스터가 없는 지역에서는 10만 원, 포스터가 있는 곳에서는 40만 원이 모였다.

기부 의사가 있느냐는 질문에서, 이 포스터를 보지 않았던 그룹은 22%만 그렇다고 응답했지만, 이 포스터를 봤던 그룹은 49%가 기부 의사가 있다고 응답했다.

이 실험에서 중요한 것은 그런 이미지를 봤다는 것만으로도 기부 의사가 생겼음은 물론, 실제로 기부행위를 했다는 점이다. 나아가 이 실험에 참가한 한 대학생은 기부행위와 같은 이타심만 키운 게 아니라 가족에 대해 사랑하는 마음이 더 고양됐고, 애정 표현도 더 적극적으로 하는 등 자신의 행동에도 많은 변화가 있었다고 말했다. 편안한 죽음을 맞이하는 것이 왜 중요한지, 죽음을 연상함으로써 우리 안에 잠재해 있는 이타심을 실제로 깨울 수 있는지에 대해 이 실험은 분명한 답변을 보여준다.

죽음에 대한 생각은 나 자신을 위한 태도 변화에도 기여한다. 일단의 실험은 죽음을 연상함으로써 미래의 운동 의지를 강화함은 물론 실제로 운동량을 늘렸음을 보여줬다. 헬스클럽 회원들에게 성격 조사라고 말하고 설문조사를 했다. 한 그룹은 자신의 이상적인 죽음에 대해서, 다른 한 그룹은 치통에 대해서 각각 글을 쓰게 했다. 그 다음 두 그룹 모두 운동이 장수에 도움이 된다는 기사를 읽도록 하고, 실제로 운동을 하게 했다. 이 실험의 목적은 죽음에 대한 생각이 미래의 운동 의지에 어떤 영향을 미치는지를 알아보는 것이었다. 운동 의지는 죽음에 대한 글을 쓴 사람은 5점 만점에 4점, 치통에 대해 쓴 사람은 3.4점으로 나타났다.

그렇다면 죽음을 생각하는 것이 운동 의지를 넘어 실제 운동량에도 영향을 줬을까? 미국 사우스플로리다 주립대학교 심리학과 제이미 골든버그(Jamie Goldenberg) 교수는 죽음을 생각하는 것이 운동 의지뿐 아니라 실제로 운동량을 늘린다는 사실을 실험을 통해 확인했다. 자신의 이상적인 죽음을 떠올렸던 참가자들은 2주 동안 더 많은 운동을 했고, 운동을 하면 할수록 건강에 대한 자부심도 높아진 것으로 나타났다. 이와 같은 실험 결과를 보면, 편안한 죽음이라는 이미지가 우리의 일상생활에 실제로 많은 영향을 미친다는 것을 알 수 있다. 당신이 죽음을 생각할 때 어차피 죽을 것이니 그냥저냥 살겠다고 생각하는지, 아니면 죽기 전까지는 남아 있는 시간이라도 촘촘하게 살아야겠다고 생각하는지 궁금하다.

죽음에 대한 연상이
어떻게 행복감을 가져올까

미국 켄터키대학교의 심리학자인 너선 드월(Nathan DeWall) 교수는 2007년 앞의 실험과 유사한 방법으로 죽음과 행복감의 상관관계를 연구했다. 드월 교수는 대학생 432명을 두 그룹으로 나눠 실험했다. 한 그룹에는 자신이 죽어갈 때 일어날 것으로 예상하는 일들을 글로 작성하도록 했고, 다른 그룹에는 치통을 생각하고 그 느낌을 글로 쓰도록 했다. 실험의 목적은 서로 다른 상황에서 나타나는 대학생들의 정서 반응이 어떤 차이가 있는지 알아보는 것이었다. 정서 반응은 의식 상태와 무의식 상태로 나눠 측정했다.

의식적인 상태에서는 실험 참가자 모두 같은 정서 반응을 보였지만, 무의식 상태에서는 죽음에 대해 생각한 그룹이 치통을 생각한 그룹보다 행복감 같은 긍정적인 반응을 더 많이 나타낸 것으로 확인됐다. 자신의 죽음에 대해 생각하면 슬퍼할 것이라는 일반적인 예상과 달리, 오히려 행복감을 느낀다는 뜻밖의 결과가 나온 것이다.

심리학 전문지 〈심리과학(Psychological Science)〉에 실린 유사한 실험에서도 결과는 같았다. 연구팀은 죽음을 연상하게 한 그룹과 죽음과는 별개의 나쁜 기억을 상상하게 한 그룹으로 나눈 뒤 두 종류의 단어 연상 테스트를 했다.

첫 번째 테스트에서는 지원자들에게 제시어 'jo'를 이용해 단어를 만들게 했다. 죽음을 상상한 그룹은 'joy(즐거움)' 같은 긍정적인 단어를 연상한 반면, 나쁜 기억을 상상한 그룹은 'jog(달리다)', 'job(일)'처럼 일상적인 단어를 주로 떠올렸다.

두 번째 테스트에선 제시어 'puppy(강아지)'를 주고 비슷한 단어를 말하게 했다. 죽음을 상상한 그룹은 'parade(행진)'와 같이 긍정적인 답변을 한 반면, 나쁜 기억을 떠올린 그룹은 '동물, 벌레'와 같은 일상적인 단어를 연상했다.

이런 실험 결과는 사람들이 죽을 때가 가까워져 옴에도 긍정적인 생각을 하는 이유를 설명해준다. 드월 교수는 이런 정서 반응을 '심리적 면역 반응(psychological immune response)'으로 설명했다. 인간이 자신의 죽음에 대해 생각하면 뇌가 자동으로 행복한 느낌을 갖도록 함으로써 공포에 대처할 수 있게끔 심리적인 면역체계를 구축한다는 것이다.

원래 면역은 사람 몸 안에 병원균이 침입할 때 이를 물리치는 저항력을 의미하는데, 일부 사회심리학자들이 사람 몸뿐만 아니라 마음에도 면역 기능이 있다고 주장해왔다. 이를 드월 교수가 실험으로 증명해 보인 것이다.

여러 실험에서 보듯이 죽음에 대한 생각이 우리 안에 있던 이타심을 일깨우고, 좀더 열심히 운동할 수 있도록 자극을 준다. 심지어는 심리적 면역 반응을 통해 죽음에 대한 생각이 행복감을 느낄 수 있도록 도와준다. 죽음을 회피하지만 않으면 죽음에 대한 사유는 우리에게 여러 가지 선물을 준다.

죽음은 얼마나 고통스러운 과정일까

우리가 죽음을 고통스럽게 바라보는 이유는 죽음에 다다른 사람의 모습으로 그 고통을 짐작하기 때문이다. 부풀어 오른 배, 뼈와 가죽만 남은 육신, 온갖 의료장치를 달고 있는 모습을 보고 우리는 죽음의 고통을 읽는다. 그리고 그 고통의 끝에 죽음이 있다고 생각한다.

죽음은 정말 고통스러운 과정일까. 심장이 제 기능을 수행한다는 의미는 피가 돈다는 의미이고, 피가 돌면 폐에서 출발한 산소가 신체 구석구석에 공급된다는 의미다. 만약 심장이 정지되어 우리 몸 구석구석에 피가 공급되지 않으면 어떤 일이 벌어질까. 심장이 멈추면 피가 돌지 않아 기관(organ)이 서서히 괴사하기 시작하고, 마침내 모든 장기의 기능이 멈추게 된다.

그러는 동안 뇌에서는 어떤 일이 일어나고 있을까. 숨이 끊어졌다 살아난 사람 중 약 20%는 사후세계를 봤다고 주장한다. 이들 대부분은 밝은 빛의 터널 같은 것을 봤으며, 정말 아름다워서 거기에 그대로 머물러 있기를 바랐다고 말한다. 이들이 본 것은 사후세계일까, 아니면 환영일까. 최근 연구에 따르면, 그것은 뇌 활동에 의한 착각이라는 결과가 나왔다. 2013년 미국 미시간대학교 연구팀은 〈미 국립과학원 회보(PNAS)〉에 심장이 정지된 뒤에도 뇌가 바로 죽지 않고, 뇌의 어떤 부분은 오히려 활동이 더 활발해진다고 보고했다.

연구진은 마취시킨 쥐 9마리를 대상으로 심장마비를 유발해 뇌파를 관찰했는데 쥐들의 심장이 멎은 뒤 30초 동안, 깨어 있을 때보다 훨씬 더 높은 수준의 뇌파인 감마파(γ)가 발생한 것을 관찰했다. 특히 의식과 시각활동에 관계된 뇌 부분의 활동이 활발했고, 이런 현상은 실험 대상인 모든 쥐에서 관찰됐다. 감마파는 명상과 같이 고차원의 의식활동 중에 나타나는 뇌파(25~55Hz)를 말한다.

만약 인간의 뇌에 대해서도 인위적으로 피의 공급을 중단하면 이와 유사한 현상이 나타날 수 있을까? 공군 조종사는 기압 적응 훈련의 일부로 뱅글뱅글 도는 기계에 들어가 훈련을 받는다. 이 기계의 속도가 높아지면 피가 머리까지 공급되지 않아 죽음과 비슷한 현상이 벌어진다. 이때 조종사는 기절하기 직전 터널 시야를 경험한다. 정신이 돌아온 조종사들은 임사체험과 비슷한 경험을 했다고 말한다.

뇌는 피가 공급되지 않는 순간을 자신이 죽는 순간으로 인식하고 엔도르핀을 최대한 분비한다. 엔도르핀은 '인체 내의 모르핀'이라는 뜻을 지닌 신경전달물질로 쾌감을 느끼게 하는 역할을 한다. 왜 죽는 순간 뇌가 엔도르핀을 최대한 분비하는지 아직 정확하게 밝혀지진 않았지만, 진화심리학에서는 죽음에 대한 고통과 두려움을 극복하려는 진화의 한 과정으로 본다. 이와 같은 관점에서 본다면 임사체험은 일종의 환각작용으로, 과도한 엔도르핀 분비에서 오는 부작용으로 볼 수 있다.

인간의 몸은 생명력이 소진되면 죽음의 과정으로 들어서게 되는데, 이 실험 결과가 맞는다면 그 과정이 고통스럽고 무서운 것이지 막상 죽음을 맞이할 때는 그렇게 고통스럽거나 무섭지 않다는 것이다.

연명치료를 바라지 않는다면, 사전의료의향서

심폐소생술을 실시하거나 인공호흡기를 부착하여 호흡과 심장의 박동이 정상적으로 유지된다면, 죽음이 임박한 생명이라도 의학적으로나 법적으로 완전한 생명체로서 보호받는다. 사전에 연명치료를 거부한다는 본인의 분명한 의사표시가 없는 한 의사들은 모든 지식과 기술을 동원해 생명 연장을 위한 조치를 취해야 한다. 그것이 의료윤리에 부합하기 때문이다. 생명 연장 시술을 소홀히 할 경우 법적으로 처벌받거나 사회적으로 비난받을 수 있다.

그러나 치료가 더 이상 무의미한 환자에게 연명치료를 계속하는 것은 비록 생명의 손범성에는 부합할지 모르지만 인간의 존엄성을 해치고 나아가 가족들에게는 정신적 고통과 함께 경제적 부담을 주게 된다. 목에 있는 호스를 통해 음식을 넣어주고, 코에 호스를 삽입해 기계에 의한 호흡을 하도록 하는가 하면, 사지가 굳어 침을 줄줄 흘리기 때문에 24시간 간병인이 붙어 있어야 하는 그런 모습을 본 적 있는가. 이미 칠규(七竅, 사람의 얼굴에 있는 일곱 개의 구멍)의 흐트러짐이 시작되어 코와 귀를 솜으로 막아놓고, 형체를 알 수 없을 정도로 부풀어 올라 있는 상태에서 하루를, 일주일을, 한 달을 더 산들 무슨 의미가 있겠는가.

숨을 헐떡거리는 모습은 보는 사람도 힘들지만 당사자는 더욱 힘들다. 혹시 보호자의 이기심 때문에, 아니면 다른 사람의 이목 때문에 놓아야 할 때를 자꾸 지나치고 있지는 않은지, 누구를 위한 연명치료인지 생각해봐야 한다. 산 자의 죄책감을 덜기 위해 서로의 고통을 연장해선 안 된다.

그래서 우리는 죽음의 마지막 단계에 통증을 감소시키는 의료행위 외에 생명 유지를 위한 적극적인 의료행위가 개입하지 못하도록 사전의료의향서를 작성해둬야 한다.

내 친구 아버지는 의사였는데(그리고 의사였기 때문에) 자신이 쓰러질 때 심폐소생술을 실시하거나 산소 호흡기 착용을 하지 못하도록

'사전의료의향서'를 작성해뒀다. 사전의료의향서의 효력에 대해 법률에 특별히 규정되어 있진 않지만, 자기 자신에 대한 치료 방향을 미리 밝혀두면 그 효력이 인정된다는 것이 대법원 입장이다.

만약 사전의료의향서를 작성하지 못하고 죽음을 맞이할 경우 어떻게 해야 할까? 이런 경우에는 남은 배우자가 연명치료 여부를 결정해줘야 한다. 자식들은 자식이기 때문에 부모의 죽음에 관여하는 게 죄스럽다. 자식이 부모의 존엄사를 주장하기는 어렵다. 그러니 자식들의 이런 입장을 헤아려 배우자가 존엄사를 주장하고 이에 대한 책임도 지는 것이 맞다. 이런 선례를 만들어놓으면 남은 배우자가 이후 같은 상황에 처했을 때 자식들은 같은 결정을 내리기가 훨씬 쉬워진다.

나의 아버지는 혈압으로 뇌혈관이 터져 의식이 없는 상태에서 산소 호흡기를 착용하셨다. 뇌출혈이 상당히 진행된 것인지 MRI상으로 한쪽 뇌가 시커멓게 보였다. 병원에서는 아버지의 뇌출혈이 너무 광범위하게 진행돼 산소 호흡기를 제거하면 바로 돌아가시고, 산소 호흡기를 그대로 둬도 의식이 돌아올 가능성은 없다고 설명했다. 호흡기를 제거하지 않으면 이 상태가 몇 달이 될지 몇 년이 될지 알 수 없으니 환자 가족들이 최종 결정을 하라고 요구했다. 나와 동생은 결국 연명치료를 하지 않겠다는 서면에 사인했다.

왜 고민이 없었겠는가. 동의서에 사인했다는 사실에 대해 지금도 심한 죄책감에 시달리고 있다. 그때 동의서에 사인하지 않았더라면 아버지에게 혹시 기적이라도 일어나지 않았을까, 이런 후회 같은 거다. 만약 아버지가 생전에 이런 내용의 사전의료의향서라도 써놓으셨다면, 저어도 어머니가 이 일을 결정해주셨다면, 우리는 지금까지 죄책감에 시달리지 않았을 것이다. 이 역시 이기적인 생각일 것이다.

서울대학교 전 의대 교수였던 김건열 박사의 사전의료의향서를 참고해보자.

사전의료의향서

치료가 불가능한 상황에 이르렀을 때 담당 의료진과 가족들은 이 사전의료의향서에 기재된 내용대로 이행해주길 바란다.

1. 의식이 없어진 상태가 되더라도 기도 삽관이나 기관지 절제술, 인공기계호흡을 시행하지 말라.*
2. 항암 화학요법이 필요하다고 의료진이 판단하더라도 항암 화학요법을 시행하지 말라.**
3. 인공영양법, 혈액투석, 침습적 치료술을 하지 말라.***
4. 탈수를 막고 혈압 유지를 위한 수액요법과 통증관리 및 생리 기능 유지를 위한 완화요법은 실시하되, 임종 때 혈압상승제나 심폐소생술을 하지 말라.
5. 기타 어떤 연명치료도 시행하지 말라.
6. 여기에 기술되지 않은 부분은 '임종 환자 연명치료 중단에 관한 의료윤리지침'에 따라 결정하고, 의료진과 법의 집행관은 환자로서 나의 권리를 존중하고 지켜주길 바란다.
7. 이 사전의료의향서가 누구에 의해서도 변형되지 않길 원한다.
8. 이 사전의료의향서에 기재되지 않은 사항은 아래 지정 대리인이 그 권한을 행사하되, 1순위 대리인이 그 권한을 행사할 수 없는 부득이한 경우 2순위 대리인이 그 권한을 행사한다.

	성 명	관계
1순위 대리인	주 소	
	성 명	관계
2순위 대리인	주 소	

년 월 일

위 사전의료의향서 작성자
성 명 서명
주민등록번호
주 소

* 이 방법은 대체로 병원에서 시행하는 시술 방법이다.
** 이 사전의료의향서를 작성할 당시 환자 본인의 나이가 80세가 넘었던 점을 고려한 것 같다.
*** 보호자가 보기에 환자가 의식을 잃은 것처럼 보이지만 환자는 촉각과 청각이 어느 정도 남아 있기 때문에 고통을 느낀다. 다만 그것을 표현하지 못한다.

이런 사전의료의향서는 그 내용의 진정성을 확보하기 위해 공증인 사무실에서 공증을 받는 것이 좋다. 서식이 없으면 공증사무실에 비치된 양식을 사용해도 된다. 공증비용은 그다지 비싸지 않다. '스스로 죽음에 이르는 자세'에 관한 공정증서(존엄사 공정증서)로 작성할 경우 51,500원이고, 본인이 작성해온 사전의료의향서에 인증을 받을 경우 25,750원이다.

　　다음은 공증사무소에서 사용하는 존엄사 공정증서 양식이다.

제1조 나 ○○○은 장차 불치의 병에 걸려 죽음이 다가올 경우를 대비하여 가족 및 의료진에게 스스로 죽음에 이르는 자세에 관하여 아래와 같이 당부드립니다.

나의 병이 현대의 의학 수준으로는 치료할 수 없는 불치 상태에 빠져 죽음이 임박하였다고 담당 의사에 의하여 진단이 내려지는 경우 고통을 수반하는 수술이나 죽음을 늦추는 외에 다른 의미가 없는 연명조치는 일체 행하지 말아 주십시오.

그러나 고통을 완화시키는 조치는 최대한 실시하여 주십시오. 설령 그로 인한 부작용으로 사망 시기가 앞당겨지더라도 관계없습니다.

제2조 이러한 나의 희망은 아래의 가족에게 사전 양해를 얻었습니다.

1. 처 ○○○ (1940. 10. 10.생)
2. 장남 ○○○ (1970. 10. 10.생)

나에게 제1조에 정한 증상이 발생할 경우 가족들은 본 공정증서를 의료진에게 전달해 주기 바라며, 가족과 의료진 모두 내가 인간으로서 존엄을 유지하고 편안한 죽음을 맞이할 수 있도록 배려해 주기를 부탁드립니다.

제3조 본 공정증서에 밝힌 내 의사에 따라 가족이나 의료진이 한 일체의 행위에 대한 책임은 나 자신에게 있으므로 이분들이 그로 인하여 혹여 범죄수사나 소추의 대상이 되지 않도록 특별히 부탁드립니다.

제4조 이러한 희망은 나의 정신이 온전한 상태에 있을 때 행한 것이므로 내가 온전한 정신 상태에서 스스로 철회하지 않는 한 계속하여 유효함을 밝혀 둡니다.

2○○○년 ○○월 ○○일

위 작성자 ○○○

사전의료의향서는 특별히 정해진 서식이 따로 있는 것은 아니지만 '(사)사전의료의향서 실천모임' 홈페이지(sasilmo.net)에서 제공하는 양식을 활용하는 경우가 많다. 한국사전의향서보관은행(www.livingwillbank.com)은 사전의료의향서를 보관하는 업무를 수행하고 있다.

장례 방식을 미리 정해두고 싶다면, 사전장례의향서

누구나 자신이 사망했을 때 따라주길 바라는 장례 방식이 있다. 사망하기 전에 유언 방식을 통해 장례 절차를 제시할 수 있지만, 장례 절차나 방식에 대한 유언은 유언으로서 효력이 발생하지 않는다. 장례에 관한 어떤 내용을 유언장에 기재하든, 이는 교훈적이거나 작성자의 희망을 표시하는 것에 불과하다. 이 점에서 사전의료의향서에 의해 존엄사가 인정되는 것과는 다르다. 다만 후손들이 작성자의 뜻에 따라 장례를 간소하고 엄숙하게 치를 수 있도록 하자는 취지다.

사전장례의향서는 '한국골든에이지포럼' 홈페이지(www.goldenageforum.org)에서 내려받을 수 있다. 유족들은 돌아가신 분에 대한 죄책감 때문에 다소 무리한 장례를 치르고자 하고, 장례식장들은 여기에 편승해 '그렇게 하지 않으면 불효'라고 은근히 압박한다. 자식들이 그런 상황에서 벗어날 수 있도록 사전장례의향서를 작성해두는 것이 좋다.

사전장례의향서

다음 내용은 내가 원하는 장례의식과 절차를 기록해 놓은 것이니 여러분은 나의 의사를 따라 주기 바란다.

부고
(1) 나의 죽음을 나의 4촌 이내의 친족에게만 알리기 바란다.
(2) 나의 죽음을 널리 알려 주기 바란다.

2. 부의금과 조화
(1) 부의금과 조화는 일절 받지 않기 바란다.
(2) 부의금은 관례에 따라 처리하되, 조화는 일절 받지 않기 바란다.
(3) 관례에 따라 처리하기 바란다.

3. 염습 및 입관
(1) 일체의 절차를 생략하고 내 시신을 병원에 기증하기 바란다.
(2) 관례에 따라 처리하기 바란다.

4. 수의 및 관
(1) 고가의 수의와 관은 원하지 않으니 반드시 검소한 것으로 사용하기 바란다.
(2) 관례에 따라 처리하기 바란다.

5. 시신처리
(1) 반드시 화장하고 (산골, 봉안장, 수목장)해 주기 바란다.
(2) 매장을 원한다(선산, 공동묘지).

6. 삼우제와 사구재
(1) 삼우제와 사구재를 지내지 않기를 바란다.
(2) 삼우제만 지내고 사구재는 지내지 않기를 바란다.
(3) 삼우제와 사구재를 지내되 가족만 모여 조용히 추모해 주기 바란다.
(4) 관례에 따라 처리하기 바란다.

7. 기타
필요한 내용을 기재한다.°

년 월 일

위 사전장례의향서 작성자
이 름 서명
주민등록번호
주 소

* 신나는 배경음악을 사용하도록 한 사람도 있고, 평생의 모습을 비디오로 상영하도록 한 사람도 있다.

재산 분쟁을 막으려면, 법적 효력 있는 유언장

한편으로 생각하면, 내가 죽은 후에도 법적으로 영향을 미칠 수 있는 유일한 방법이 유언장이지 싶다. 유언장에는 유언자의 의사를 표시할 수 있지만 그중에는 법적으로 효력을 발생하는 것과 그렇지 못한 것이 있다.

어떤 자식에게 어떤 재산을 물려준다는 상속재산 분할에 관한 유언, 밖에서 낳은 자식을 친자식으로 인정한다는 소위 혼외자 인지에 관한 유언, 사전의료의향서, 사후 장기기증 등은 법적으로 매우 중요한 의미가 있다.

다 중요한 유언이지만 유족 간 분쟁은 대부분이 상속재산 분할 문제에서 발생한다는 점을 고려할 때 이 부분에 대한 내용을 명확히 해둬야 한다. 자식들이 상속재산 분할을 미리 알면 자신에 대한 효심이 옅어질까 봐 그러는지 이에 대해 생전에 전혀 언급하지 않다가 유언장을 통해서 밝히는 경우가 종종 있다. 그러나 이는 필시 분쟁을 일으키고야 만다. 자식들은 상속분이 자신이 생각한 몫에 미치지 않으면 유언장 자체의 진위부터 문제 삼는다. 그러니 생전에 자식들에게 상속재산 분할에 대해 개략적인 내용을 언급해주는 것이 좋다.

반면 장례는 어떤 식으로 치르고, 장지는 어디로 할지 정해야 한다, 혼자 남은 어머니에게 효도해야 한다 등은 유언장에 기재되어 있더라도 법적으로 아무런 효력을 발생하지 않는다. 이는 단순히 도덕적이고 윤리적인 지침에 불과하기 때문이다.

현행 민법상 유언의 방식에는 다섯 가지가 있는데 이 중에서 자필증서에 의한 유언과 공증에 의한 유언을 가장 많이 활용한다. 공증에 의한 유언은 비용은 다소 들지만 가장 명료하여 상속인 간 다툼이 없다. 공증은 공증인 사무실에서 행하며 증인으로 성인 두 사람을 대동해야 한다. 자필증서에 의한 유언은 상속인들이 이 유언장에 대해 진정성을 인정하면 그대로 효력을 발생하지만 상속인들이 유언장에 대해 진위를 문제 삼는다면 법원에서 그 진위를 확인하는 일까지 발생할 수 있다.

자필증서에 의한 유언이 성립하기 위해서는 반드시 유언 내용, 유언자의 주소, 작성 연월일을 기재한 다음 유언자의 성명을 쓰고 도장으로 날인하여야 한다. 작성 연월일까지 써야 하므로 연월만 쓴 것은 무효다. 다만 '60세 생일' 이런 식으로 쓰는 것은 가능하다. 만약 유언장을 여러 차례에 걸쳐 작성했다면 가장 최근 날짜가 적힌 유언장만 유효하다. 또한 자필증서에 의한 유언장은 반드시 자필로 써야 하므로 다른 사람에게 대필을 시키거나 컴퓨터로 작성하여 프린트한 경우는 인정되지 않는다. 자필증서에 의한 유언장을 작성하고 실제로 유언자가 사망해 유언장을 집행하기 위해서는 가정법원의 검인절차를 거쳐야 한다. 유언장은 사정이 변경되거나 유언자의 심경이 변하면 종전의 유언장을 무효화하고 언제든지 다시 작성할 수 있다.

평균 연령이 90세라고 하여 내가 꼭 90세까지 산다는 것도 아니다. 평균수명은 그냥 평균수명일 뿐이다. 지금처럼 사건·사고가 많이 일어난 때도 없었으니 언제 유언장을 작성해야 하는가에 대한 논의는 무의미하다. 다만, 사망 직전보다는 정신이 맑을 때 미리 작성해두는 것이 좋다.

그런데도 2013년 씨티은행 자료에 따르면 '유언장이 있다'고 답한 한국인은 응답자의 2%에 불과했다. 중국·호주·싱가포르 등 아시아·태평양 지역 7개국 평균이 15%인 것과 비교해볼 때, 아직도 우리에게는 유언장을 작성하는 것 자체가 두려운 작업인 것 같다. 하지만 유언장을 작성하는 것은 죽음에 대비하는 것이지 죽음이 아니다.

내 인생에 대한 보상, 자서전을 남기자

요즘 자서전 쓰기가 대유행처럼 번지고 있다. 대단히 바람직한 현상이다. 이를 지도할 수 있는 지도자와 교육기관들이 많이 생겨나기를 기대한다. 그렇다면 자서전은 왜 써야 할까? 자서전을 씀으로써 우리는 어떤 효과를 기대할 수 있을까?

사람들이 자서전에 대해 갖는 생각은 대체로 같다. '누가 내 인생에 관심을 갖겠는가', '괜히 다른 사람에게 피해나 끼치지는 않을까', '과연 내가 잘 쓸 수 있을까' 등이다. 자서전은 다른 사람을 감동시키거나 후손들이 볼 수 있도록 나의 기록을 남기기 위해서 쓰는 게 아니다. 혹독한 세상을 살아오면서 비록 마음과 몸이 너덜거리게 됐지만 그런대로 잘 견뎌온 '나 자신에 대한 감사의 표시'를 하는 것이다. 누구나 자신의 여정을 기록할 만한 가치가 있는 존재다. 자서전을 쓰면 이 풍진 세상을 살아온 자신이 얼마나 대견한 존재인지 알게 된다. 힘들었던, 그러나 아름다웠던 시절로 나 홀로 천천히 떠나는 과거로의 여행과 같다.

자서전은 치유의 기능을 가지고 있다. 미국에서 노숙자들에게 자서전을 쓰게 한 결과 그 이후의 삶이 이전과 달라졌다는 보고가 있다. 사회적으로 열악한 위치에 있거나 나이가 들어 더 이상 쓸모가 없다고 생각하는 사람들에게 자서전은 자신이 지나온 과거의 삶이 얼마나 소중한지 깨닫는 계기가 된다.

또한 가슴 속에 생채기로 남아 있던 사연들을 밖으로 꺼냄으로써 과거와 화해하는 기회를 갖는다. 페이지마다 추억으로 물든 과거는 오늘의 삶에 새로운 의미가 된다. 그러니 자서전은 나의 터닝 포인트가 되기도 한다.

이천시 노인복지관에서 자서전 쓰기 프로젝트(강사 이지원)를 개최

했는데, 거기 참여한 강옥희 할머니(72세)의 이야기다. 두 살에 어머니를 여의고 아버지가 재혼했는데 아버지마저 돌아가셨다. 새어머니는 외갓밑인 강 할머니를 항상 바보, 멍청이라고 불렀다. 그러니 할머니에게는 행복감이나 자존감이 형성될 여지가 없었다. 뒤돌아보면 힘들고 추운 기억밖에 없는 과거였지만 자서전을 쓰기 시작하면서 할머니의 인생관이 완전히 바뀌었다.

강 할머니의 말씀이다.

> "늙으니까 건강하게 살아서 자식들에게 부담 안 주고 뒷바라지해줘야겠다고 생각했다. 그런데 자서전을 쓰면서 늙었다고 꿈을 포기하면 안 되겠다고 생각했다. 가족도 있지만 내 인생도 살아야 한다고 생각했다."

자서전을 쓰면서 과거의 쓰라린 기억이 서서히 치유되고 앞으로의 삶에 대한 용기가 솟아난 것이다. 할머니의 자서전을 읽은 며느리는 할머니의 지난한 과거에 대해 존경심이 우러나온다고 말한다. 서로 몰랐던 부분을 알아가게 됨으로써 가족 간의 이해와 화목을 가져올 수 있으니 이보다 좋은 일도 없다. 때로는 백 마디 말보다 한 줄의 글이 심금을 울리는 법이다. 자식에게, 며느리에게 아무리 자신이 힘들게 살아왔다고 말해봐야 넋두리에 불과하다. 같은 내용이라도 글로 전해지는 은은함은 말보다 무겁다.

자서전에 어떤 내용을 넣을 것인지는 개인마다 다르다. 어느 철학자 말대로 우리는 태어나자마자 세상에 던져졌기 때문에 일반인이 겪는 삶이란 대동소이할 것이다. 그래도 얼개는 필요한 법이니 먼저 목차를 정해두면 중복해서 쓰거나 놓치는 것이 없어 좋다.

어린 시절, 청춘 시절, 장년 시절과 같이 시간의 흐름에 맞춰 써도 좋고 힘들었던 일, 환희에 찼던 일, 슬펐던 일, 안타까웠던 일과 같이 사건 중심으로 써도 좋다. 아무리 개인사라도 사회 또는 국가와 떼어 생각하기 힘들다. 나의 학창 시절, 대학에서는 민주화 시위 때문에 몸살을 앓았다. 당시 시험공부를 하고 있던 나로서는 심리적 갈등이 심했다. 공부를 계속해야 하는가, 아니면 시위에 참가해야 하는가. 결국 공부 반, 시위 반으로 아무것도 되지 못했다. 이렇듯 자서전을 쓸 때는 자신의 일과 당시 사회 혹은 국가적으로 일어났던 일들을 서로 연관 지어 입체적으로 쓰는 것도 좋다. 자서전이라 해서 사실만 기록하는 게 아니라 당시의 감정과 지금의 감정을 적절히 섞어 수필처럼 붓 가는 대로 쓰면 된다. 자서전을 쓰는 방법에 대한 책도 많이 나와 있으니 참조할 수 있다.

뒤를 부탁할게, 임의후견

내 몸과 정신이 쇠약해져 혼자 살아갈 수 없을 때 누가 나를 돌봐주고, 내 재산을 관리해줄 것인지, 자식들이 내 재산을 가지고 서로 싸우지는 않을지 노인들은 걱정이 앞선다. 나에게 이상이 생길 것을 대비해 자식들 중 나를 돌봐줄 자를 미리 선정해두고 나에게 들어가는 생활비나 병원비 등을 내 재산으로 사용할 수 있도록 대비해둔다면, 그리고 내 재산의 관리에 대한 나의 의사표시를 미리 해둔다면 그나마 걱정을 덜 수 있다. 이런 문제를 해결하기 위해 민법은 임의후견제도를 도입했다.

임의후견이란 후견계약을 체결하여 나에게 이상이 있을 때 계약의 상대방이 후견인이 되어 나를 위해 정해진 업무를 처리해주도록 하는 제도다.

임의후견은 '후견계약서'를 작성하여 공증을 받고, 가정법원에 등기를 함으로써 성립한다. 나중에 후견계약서에 기재해둔 상황, 예를 들어 질병, 장애 그 밖에 의사 능력이 저하되는 사유가 발생하면 계약의 상대방은 가정법원에 '임의후견감독인 선임청구'를 한다. 가정법원이 '임의후견감독인 선임결정'을 하면 임의후견이 개시된다. 임의후견계약을 하더라도 가정법원으로부터 임의후견감독인 선임결정을 받기 전까지는 아무런 제약 없이 생활할 수 있다. 유언을 한 사람이 사망하기 전까지는 유언의 효력이 발생하지 않듯이, 후견계약에 정한 사유가 발생하기 전까지는 임의후견이 개시되지 않는 것이다.

내 몸과 정신이 쇠약해지면 누가 나를 간호할 것인지, 내 재산을 어떻게 관리할 것인지, 자녀들 간에 분쟁이나 생기지 않을지 등이 걱정된다면 이런 임의후견제도를 통해 대비하는 것도 생각해볼 일이다.